통일담론의 지성사

통일담론의 지성사

초판 인쇄   2015년 4월 20일
초판 발행   2015년 4월 30일

저자 김성민 외 8인 ｜ **펴낸이** 박찬익 ｜ **편집장** 권이준 ｜ **책임편집** 김경수
펴낸곳 패러다임북 ｜ **주소** 서울시 동대문구 천호대로 16가길 4
전화 02) 922-1192~3 ｜ **팩스** 02) 928-4683
홈페이지 www.pjbook.com ｜ **이메일** pijbook@naver.com
등록 2015년 2월 2일 제305-2015-000007호

ISBN 979-11-955480-2-6 (93340)

* 패러다임북은 ㈜박이정출판사의 임프린트입니다.
* 책값은 뒤표지에 있습니다.

이 책은 2009년 정부(교육과학기술부)의 재원으로 한국연구재단의 지원을 받아 제작되었습니다.
(NRF-2009-361-A00008)

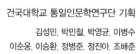

통일담론의 지성사

건국대학교 통일인문학연구단 기획

김성민, 박민철, 박영균, 이병수
이순웅, 이승환, 정병준, 정진아, 조배준

패러다임북

　무릇 사상이란 정신의 고립된 산물이 아니라, 특정한 역사적 환경에 처한 인간이 시대적 과제에 대응했던 지성적 응전의 산물이다. 그래서 지성사 집필의 핵심 과제는 역사적 상황과의 긴밀하고 구체적인 연관 속에서 그 지성적 응전의 과정을 탐구하는 데 있다. 그리고 지성사 연구의 의의는 우리가 사는 현대를 역사적으로 대상화함으로써, 오늘날 당연히 여기는 가치(이를테면 '평화통일')을 낯설게 만드는 한편, 역사의 흐름 속에서 당대가 어떤 맥락에 위치해 있는지를 보여준다는 점에 있다. 이번에 발간하는 『통일담론의 지성사』 역시 한반도의 분단 극복 문제에 이론적으로 또 실천적으로 응답했던 다양한 인물들의 사상적 자취에 대한 지성사적 탐구라고 볼 수 있다. 건국대학교 통일인문학연구단에서 이 책을 펴낸 이유는 해방 후 분단 극복을 위해 노력했던 한국 지성들의 사상적 유산을 지성사적 맥락에서 살펴봄으로써, 오늘날 분단 극복을 위해 요구되는 가치와 지향을 반성적으로 성찰하는 데 있다.

　이 책에 수록된 8명의 통일담론은 해방 후 분단체제의 형성과 고착화 과정에서 각자가 처한 시대현실과 대결한 분투적 지성의 역사를 보여주고 있다. 이러한 점은 무엇보다 한국현대사의 역사적 굴곡과 더불어 그들의 분단·통일에 관한 사유가 변화했다는 것에서 잘 드러난다. 이를 테면 1972년 '7.4 남북공동성명'은 장준하와 강만길이 통일을 바라보는 관점에 결정적인 영향을 미쳤고, 1980년 광주민중항쟁을 거치면서 문익환의 통일론은 크게 변화했으며, 1987년 6월 항쟁과 이후의 세계사적 탈냉전 현상은 백낙청의 분단체제론에 깊은 흔적을 남겼다. 따라서 이들의 통일담론은 현재의 고착화된 분단체제 속에 어떤 역사적 진통이 아로

새겨져 있는지, 오늘날의 세대가 분단 현실을 극복하기 위해 어떤 문제의
식과 처방을 가져야 하는지를 생생하게 환기시켜준다. 이를 통해 독자들
은 한국현대사를 보다 심층적으로 이해함은 물론 오늘날 통일의 의미와
가치, 한반도의 나아갈 방향에 대한 다양한 실마리를 찾을 수 있을 것이다.

제1장 정병준의 「김구, 해방 후 건국노선과 평화통일 활동」(「김구,
해방 후 건국노선과 평화통일 활동」, 『백범과 민족운동 연구』제7집,
백범학술원, 2009)은 해방 후 김구의 건국노선을 시기적으로 살펴보는
한편 그의 평화통일노선과 활동을 개관하고 있다. 그래서 이 글은 '반탁
운동' 및 '남북협상'과 관련한 해방 후 김구의 활동에 대한 상반되는
평가의 어느 한 쪽에 서지 않고, 김구 노선의 시기별 변화를 객관적
사실을 중심으로 신중하게 서술하고 있다. 이 글은 "임정봉대노선이
김구에게 지니는 역사적 의미와 해방 전후의 연속성을 규명하고, 이것이
남북총선거·남북협상노선으로 전환되는 과정을 설명하는 데" 초점을
두고 있다. 김구는 1945~1947년 기간에 임정법통론에 기초한 건국노선
을 추구하였지만, 1947년 하반기에 한국 문제의 유엔 이관 결정으로
임정법통론이 현실적으로 좌절되자, 1948년 '남북총선거·남북지도자
회담'과 '남한총선거'의 두 가지 길 가운데 전자의 길을 선택하여 김규식
과 함께 남북협상을 추진했다. 정병준은 단독정부 수립을 반대하던
김구가 1948년 유엔 총회의 남한 단독정부 수립, 북한의 단독정부 수립
추진이라는 현실을 모두 인정한 상태에서 암살될 때까지 '평화통일 추
구'라는 좁은 길을 걸어갔다고 평가한다.

제2장 정진아의 「조봉암, 평화통일론 재검토」(「조봉암의 평화통일론 재검토」, 『통일인문학논총』 48호, 건국대학교 인문학연구원, 2009)는 1950년대 조봉암이 평화통일론을 제기한 배경을 해방 후 중간파 통일론의 역사적 맥락과 1950년대의 국제정세를 통해 설명하면서, 그의 통일론이 가진 의의와 한계를 동시에 살펴보고 있다. 필자에 따르면 해방 후 미소 합의에 의한 통일국가 수립의 가능성이 희박해지자, 중간파 세력의 통일국가수립론은 "민족자결에 의한 남북협상론"과 "대한민국 육성강화론"의 두 방향으로 분화되었다. 이런 점에서 조봉암의 평화통일론은 새로운 것이라기보다는 한국전쟁과 이승만의 북진통일론에 압도되어 잠시 수면 밑으로 가라앉았던 중간파의 평화통일론(대한민국 육성강화론)을 다시 복권시킨 것이라고 볼 수 있다. 더불어 미소 대립의 국제적 제약을 민족의 힘만으로는 극복할 수 없다고 생각한 조봉암은 '평화공존'이라는 1950년대의 새로운 국제정세를 활용하기 위해 평화통일론을 내세웠다는 것이다. 그런데 필자는 조봉암의 평화통일론은 해방 후 중간파의 통일정부수립론을 계승하고 무력 북진통일론에 맞서 평화통일을 제시한 긍정적 의의에도 불구하고, 북한을 통일의 주체적 위치에서 배제하거나 국제적 제약만 일면적으로 강조하는 한계를 지녔다고 평가한다.

　제3장 조배준의 「장준하, 통일론에 대한 비판적 고찰」은 장준하의 분단·통일에 대한 인식과 관점의 변화를 4.19 혁명과 6.3 사태, 그리고 7.4 남북공동성명이라는 역사적 사건들을 통해 설명하면서, 생애 마지막 몇 년 간 제기된 그의 민족통일론이 지니는 의의와 한계를 면밀히

살펴보고 있다. 장준하는 4.19 혁명과 6.3 사태를 겪으면서 정치적 시야가 확장하게 되지만 1960년대 후반까지 그는 여전히 친미반공주의와 북한을 적대시하는 '분단국가주의'에 사로잡혀 있었다. 하지만 7·4 남북공동성명을 계기로 그는 '친미반공'을 중시하는 보수주의적 관점과 결별하고 북한을 통일의 동반자로 바라보는 전향적 변화를 겪게 된다. 필자는 통일을 최고의 가치로 내세우면서 그 당위성만을 강조하는 장준하의 '통일지상주의'적 시각은 분명히 한계점을 드러내지만, 민중의 주체적 의지가 분단체제 극복의 가장 중요한 동력으로 작동한다는 그의 민중통일론은 오늘날에도 퇴색되지 않는 중요성을 지니고 있다고 평가한다. 아울러 필자는 '정치적 자유의 실현'이라는 당시 민주화의 과제와 분단극복의 과제를 통합적으로 사고한 장준하의 통일론은 이후 통일담론에 지속적으로 영향을 미쳤다고 평가한다.

제4장 이승환의 「문익환, 통일운동과 통일사상」(「문익환, 김주석을 설득하다 : 늦봄 방북 20주년을 맞아」,『창작과 비평』37호, 창비, 2009)은 문익환이 기독교 예언자 사상이라는 정신적 토대 위에서 장준하의 의문사를 계기로 반공 지식인에서 통일운동가로 변모한 이후, 그의 통일운동에서 중요한 위치를 차지하는 1989년의 '방북'을 집중적으로 다루고 있다. 필자는 문익환이 김일성과의 회담에서 주장한 다섯 가지 주제들은 그 실현 시기와 정도의 차이가 있지만 이후 남북관계의 진전 속에서 일정한 성과를 보았으며, 특히 회담의 합의 내용을 담은 '4.2 공동성명'은 7.4 남북공동성명을 계승한 것이자 6.15 공동선언의 전편(前篇)이라는 역사적 지위를 지닌다고 평가한다. 필자에 따르면 4.2 공동성명에 천명

된 '공존과 점진성'의 원칙은 김대중 정부의 등장과 함께 '사실상의 통일 추구'라는 이름으로 남한 정부의 기본 정책기조가 되었다. 그리고 방북 이후 문익환은 '한반도의 차원에서 통일운동', '중립성과 합법성의 원칙', '통일을 위한 시급한 준비'의 필요성 등 탈냉전기 통일운동에 대한 새로운 성찰을 담은 통일론을 제시했다. 필자는 문익환의 통일론이 통일운동의 모든 방면에 걸쳐 있으며, 오늘날 통일운동이 마주한 여러 문제들에도 여전히 현재적 의의를 지닌다고 평가한다.

제5장 이순웅의 「리영희, 수평적·중립화 통일론」은 평화협정, 주한 미군, 북핵 문제 등 남과 북 그리고 미국이 공통적으로 연루된 한반도의 핵심 현안을 중심으로 리영희의 통일론을 설명하고 있다. 리영희는 독일과 달리 한반도에는 통일을 두려워하는 주변국들이 없다고 판단하면서 통일을 가능하게 하는 조건으로 민족 내부의 의지를 가장 중시했으며, 다른 한편 동북아시아 패권을 계속 유지하려는 미국을 통일의 가장 큰 걸림돌로 보았다. 그래서 리영희는 통일로 나아가기 위해선 미국으로부터의 자주권 회복이 중요하며, 이는 휴전협정을 평화협정으로 바꾸고 북미수교를 성사시키는 한편, 궁극적으로는 한민족이 주변국들과의 관계에서 완충적 역할과 기능을 수행하는 중립화 통일이 필요하다고 보았다. 또한 필자에 따르면 리영희는 병합통일, 흡수통일이라는 '수직적 통일'을 부정하고 남북이 자기 체제의 단점을 극복하되, 상대 체제의 장점은 인정·수용하는 '수평적 통일'을 바람직한 통일론으로 여겼다. 필자는 외적으로는 자주적 중립화를 중시하고 내적으로는 남북의 수평적 관계맺음을 강조하는 리영희의 통일론을 '수평적·중립화 통일론'으

로 명명하고 있다.

제6장 박민철의 「강만길, 통일민족주의와 대등통일론」(Thoughts on Reunification by a Historian of Praxis : Kang Man-Kil's 'Reunification Nationalism' And 'Theory of Equitable Reunification', *S/N Korean Humanities* Vol.1 No.1, 2015)은 강만길을 분단 극복과 통일 문제를 한반도의 역사에서 가장 중요한 학문적 대상으로 정립한 최초의 역사학자라고 평가하면서, '통일민족주의'를 중심으로 그의 통일론을 살펴보고 있다. 필자에 따르면 강만길의 분단극복 역사학의 방향은 '분단시대에 대한 통철한 역사인식 구축'과 '분단체제를 극복할 수 있는 새로운 역사관의 수립'이며, 이는 '통일민족주의'로 집약된다. 그런데 필자는 강만길의 통일민족주의가 첫째, 민족통일전선운동을 민족사의 주류로 인식하는 '대안적 역사서술', 둘째, 한반도 전체를 하나의 민족 단위로 인식하는 '탈분단적 역사인식', 셋째, 흡수통일론이 아닌 '대등통일론'으로서 상당한 의의를 지니지만, 그 구체적 내용에서는 한계를 지닌다고 본다. 이를테면 그의 '한반도 지정학적 위치론'은 식민지배와 분단이 남긴 역사적 상처를 거론하지 않는다는 점, 대등통일론은 동질성의 회복이라는 당위적 요청에 머물러 있다는 점, '근대화의 완성으로서 통일론'은 근대주의에 매몰된 낙관적 역사관이라는 점 등이 그것이다. 그러나 필자는 현실을 살아가는 인문학(자)의 책임 의식에 대한 강만길의 강조는 오늘날에도 큰 의의를 지닌다고 평가한다.

제7장 이병수의 「백낙청, 분단체제론에 대한 고찰」(A Discussion on Paik Nak-Chung's Division System Theory, *S/N Korean Humanities* Vol.1

No.1, 2015)은 20년 넘는 기간 동안 그 주안점을 달리하면서 외연을 확대하고 내용을 심화시켜온 '분단체제론'의 이론적 측면을 총괄적으로 설명하고 있다. 필자는 백낙청의 분단체제론은 한반도의 분단 문제가 단순히 동서 냉전체제의 일부가 아니라, 그보다 훨씬 복잡하고 중층적인 성격을 지닌다는 점을 통찰했다고 평가한다. 필자에 따르면 백낙청은 근대적응과 극복의 이중과제론을 제기하여 분단체제 극복을 근대성의 일정한 성취인 동시에 근대 극복의 적극적 계기로 인식하는 한편, '변혁적 중도주의', '시민참여형 통일론'과 같은 분단체제 극복의 실천적인 방법론을 제시했다. 나아가 필자는 백낙청이 근대 특유의 진리관이 자본주의 세계체제의 정당성을 강화해왔다는 판단 속에서 분단체제를 극복하는 사상문화적 자원으로 동아시아의 문명적 유산에 주목한 점도 긍정적으로 평가한다. 하지만 필자는 남북의 적대성과 불신, 공포의 조장 등 분단 극복 과정에서 사람들의 인식적·실천적 장애로 작용하는 가치, 정서, 생활문화가 어떤 성격을 지니고 있으며, 그것이 어떻게 작동하는지에 대한 구체적 분석을 결여한 점을 백낙청 통일론의 한계로 지적하고 있다.

제8장 박영균의 「송두율, 분단의 경계를 사유하는 통일철학자」(Thoughts of Song Du-Yul, a Unification Philosopher, on the Border of the South-North Division, *S/N Korean Humanities* Vol.1 No.1, 2015)는 한반도의 분단과 통일을 철학적으로 사유한 송두율의 통일철학을 해명하고 있다. 필자는 분단 이후 한국에서 '통일철학자'라고 명명할 수 있는 사람이 있다면, 그는 '통일 그 자체'를 철학적 사유 대상으로 초점화하고, 그것을 근본적

사유의 좌표로 삼은 송두율이라고 평가한다. 필자에 따르면 송두율의 통일철학은 기본적으로 '경계인의 철학'이라고 할 수 있다. '남과 북'을 가르는 휴전선은 '경계'이며, 이 경계에 서는 경계인은 '제3의 것'을 고수하면서 남과 북의 부분성을 해체하는 '비판적인 역할'을 수행한다는 것이다. 따라서 송두율은 휴전선이 상징하는 '남 또는 북'이 아니라, 한반도의 통합적 전체성에 근거를 두고 '남과 북'이라는 '인식적 전환'으로 나아가야 한다고 주장하며, 이를 통해 '경계 체험'에 기반한 통일철학을 제시하고 있다. 이러한 점을 설명하면서 필자는 송두율의 통일철학이 가지고 있는 의미와 한계를 진단하고, '타자의 타자성'에 기초한 '둘의 철학'과 '비대칭적인 의사소통', 그리고 '남북의 소통을 통한 공통성의 생산'이라는 새로운 통일철학의 모색 방향을 제안하고 있다.

제9장 김성민·박영균의 「인문학적 통일담론과 통일인문학」(「인문학적 통일담론에 대한 비판적 성찰: 강만길, 백낙청, 송두율의 통일담론에 대한 비판적 검토」, 『범한철학』 59호, 범한철학회, 2010을 수정함)은 앞에서 다룬 강만길, 백낙청, 송두율 등의 인문학적 통일담론과 구별되는 '통일인문학'의 고유한 분석 대상과 방법이 무엇이며, 또 통일인문학의 패러다임이 이전의 통일담론과 어떻게 다른지를 해명하고 있다. 통일인문학은 '체제의 통일', '제도의 통일'이라는 기존 통일 패러다임이 아니라, '사람의 통일'이라는 관점에서 분단 극복의 문제를 인문학적 관점에서 사유하는 새로운 학문 분야이다. 그래서 통일인문학에서는 분단체제가 사람들의 일상적 삶 속에 각인시킨 적대적 성향과 믿음이 어떻게 분단체제를 재생산하고 있는지를 분석한다. 또한 민족의 동질성

과 이질성이라는 이분법적 틀을 넘어 남과 북 그리고 해외에 거주하는 코리언 디아스포라가 다양하게 변용시켜온 사회 · 문화적 차이들의 접속을 통해 생성되는 통일한반도의 새로운 공통 규칙을 모색한다. 따라서 필자들은 이처럼 사람들 사이의 분단을 낳은 '분단의 사회적 신체'와 '분단체제의 대중심리'를 고유한 분석대상으로 제시한다. 그리고 필자들은 우리가 추구할 진정한 통일은 한반도의 식민 · 이산 · 분단 · 전쟁 등이 낳은 상처를 공감과 정서적 연대를 통해 '치유'하는 과정이며, '분단의 사회적 신체'를 극복하고 통일한반도에서 생성되는 '연대와 우애의 아비투스'를 생성하는 과정임을 강조하고 있다. 서로 '가르치고-배우는' 비대칭적 의사소통을 통해 민족적 '공통성'과 합력을 창출하는 것이 우리가 추구할 미래적 통일 패러다임이라는 것이다.

역사공동체의 지성적 전통이란 현재를 살고 있는 우리들에 의해 늘 새롭게 구성될 수 있는 유동적인 것이기 때문에 '통일담론의 지성사' 역시 그 관점에 따라 다르게 재구성될 수 있다. 그런 점에서 이 책이 가진 여러 한계점들도 언급하지 않을 수 없으며, 책을 내면서 가지게 되는 아쉬움은 향후 연구를 보다 심화하고 발전시킬 동력이 되리라 스스로 다짐해 본다. 먼저 제한된 시간과 필자 선정의 어려움으로 인해 해방 정국에서 좌우연합을 추진한 여운형과 김규식, 그리고 60년대 이후에 독자적인 통일론을 전개한 함석헌을 누락시킨 것은 큰 아쉬움으로 남는다. 또한 이 책에 수록된 원고들은 각기 다른 지면에서 발표된 개별 논문을 모은 것이기에 서로 유기적으로 연결되어 있지 못하다는 점도 지적 받을 수 있다. 더불어 밝혀 두자면, 김구, 문익환, 리영희의 통일론에 대한 원고는 건국대학교 통일인문학연구단 밖의 외부 필진들에게 의뢰한 것이며, 나머지 내부 필진들의 원고도 그 집필 시기가 서로 다르다. 그러나 이러한 미비점들에도 불구하고, 이 책이 시사하는 의미는 광복 70년·분단 70년을 맞이하는 2015년의 상황에서 결코 가볍지 않을 것이다. 비록 남북관계의 경색 국면이 해소될 기미가 보이지 않지만, 오늘날 분단 극복과 통일 문제는 피할 수 없는 시대적 과제라는 점에서 분단의 질곡을 극복하려는 이 땅의 지성들이 보여준 사상적 분투는 우리에게 새로운 이론적·실천적 전망을 자극하고 있기 때문이다. 그래서 그들이 보여 준 역사적 모순에 대한 문제의식과 시대적 처방은 단순히 회고될 것들이 아니라, 우리가 다시 재구성하고 비판적으로 성찰하여 미래의 통일한반도에서도 계승해 나갈 사상적 유산이라고 볼 수 있다.

건국대학교 통일인문학연구단장 김성민

| 차 례

김구, 해방 후
건국노선과 평화통일 활동

· · · · · ·

정병준

이화여자대학교 사학과 교수

김구, 해방 후
건국노선과 평화통일 활동

정병준(이화여자대학교 사학과 교수)

1. 머리말

백범 김구는 대한민국임시정부의 주석이자 한국 민족주의진영을 대표하는 인물이다. 일제 강점기 동안 임시정부를 터전으로 독립운동에 헌신했으며, 해방 후에는 임시정부를 중심으로 한 정부·국가수립을 위해 노력했다. '신탁국면'이 전개되자 반탁운동을 주도하며 임정 봉대를 통한 과도정부·정식정부 수립을 추진했고, 한국문제가 유엔으로 이관된 이후 남북 분단정부 수립이 가시화되자 남북한의 평화적 통일을 위해 남북협상을 추진했다.

해방 후 백범김구의 노선과 활동에 대해서는 많은 연구들이 진행되어 왔다. 그 가운데에서도 반탁운동과 남북협상에 대한 연구가 중심을 이루었고, 관심에 비례해서 논란과 평가가 분분했다. 특히 김구의 민족주의적 지향이 해방 후 국면·정세마다 어떻게 표현·변화되었는가 하는 점이 초점이 되었다. 이는 임시정부의 노선을 평가하는 것과 직결되어 있다.

해방 후 김구의 노선에 대해서는 여러 가지 평가가 있다. 먼저 민족세력 혹은 민족주의 세력으로 평가하는 입장이다. 이는 김구의 사상·활동·노선에 주목해서, 김구의 민족주의적 성격이 이승만·한민당 등과 대비된다는 점을 부각시켰다.[1] 또한 김구와 임시정부의 노선을 반탁, 좌우합작, 남북통일에 기초해 반탁민족주의에 기초한 반탁통일민족국가 수립노선으로 평가했다.[2]

다음으로 김구·임정이 계급적으로는 우익진영에 속하면서 민족문제가 전면에 등장하자 우익민족주의세력으로 분화되었다는 평가이다.[3] 우익진영에 포함되어있던 임정이 1948년 국토분단·민족분단이라는 민족적 위기국면이 조성되자 민족문제에 대한 새로운 인식을 통해 민족주의세력으로 뚜렷이 전환한다는 논지이다.

한편 김구·임정이 1945~47년간 반공세력 내지 反좌우합작세력이었으나 1948년 중간파와 합작해 남북협상노선으로 전환했다는 견해가 있다.[4] 1945~47년간의 건국방략은 중경임정추대였으나 그 내부에는 단정수립운동과 임정법통론 고수노선의 차이가 있었다고 본다. 좌우합작세력 내지 중간파세력에 중점을 두면서 시기에 따라 김구의 노선이 반공·반통일전선 세력에서 중간파와 연합한 남북협상 세력으로 전환했다는 평가이다.

1945~47년간 반탁운동에 대해서는 임정봉대론·임정법통론의 실현가능성·진정성, 민족주의적 지향과 반소·반공운동적 성격을 둘러싸고 평가가 엇갈리고 있으며, 1948~49년간 남북협상·평화통일운동에 대해서는 분단문제의 평화적 해결 시도 및 일제하 좌우합작·민족통일

---

1) 백기완, 「김구의 사상과 행동의 재조명」, 『해방전후사의 인식』, 한길사, 1979; 송건호, 「백범 김구의 민족노선」, 『한국현대사회사상』, 지식산업사, 1984.
2) 노경채, 『한국독립당연구』, 신서원, 1996; 강만길, 「김구 김규식의 남북협상」, 『현대사를 어떻게 볼 것인가(3)』, 동아일보사, 1989.
3) 도진순, 『한국민족주의와 남북관계』, 서울대학교출판부, 1997.
4) 서중석, 「중경임정 추대운동의 분화: 단정수립운동과 임정법통고수」, 『한국현대민족운동연구』, 역사비평사, 1991; 서중석, 『한국현대민족운동연구2』, 역사비평사, 1996.

전선운동의 역사적 맥락을 계승한 것이란 평가부터 정치적 성패론·북한의 공작·활용론에 이르는 대립적 평가가 이어졌다.

이 글은 선행연구에 기초해 해방 후 백범 김구의 건국노선을 시기적으로 살펴보는 한편 그의 평화통일노선과 활동을 개관하는 것을 목적으로 하고 있다. 구체적으로 귀국 직후~초기 신탁국면, 1946~1947년, 1948~1949년간 김구가 추구한 건국노선으로서의 반탁·임정봉대―남북협상·남북총선거 활동을 살펴보려 한다. 김구가 반탁운동, 임정봉대운동, 좌우합작 지지·반대, 남북협상에 이르게 되는 역사적 과정과 경로를 살펴보려 한다. 특히 임정봉대노선이 김구에게 지니는 역사적 의미와 해방 전후의 연속성·관성을 규명하고, 이것이 남북총선거·남북협상노선으로 전환되는 과정을 설명하는데 초점을 두었다.

2. 해방 후 김구의 임정 중심 건국노선

1) 당면정책 14개조의 건국방략

1940년대 임시정부의 핵심활동은 외교적으로는 연합국의 승인, 군사적으로는 광복군의 국내 진공, 정치적으로는 독립운동세력의 민족통일전선 결성 및 정치적 연대 형성이었다. 즉 임시정부를 중심으로 한 좌우합작 및 민족통일전선의 완성이 주요 정치목표의 하나였다. 이미 임시정부는 광복군, 의정원, 행정부 차원에서 좌우합작의 구성을 이루고 있었으며, 주요 활동 중 하나가 연안의 조선독립동맹을 중심으로 한 만주·소련·미주 등의 해외 독립운동세력과 연대·합작 시도였다. 이를 위해 임시정부는 1944~45년간 독립운동자대표대회의 개최를 추진했고, 김구는 장건상을 연안에, 이충모를 만주에 파견한 바 있다.[5] 이처

---

5) 정병준, 「해방직전 임시정부의 민족통일전선운동」, 『대한민국임시정부수립80주년기념논

럼 해방직전 김구와 임정 핵심의 민족통일 노선은 임시정부를 중심으로
한 독립운동세력의 결집이었다. 이러한 임정의 노선을 반영하는 것이
건국강령(1941)과 임시약헌(1944)이었는데, 이는 삼균주의 노선에 입각
한 건국방략을 담고 있었다.

　해방 직후 임시의정원에서는 국무위원 총사퇴론과 임정봉환론이 맞
섰다. 8월 17일부터 개최된 제39차 임시의정원 회의에서 내각 총사퇴안
을 주장하는 신한민주당 · 민족혁명당계열과 임정봉환을 주장하는 한
독당계열이 대립했다. 광복군과 OSS의 공동작전을 위해 서안에 갔던
김구는 8월 18일 중경으로 귀환했고, 국무회의의 의결대로 내각총사직
불가 및 현정부 형태 입국을 결정했다.[6] 김구는 吳鐵城 국민당 비서장과
회담(1945. 8. 22)을 통해 한반도가 미소의 점령 하에 놓이며 연합국이
신탁통치나 군정의 과도기를 거쳐 폴란드 방식으로 통일된 임시정부를
수립할 계획임을 알게 되었다.[7] 김구는 중국정부의 후원 하에 귀국을
서두르는 한편 9월 3일 국무회의 명의로 당면정책 14개조를 발표했다.
그 주요 내용은 다음과 같았다.

　1) 본 임시정부는 最速期間內에 곧 입국할 것.
　6) (전략) 전국적 普選에 의한 정식정권이 수립되기까지의 국내과도정
　　　권을 수립하기 위하여 국내외 각층 각 혁명당파, 각 종교집단, 각
　　　지방대표와 저명한 각 민주영수회의를 소집하도록 적극 노력할 것.
　7) 국내 과도정권이 수립된 즉시에 본정부의 임무는 완료된 것으로 認하
　　　고 본 정부의 일체 직능 及 소유물건은 과도정권에게 교환할 것.
　9) 국내의 과도정권이 성립되기 선에는 국내 一切 질서와 대외 一切
　　　관계를 본 정부가 負責 유지할 것.[8]

문집(하)』, 국가보훈처, 1999.
6) 이숭억, 「임시정부의 귀국과 대미군정 관계(1945. 8~1946. 2)」, 『역사와현실』 24집, 1997,
　　89쪽.
7) 崔鍾健편역, 「金九—吳鐵城담화요점」, 『大韓民國臨時政府 文書輯覽』, 1980, 158~159쪽.
8) 국사편찬위원회, 「대한민국임시정부특파사무국 전단(1945. 9. 3)」, 『자료대한민국사』 1권,

당면정책 14개조는 임정이 선포한 건국강령(1941)의 대강을 계승한 것으로, 임정이 속히 입국해 통치권을 실시하며, 이후 국내 혁명당파·종교집단·지방대표·민주영수의 회의를 통해 수립될 정식 과도정권에게 권한을 이양하며, 전국적 보통선거를 통해 정식정권을 수립한다는 내용이었다. 즉 임시정부의 통치권 행사 → (비상정치회의) 정식 과도정권 → (전국 보통선거) 정식 정부 수립이라는 건국방략을 제시한 것이었다. 이는 환국한 임정을 곧바로 과도정부로 자임하던 기존 입장에서는 후퇴한 것이지만, 임정을 중심으로 한 과도정부 수립방안으로 1946년 초까지 임정계열 정치활동의 직접적인 지침이 되었다.[9]

임정의 환국을 전후한 시점에서 국내의 상황은 중국시절과는 다른 것이었다. 대외적으로 미소의 38선 분할 점령으로 인해 임정은 미군정 하의 남한으로 그 활동범위가 제한되었다. 임정에 우호적이었던 중국 국민당의 후원·지지를 받을 수 없게 되었다. 북한의 공산주의자들과 소련은 임정을 인정하지 않았을 뿐만 아니라 임정에 대해 부정적 인식을 갖고 있었다.

미군정은 임정의 입국과정을 전후한 시기에는 우호적인 태도를 취했으나, 중국정부와는 질적으로 다른 차원에서 접근했다. 미군정은 임정을 자신이 구상하고 있던 정치계획, 즉 '정무위원회(governing commission)'를 비롯한 미군정 통제 하의 과도정부 수립계획에 활용하겠다는 구상을 갖고 있었다. 미군정의 계획에 따라 임정의 명망성을 활용하지만, 임정을 인정하지는 않는다는 것이었다. 또한 미군정의 중점은 임정보다는 이승만과 한국민주당에 두어져 있었으며, 이승만의 독립촉성중앙협의회(약칭 독촉중협)에 임정을 참가시키는 것으로 임정의 효용이 완성된다고 판단했다.[10]

1970, 47쪽.

9) 이용기, 「1945~48년 임정세력의 정부수립 구상과 '임정법통론'」, 『한국사론』 38집, 1997, 178~179쪽.

또한 국내의 다양한 정치세력들의 임정에 대한 태도 역시 단일하지 않았다. 미군정의 진주와 임정의 귀국 소식을 계기로 구성된 좌파의 인민공화국은 임정과 대립하는 최대의 정치세력이었다. 인공을 주도한 여운형은 해방직후 임정봉대론에 맞서 해외에 5개의 정부가 있다고 맞섰지만, 임정이 귀국하자 인민공화국과 임정을 통합한 일종의 좌우합작을 시도하기도 했다.

한편 이승만은 귀국 후 공개적으로 임정지지를 내세우고, 인공의 주석취임 요구를 거부했지만, 임정이 정부자격으로 귀환하는 것이 아니라 개인자격으로 귀국한다는 사실을 여러 번 강조했다. 나아가 중경임정에 대한 대중적 환영 분위기에 반대하며 '환영소동은 그만두어야 할 것'이라고 했다.[11] 이승만은 미군정의 적극적 후원 하에 자신이 주도하는 독촉중협을 실질적인 과도정부로 만들며, 임정을 해산한 후 임정요인들을 개인적으로 독촉중협에 참가시킬 계획이었다.[12] 한민당은 해방직전부터 임정 지지를 높게 평가했지만, 해방 후 인공부정을 위한 방략이자 한민당의 존재를 부각시키기 위해 계속 중경임정 추대를 내세웠다.[13] 한민당의 송진우는 이승만과 함께 인공타도를 위해 임정정통론을 적극 내세우되 일단 임정이 귀국하여 정국이 정리되면 임정을 해체하고 새로이 독립정부를 수립해야 한다는 계획에 합의했다.[14] 한편 일제하 비타협민족주의자이자 해방 후 중도우파의 대표적 인물인 안재홍을 중심으로 한 국민당은 '중경임정 영립보강론'을 주장하며 강력하게 임정을

10) 정병준, 「주한미군정의 '임시한국행정부' 수립 구상과 독립촉성중앙협의회」, 『역사와현실』 19호, 1996.
11) 《자유신문》, 1945. 11. 8, 11. 20; 《중앙신문》, 1945. 11. 6; 《신조선보》, 1945. 11. 20.
12) 《신조선보》, 1945. 11. 21; 〈독립촉성중앙협의회 중앙집행위원회 제1회 회의록〉(1945. 12. 15) 우남이승만문서편찬위원회, 1996; 《이화장소장 우남이승만문서(동문편)》 13권, 중앙일보사·현대한국학연구소, 57~62쪽.
13) 서중석, 「중경임정 추대운동의 분화: 단정수립운동과 임정법통고수」, 『한국현대민족운동연구』, 역사비평사, 1991, 267~274쪽.
14) 손세일, 「윤치영·윤석오의 증언」, 『이승만과 김구』, 일조각, 1970, 201쪽.

지지했다.[15] 안재홍은 중경 임정을 국제적 승인을 받은 과도정부로 추대하고 여기에 국내외 모든 혁명세력으로 보강 확충하여 정권을 행사하는 건국정부로 발전시킬 것을 주장했다. 이들은 한독당에 합류하는 한편 좌우합작을 지지하면서, 제2차 미소공위 직전까지 중경임정의 국내적 지지기반이 되었다.

이상과 같이 임정은 국제적 후원·지지세력의 상실, 남북분단, 지지·반대세력의 분립 등의 조건 속에 귀국하게 되었다. 때문에 임정이 구상한 잠정적 시기의 실질적 과도정부 기능 및 임정봉대론은 즉각적으로 국내 정치에 적용되기 어려운 정치적 구조였다. 임정이 귀국하는 상황에서 국내 정계의 주도권은 좌파의 경우 여운형·박헌영이 주도하는 인민공화국이, 우파의 경우 이승만·한민당이 중심이 된 독촉중협이 장악하고 있었다.

2) 초기 신탁정국의 좌우합작 시도와 제1차 임정봉대운동

임정의 환국(1945. 11. 23, 12. 2) 이후 초기 신탁국면까지 김구·임정의 활동은 크게 세 단계로 전개되었다.

첫째 국내 좌우익 세력이 주도한 정치 조직에 참가를 거부하고 독자적인 노선으로 국내활동을 개시한다는 원칙의 천명이었다. 먼저 김구는 귀국 직후 좌익의 인공 참여요청을 거부했다. 11월 27일 인공 부주석 허헌 등이 김구·김규식을 방문하고, 인공 중앙위원 취임을 요청했지만, 이를 거부했다. 좌익은 12월 23일 조선공산당(이후 조공)을 통해 친일파·민족반역자·국수주의자 등을 제외하고 좌우익에서 각기 절반씩 참여하는 통일원칙을 제의하여 인공·임정의 합작을 제안했지만 임정은 이를 거부했다. 임정은 첫째 임정의 법통을 시인할 것, 둘째 임정의

---

15) 김인식, 「해방 후 안재홍의 중경임정영립보강 운동」, 『한국독립운동사연구』 12집, 1998.

부서와 요직을 그대로 승인하고 따로 2~3개 부서를 늘여 좌익이 이를 차지할 것을 제시했다.

다음으로 김구·임정은 이승만이 주도한 독촉중협 참여를 거부했다. 이승만은 임정 외무부 산하의 부서장(주미외교위원회 위원장)으로 임정의 귀국 전 임정을 대변하는 것으로 활동했지만 독촉중협을 조직했다.[16] 임정의 귀국 이후 이승만은 김구 등 임정요인의 개별적 독촉중협 참여를 독려했다. 그러나 임정은 조소앙 등 5명으로 특별정치위원회를 조직하고 독자의 조직화 방안을 추진했다.[17] 임정의 초점은 친일파를 제외한 좌우·남북합작, 민족통일이었다. 임시정부 개선환영대회(1945. 12. 19)에서 김구는 극소의 친일파 민족반역자를 제외하곤 전민족이 통일해야 한다고 강조했고, 成周寔 역시 남북좌우 간의 합작이 필요하다고 강조했다.[18] 임정 외무부장 조소앙은 기자회견(1945. 12. 25)을 통해 임정과 독촉중협이 전혀 무관하며, 임정은 정당간의 통일과 임정기구의 확대보강이라는 두 가지 길을 병진할 것이라고 말했다.[19] 임정은 국내 지지기반 확대를 위해 내무부장 신익희를 중심으로 행정연구위원회와 정치공작대를 비밀리 조직하고 지방조직 강화와 대중적 지지기반 강화에 나섰다.[20]

둘째 김구·임정은 1945년 12월 27일 모스크바3상회의 결정이 알려진 직후 임정·인공합작 및 정당통일을 통한 민족통일전선 결성을 시도했다. 임정의 귀국 이후 여운형(1945. 12. 7)과 인민당(1945. 12. 17)은 지속적으로 인공과 임정의 해소합작을 통한 과도정권 수립을 주장한 바 있다.[21] 12월 31일 인공은 또다시 인공·임정의 동시해체 및 통일위

---

16) 태평양전쟁기 임정과 이승만의 관계에 대해서는 정병준, 「태평양 전쟁기 이승만-중경임시
　　정부의 관계와 연대강화」, 『한국사연구』 제137호, 2007을 참조.
17) 《자유신문》, 1945. 12. 13.
18) 《서울신문》, 1945. 12. 21.
19) 《신조선보》, 1945. 12. 26.
20) 박진희, 「해방직후 정치공작대의 조직과 활동」, 『역사와현실』 21호, 1996, 170~180쪽.
21) 이만규, 『여운형투쟁사』, 민주문화사, 1946, 270~271쪽; 『인민당의 노선』, 13~19쪽; 《서울
　　신문》, 1945. 12. 18.

원회 결성을 제안했지만, 임정 법통론을 고수하고 있던 임정은 이를 수용할 수 없었다.[22]

그러나 임정은 자신의 주도권을 훼손하지 않고, 임정을 강화하는 방향의 좌우합작·민족통일전선 결성, 정당통일운동을 추진했다. 이는 1944~45년 중경에서 개최된 5당통일회의 등과 유사한 방식이었다. 1946년 1월 7일 인민당, 공산당, 한민당, 국민당 4당 간담회가 개최되어 4당 공동코뮤니케를 발표했다. 임정에서는 김원봉·장건상·김성숙이 옵저버로 참석했다. 4당 코뮤니케는 "조선문제에 관한 莫斯科 삼국외상회의의 결정에 대하여 조선의 자주독립을 보장하고 민주주의적 발전을 원조한다는 정신과 의도는 전면적으로 지지한다. 信託(국제헌장에 의하여 疑懼되는 신탁제도)은 장래 수립될 우리 정부로 하여금 자주독립의 정신에 기하여 해결케 함"이라고 결정했다.[23] 이 성명은 모스크바협정의 자주독립보장·원조의 정신은 지지하나 신탁제도는 거부한다는 내용이었다. 그렇지만 이 성명이 찬탁의 입장에 가까운 것이란 해석이 일반화되자 한민당과 국민당은 이를 부정했다. 이어 기존 4개 정당에 신한민족당을 더한 5당회담이 개최(1946. 1. 8)되었다. 옵저버로 참가한 임정은 이를 임정 중심의 非常政治會議 籌備會의 예비회담으로 이끌려했으나 인민당·조공의 반대로 무산되었다. 1946년 초 정당통일운동을 통해 임정의 주도권을 확보하고 민족통일을 이루려던 임정의 시도는 성공하지 못했다.

셋째 김구·임정은 신탁국면을 통해 강력한 국민적 반탁운동을 전개함과 동시에 이를 통해 임정봉대를 위한 첫 번째 시도로 삼았다. 김구는 신탁통치 소문이 전해지자 12월 28일 긴급 국무위원회를 개최해 "새 출발로서 독립운동을 전개"하자고 호소했다. 임정은 국무위원회 산하에

---

22) 「임정의 통일거부(1946. 1. 2. 중앙인민위원회 담화)」, 『민주주의조선의 건설』, 87쪽; 《서울신문》, 1946. 1. 2.
23) 《조선일보》, 1946. 1. 9.

신탁통치반대 국민총동원위원회(이하 반탁총동원위원회로 약칭)를 두기로 했다. 이는 반탁투쟁과 함께 임정이 정국의 주도권을 장악하고 나아가 임정 중심의 과도정부 수립을 위한 조직이었다.[24] 반탁총동원위원회는 위원장에 권동진, 부위원장에 안재홍·김준연을 선정하고 중앙위원 76명과 상임위원 21명을 선정했다.[25]

12월 29일 군정청 한인 직원들은 총사직을 결의하고 시위행진을 벌였고, 반탁총동원위원회는 31일에 대대적인 탁치반대국민대회를 개최하며 1946년 1월 1일까지 철시 및 파업을 단행하기로 결정했다. 12월 31일에는 임정 내무부장 신익희 명의로 '國字 1호'와 '國字 2호'가 발표되었다.[26] 군정과 군정직원을 임정이 접수해 통치권을 장악한다는 포고문이었다. 신익희가 주도한 이 국자 포고문 소동은 김구·임정이 쿠데타를 일으켜 군정을 전복하려 한다는 의혹을 사기에 충분했다. 하지는 1946년 1월 1일 김구를 소환하여 반탁운동을 중지할 것을 요구했다.[27] 이를 계기로 임정은 반탁운동의 국민적 중심이 되었으며, 국자포고 사건은 미군정까지도 부정할 수 있는 민족주의 정서의 최상급을 보여준 것으로 인식되었다.

군정 접수계획의 실패 후 김구는 1월 4일 비상정치회의를 소집한다고 발표했다.[28] 비상정치회의는 임정이 귀국하기 전 수립했던 당면정책 14개 조항의 6항에 들어있는 내용이었다. 김구가 표방한 것은 3단계 정부수립방안이었는데, 기본적인 발상은 임정 법통론에 근거한 정권수립이었다. 즉 임정의 논리는 임시정부를 확대·강화해서 임시적인 과도정권으로 기능하게 하며, 이 과도정권은 비상정치회의를 통해 정식

---

24) 《동아일보》, 1945. 12. 30; 《서울신문》, 1945. 12. 30.
25) 《서울신문》·《동아일보》, 1946. 1. 1.
26) 《동아일보》, 1945. 12. 30, 1946. 1. 2.
27) 《동아일보》, 1946. 1. 1; *HUSAFIK*, part 2, chapter 2, pp.53~60; XXIV Corps Historical Journal(January 2, 1946).
28) 《서울신문》, 1946. 1. 5.

과도정권이 성립될 때까지 존속하며, 정식 과도정권은 국민대표대회를 수립해 정식정권을 조직하자는 것이었다. 즉 확대 · 강화된 임시정부 → (비상정치회의) → 과도정권 → (국민대표대회) → 정식정권의 3단계 발전방향을 제시한 것이었다.[29]

임정은 1월 20일 비상정치회의 주비회를 조직하고, 이를 임시의정원을 계승한 과도적 최고입법기관으로 설정했다. 또한 비상정치회의가 정식국회가 소집될 때까지 존속한다고 명시함으로써 과도의회로서 기능하겠다는 의지를 다시 한 번 확인했다.[30] 그러나 비상정치회의는 좌익과 이승만 · 한민당 계열이 배제된 채 추진된 데다, 미군정의 부정적 인식 때문에 과도정권으로 이어지기는 어려운 상황이었다.

미군정은 1946년 1월 초 김구 · 임정에 대한 지지를 철회하기로 결정했다. 하지는 러치 장군에게 내린 훈령(1946. 1. 18)에서 임정의 비상정치회의의 소집이나 독자적인 과도정부 수립 시도를 저지해야 한다고 강조했다.[31]

한편 이승만은 임시정부가 개인자격으로 귀국했으며, 반탁운동으로 군정당국의 오해를 샀기 때문에 비상정치회의를 통해 과도정부를 수립할 수 없다고 주장했다.[32] 이미 이승만은 독촉중협과 비상정치회의를 통합한 비상국민회의를 조직해, 건국에 대비하며, 자신이 회장, 김구가 부회장을 맡는다는 복안을 수립해 놓았다. 이승만은 김구에게 비상정치회의에 대한 군정의 적대적 태도를 지적하며 자신과 연합해 과도정부 같은 미군정 자문기구를 조직하자고 설득했다.[33]

---

29) 이용기, 「1945~48년 임정세력의 정부수립 구상과 '임정법통론'」, 『한국사론』 38집, 1997, 182~189쪽
30) 《조선일보》, 1946. 1. 21, 1. 22, 2. 2.
31) item 6, C/S to Military Governor, General Lerch, January 18, 1946, *HUSAFIK*, part 2, chapter 2, p. 183.
32) 「독립촉성중앙협의회 중앙집행위원회 제5회 회의록(1946. 1. 18)」, 『우남이승만문서』 13권, 299~300쪽.
33) 「비상국민대회대표회 제2회 회의록(1946. 1. 19)」, 『우남이승만문서』 13권, 319~320쪽.

이 결과 비상정치회의는 독촉중협과 결합해 비상국민회의로 재편 (1946. 1. 23)되었다. 반면 이를 계기로 임정 내 좌파였던 민족혁명당(성주식)·조선민족해방동맹(김성숙)·무정부주의연맹(유림)은 비상정치회의가 비상국민회의로 바뀌는 과정이 비민주적이고 정치협잡이었다며 비상국민회의 주비회를 탈퇴했다.[34] 비상국민회의는 61개 단체를 망라해 2월 1일 정식으로 발족했다. 비상국민회의는 '과도정권의 모체적 성질을 가지는 동시에 임시정부를 계승한 조직'으로 설명되었지만,[35] 엄밀한 의미에서 김구가 이승만·미군정의 요청을 일정부분 수용하며 만들어진 과도적인 기구였다.

조공·인민당·독립동맹 등 좌파 정당·사회단체가 모두 배제된 비상국민회의는 우익 반탁세력의 연합체였다. 나아가 비상국민회의는 과도정권 수립을 위한 28명의 최고 정무위원을 선정(1946. 2. 13)했는데, 이들은 2월 14일 미군정의 요청으로 군정의 자문기관인 在南朝鮮大韓國民代表民主議院(약칭 민주의원)으로 전환되었다. 하지와 이승만은 민주의원이 미군정의 자문기관임을 강조한 반면 김구는 임정법통론을 강조했다.[36] 민주의원은 일종의 임시정부 내지는 과도정부의 외형을 갖추고 있었다. 의장(이승만), 부의장(김규식), 국무총리(김구)가 임명되었고, 그 밑으로 내무부, 외무부, 국방부, 재무부, 문교부, 법무부, 치안부, 농림부, 상공부, 광무부, 교통부, 우정부, 후생부, 공보부 등 14개의 부서가 배치되었다.[37] 이는 국회의 기능과 행정부의 기능이 복합된 형태로 사실상 과도적인 정부를 염두에 둔 것이었으며, 일정부분 김구의 요구를 수용한 결과였다. 조경한의 증언에 따르면 김구가 민주의원 총리직을 수락한 것이 5만 명 경비군의 조직을 하지가 약속했기

---

34) 《조선일보》, 1946. 2. 16; 《동아일보》, 1946. 1. 29; 김남식, 『남로당연구자료집』 2권, 고려대출판부, 1974, 239쪽.
35) 〈사설: 국민회의에 기대한다〉, 《동아일보》, 1946. 2. 1.
36) 《조선일보》, 1946. 2. 15.
37) 〈1946년 2월 23일 통과된 민주의원 규범 32조〉, 《조선일보》, 1946. 2. 26.

때문이었으며, 미군정의 기록에 따르면 민주의원은 군정의 교육부·농무부·기타 1개부를 담당하기 위한 목적 하에 신설되었다.[38] 그러나 실제로 14개 부서의 장은 선임되지 않았다.

하지는 1946년 말 입법의원이 설립될 때까지 민주의원을 자신의 자문기관으로 활용했으며, 민주의원은 입법의원이 설립된 이후에도 해산하지 않은 채 1948년 5·10선거가 끝난 뒤인 5월 30일에야 해산했다.[39]

3) 좌우합작 7원칙 지지와 제2차 임정봉대운동

1919년 이후 임정을 지켜온 김구는 모든 정치활동의 중심에 임정의 정통성과 법통성을 두고 있었다. 1920년대의 국민대표회의·민족유일당운동, 1930년대의 조선민족혁명당 결성, 1940년대의 5당대표회의·독립운동자대표대회 등에서도 임정의 정통성과 권위를 인정한 상태에서의 합작을 시도했다. 이는 26년 이상 지속된 김구의 노선이자 임정 핵심파의 노선이었다. 때문에 해방 이후에도 김구는 임정을 중심축으로 여타 정치세력이 보조적으로 결집하는 방식의 민족통일전선 구축, 정치활동을 구상·추진했다.

김구는 초기 신탁통치 국면에서 적극적으로 반대운동을 펼치며 임정봉대를 추진했다. 그러나 제1차 미소공위가 휴회된 이후 전개된 여운형·김규식의 좌우합작운동에 대해서는 일정기간 적극적인 지지를 표명했다. 좌우합작운동은 1946년 5월 이후 중도좌파의 여운형과 중도우파의 김규식이 주도했고, 미군정이 이를 후원했다. 여운형과 김규식은 남한 내에서 좌우합작을 이룩하고, 이를 남북연합으로 연결시킴으로써 좌우합작·남북연합 방식으로 민족통일을 이룩할 계획이었다. 구체적

---

38) 손세일, 『이승만과 김구』, 일조각, 1970, 223~224쪽; 브루스 커밍스, 김주환, 『한국전쟁의 기원』(상), 청사, 1986, 47쪽.
39) 《동아일보》, 1948. 5. 26; 《경향신문》, 1948. 5. 30.

으로는 미소공위를 재개해 임시정부를 수립하자는데 주안점을 두었다. 여운형은 모스크바결정을 전반적으로 지지한 반면, 김규식은 先임시정부 수립 後반탁의 입장을 고수했다. 그러나 두 사람은 먼저 임시정부를 수립해야한다는 공감대를 갖고 있었다. 반면 미군정은 중도좌파를 좌파로부터 분리시켜, 조선공산당 세력을 약화하는 한편 좌우합작세력을 기반으로 입법의원을 창설함으로써 군정의 지지기반을 확보하는 한편 미소공위에 대처한다는 3중의 목표를 갖고 있었다.

좌우합작운동은 1946년 5월 여운형, 김규식이 개인자격으로 시작해, 곧 좌익의 민주주의민족전선과 우익의 민주의원의 대표성을 부여받아 좌우합작위원회를 구성하며 전개되었다. 좌우합작운동이 제기된 시점에서 미군정은 좌우합작을 통한 입법의원 수립 및 과도정부 수립구상을 추진했고, 이승만은 좌우합작 반대와 단독정부 수립을 추진했다. 김구·임정계열은 좌우합작 지지와 반탁을 통한 임정봉대를 추진했다. 김구는 이승만·한민당과 함께 반탁의 입장에는 동의했지만, 좌우합작과 단독정부 문제에서는 입장을 달리했다.

이승만은 공개적으로 남한만의 '자율정부' 수립, 즉 단정 수립을 주장(1946. 6. 3. 정읍발언)하는 한편 민족통일총본부를 결성(1946. 6. 29)해 단정 추진과 좌우합작운동 저지에 나섰다. 이승만은 미소공위 철폐 → 민족통일기관 수립 → 남한만의 단독정부 수립 → 북한에서 소련군 철수로 이어지는 정부수립 구상을 갖고 있었다. 한민당은 반탁과 미소공위 참여라는 모순적 입장에 양다리를 걸친 한편으로 이승만의 단정발언을 지지하는 3면 전술의 태도를 취했다. 김구·임정진영은 임정을 확대, 강화하는 방식으로 통일된 과도정부 수립을 구상하였으며, 이를 위한 반탁운동을 주장했다. 그렇지만 이승만의 단정 주장에는 명백히 반대했다. 한독당은 38선이 연장되면 경제상 파멸과 민족 격리로 역사적인 큰 비극이 초래될 것이라고 지적했다. 김구·임정은 우익진영 내부에서 1946년 좌우합작운동에 상대적으로 가장 우호적인 세력이었다.

한독당은 좌우합작을 전적으로 지지하며, 통일을 외력이 아닌 자력으로 구하여야 한다고 선언(1946. 7. 2)했다. 김구는〈동포에게 고함〉이라는 성명(1946. 7. 4)을 통해서 "나의 흉중에는 좌니 우니 하는 것은 개념조차 없"으며 "좌니 우니 하는 것은 민족자멸의 근원"으로 "건국강령의 요소에 있어서는 좌니 우니 하는 것은 문제도 되지 않는다"고 강조했다.[40] 비상국민회의와 민주의원 연석회의(1946. 7. 7)는 한민당의 반대에도 불구하고 18대 13의 표결로 합작지지를 결정하고 5명의 대표를 공식 선발했다.[41] 좌우합작운동은 좌익의 합작5원칙과 우익의 합작8원칙이 대립하는 가운데, 좌우합작위원회의 합작7원칙이 발표(1946. 10. 7)되었다.[42]

좌우합작 7원칙은 중도좌파와 중도우파의 합의에 의한 것이었지만, 좌익의 공산당과 우익의 한민당이 거부했다. 조선공산당은 7원칙이 입법의원 수립을 위한 것이라고 거부했고, 한민당은 토지개혁에 반대했다. 그렇지만 김구와 한독당은 좌우합작의 성립이 "8 · 15 이후 최대의 수확"이며 합작7원칙은 "민주국가 완성에 타당한 조건"으로 전면 지지한다는 입장을 표명했다.[43] 7월 14일자 김구의 담화는 이를 잘 보여주었다.

1) 좌우합작의 목적은 민족통일에 있고 민족통일의 목적은 독립 자주의 정권을 신속히 수립함에 있는 것이다. 그러므로 나는 좌우합작의 성공을 위하여 시종 지지하고 타협한 것이다. 앞으로 이것은 계속할 것이다.

2) 좌우합작의 초석이 확립된 것을 中外 同慶함에도 불구하고 이것을 파괴하기 위하여 반대하는 자도 있다. 비록 그 수는 적다하나

---

40)《동아일보》, 1946. 7. 7.
41) HQ, USAFIK, G-2 Periodic Report no.280(1946. 7. 16);《서울신문》, 1946. 7. 11.
42)《독립신보》, 1946. 10. 7.
43)《서울신문》, 1946. 10. 9, 10. 16.

그 지는 바 民族分裂의 책임은 엄중하다.

3) 나는 신탁통치를 철두철미 반대하는 바이거니와 좌우합작 7원칙 작성에 몸소 노력한 金奎植박사도 장래 임시정부 수립 후에 신탁을 반대할 수 있다는 것을 세상에 해석하여 주었다. 그러므로 7원칙 중에 신탁반대의 표시가 없다고 해서 신탁에 대한 점이 모호하다고 볼 것은 없다.

4) 상술한 7원칙은 문자 그대로 좌우합작위원회에서 제의한 일종의 원칙에 그치는 것이오 미비한 점에 이르러서는 장래 임시정부가 수립된 후에 상세히 규정하여 시행할 여유가 있으니 과대한 기우는 필요가 없는 바이다.

5) 진정한 민주주의적 애국자는 한 사람도 좌우합작공작을 반대하지는 않을 것이다. 그러나 합작위원회로서는 衆意를 博採하기 위하여 앞으로도 관계 각 방면에 긴밀한 연락을 취하여 사후에 이론이 적게 하기에 힘쓸 것이다.[44]

김구는 ① 좌우합작의 목적은 민족통일이며, 이는 독립자주정권의 신속한 수립을 위한 것, ② 좌우합작 반대자는 민족분열의 책임자, ③ 임시정부 수립 후에 신탁문제 처리(반탁)이라는 좌우합작에 대한 태도를 밝힌 것이다. 좌우합작에 대한 김구의 판단은 兩價的인 측면이 있었는데, 토지개혁, 중요산업 국유화, 사회·노동법령, 친일파 숙청 등은 모두 건국강령에 명시된 임정의 기본 건국노선이었으므로 명확하게 찬성했다. 또한 임정의 법통·정통성을 부정하지 않는 좌우합작의 전개에 대해서는 우호적인 입장을 표명했다. 이 또한 1940년대 중경임정이 가졌던 좌우연립정부적 성격 및 좌우합작적 노선과 밀접한 관련이 있었을 것이다. 다만 김구는 임정이 과도정부로 기능할 수 없는, 혹은 임정이 중심이 되지 않는 방식의 합작에는 명백히 반대했던 것이다. 김구가 지적한 임시정부는 중경 임시정부를 중심으로 한 것으로 볼 수 있다.

---

44) 《조선일보》·《서울신문》, 1946. 10. 16.

한편 1947년 1월초 미소가 제1차 미소공위의 걸림돌이었던 제5호 성명에 합의하고 미소공위 재개 움직임이 본격화되자 김구·임정은 제2차 반탁운동과 임정봉대운동을 추진했다. 김구는 신탁정부를 수립하는 것은 "口渴을 풀기 위하여 독약이라도 마시려는 위험한 착각"이라고 비판했다.[45] 1947년 1월 중순 본격화되기 시작된 중경임정 추대운동은 1947년 내내 계속되었다. 1947년의 임정봉대운동은 1945~46년 초의 상황과는 달랐는데, 가장 큰 차이는 1947년 이승만과 한민당이 임정봉대운동에 소극적·부정적이었을 뿐만 아니라 단정수립을 추진했기 때문이었다.[46] 1947년 반탁투쟁의 주요 목표 중 하나는 좌우합작운동의 봉쇄에 두어졌다. 1월 16일 민주의원 등 35단체는 좌우합작위원회의 해산을 결의했고, 1월 18일 민주의원은 합작위원회에 파견된 김규식, 원세훈, 안재홍, 김붕준 3인의 소환을 결의했다. 한독당도 합작위원회의 해산을 강력하게 요구했고, 입법의원에서는 반탁결의안이 통과되었다.

이승만이 도미한 시점에서 벌어진 제2차 반탁운동을 통해 김구·임정은 제2차 임정봉대운동을 추진했다. 김구는 1월 13일부터 죽첨장에 비상국민회의·민주의원 등 우익단체를 모아 연일회의를 개최해 반탁시위를 주도하는 한편 세력 확장을 통한 임정 봉대운동을 추진했다.

김구는 1월말 비상국민회의·민족통일총본부·독촉국민회 3단체 통합을 추진하며, 반탁독립투쟁위원회(이하 반탁투위)를 조직(1947. 1. 24)했다. 우익 42개 단체를 망라한 반탁투위 위원장은 김구였으며, 부위원장은 조소앙·김성수였다. 반탁투위는 3·1절 기간을 또 다른 반탁주간으로 설정해 대대적인 반탁시위를 준비했다.[47]

김구는 3단체 통합을 통한 비상국민회의 확대·강화를 주장했는데,

---

45) 엄항섭 편,「삼천만 동포에게 敬告함(1947. 2. 10)」,『김구주석최근언론집』, 삼일출판사, 1948.

46) 서중석,「중경임정 추대운동의 분화: 단정수립운동과 임정법통고수」,『한국현대민족운동연구』, 역사비평사, 1991, 523쪽

47) 《동아일보》·《조선일보》, 1947. 1. 24; G-2 Weekly Summary, no. 70 (1947. 1. 16).

비상국민회의가 임정의 독립운동 법통을 계승했으니, 나머지 두 단체가 이에 참가해야 한다는 임정법통론에 기초해 있었다. 비상국민회의는 제2차 전국대의원대회를 개최(1947. 2. 14~17)하고, 세 단체를 통합해 國民議會를 조직하기로 결정했다.[48] 국민의회는 임시의정원을 계승·보강한 기관이며 입법의원에 맞서는 상설적인 입법기관임을 자임했다.[49]

한편 2월 하순 김구·조완구·조경한 등은 한독당과 한민당을 합당해 당 조직을 강화하는 작업을 추진하기도 했다. 김구는 2월 26일 한독당 간부회의에서 3·1절까지 양당이 합당하지 않으면 위원장을 사퇴하겠다고 배수진을 쳤지만, 한독당 내부의 반발로 한민당과의 합당은 무산되었다.[50]

나아가 김구는 3·1절을 통해 재차 임시정부 수립을 시도했다.[51] 3월 1일 독촉국민회 전국대표자대회는 국민의회의 법통을 승인하고 대한민국임시정부를 봉대한다고 결의했고, 전국학련 역시 임정을 정식정부로 추대했다. 이어 임정이 곧 내각명단이 발표될 것이라는 소문이 파다했다. 김구는 3월 3일 국민의회를 소집해 이승만을 주석, 김구를 부주석에 추대했다.[52] 한때 이승만이 주석직을 수락했다는 보도가 있었지만, 제2차 임정봉대운동은 이승만의 반대와 미군정의 저지로 인해 성공하지 못했다. 한민당도 부정적 반응이었고, 1945년 말과 달리 경찰이나 군정관리도 호응하지 않았다.[53] 미군정은 3월 5일 엄항섭·김석황을 체포하며 정부 수립을 선포하면 '반란행위'로 처벌할 것이라고 경고했다. 같은

48) 《경향신문》·《조선일보》·《서울신문》, 1947. 2. 15, 16, 18, 19
49) 〈國民議會의 性格을 말함〉, 《독립신문》, 1947. 8. 17.
50) 《조선일보》, 1947. 2. 28, 3. 1.
51) 《경향신문》, 1947. 3. 2; G-2 Weekly Summary, no. 76(1947. 2. 27)
52) 《경향신문》, 1947. 3. 2; 《조선일보》, 1947. 3. 1; 《한성일보》, 1947. 3. 5; G-2 Weekly Summary, no. 77(1947. 3. 6).
53) 서중석, 「중경임정 추대운동의 분화: 단정수립운동과 임정법통고수」, 『한국현대민족운동연구』, 역사비평사, 1991, 530~531쪽; 《조선일보》, 1947. 3. 6; G-2 Weekly Summary, no. 472(1947. 3. 7); 리차드 로빈슨, 정미옥, 『미국의 배반』, 과학과사상, 1988, 181쪽.

날 브라운 장군은 김구·조완구·이시영·유림을 소환해 쿠데타에 관해 면담했으며, 임정이 행동을 개시하면 조소앙·조성환·조경한을 체포하라고 명령했다.[54] 미군 CIC와 경찰은 한독당사와 죽첨장을 수색해 〈대한민국특별행동대사령부포고령 제1호〉 등을 압수했다. 결국 제2차 반탁운동 및 임정봉대운동은 중도파는 물론 이승만·한민당·경찰·한인관리 등이 부정적 입장을 보이는 한편 군정의 강력한 제재로 실패로 귀결되었다.[55]

이 시점에서 이승만의 임정법통론 부정 및 단독정부 수립노선과 김구의 임정법통론은 대결적 양상을 내재하고 있었다. 이승만은 도미외교에서 귀국하자마자 입법의원이 총선거법안을 만들어 남한과도정부, 즉 단독정부를 수립해야 하며, 이제 김구와 김규식은 임정법통론과 좌우합작론을 모두 포기하고 '나와 같이 보조를' 취해야 할 것이라고 선언했다.[56]

김구는 후에 자신이 이승만의 도미 단정운동에 대해 공표만 안했을 뿐 반대했다고 밝혔는데,[57] 이는 이승만의 도미를 계기로 임정계열이 반탁운동을 내세우면서 이승만의 단정안이나 군정의 과도정부안 대신 임정법통에 근거한 정부수립을 추진했음을 의미한다. 때문에 국민의회 의장 조소앙은 임시정부가 추진하는 법통정부 수립이 통일독립국을 지향하는 반면, 이승만이 주장하는 단정안은 局部的 獨立國이며, 군정이 추진하는 과도정부안은 局部的 非獨立地方政府라고 비판했다.[58]

54) 《동아일보》·《조선일보》, 1947. 3. 9; G-2 Weekly Summary, no. 77(1947. 3. 6), no. 78(1947. 3. 13).
55) 《한성일보》, 1947. 3. 6, 3. 7; 《서울신문》, 1947. 3. 6; G-2 Weekly Summary, no. 77(1947. 3. 6); CIC Semi-Monthly Report, no. 6(1947. 3. 15)
56) 《동아일보》, 1947. 4. 29.
57) 엄항섭 편, 「혁명운동 재출발의 신결심: 신민일보 사장과 회담기(1948. 3. 21)」, 『김구주석 최근언론집』, 삼일출판사, 1948, 89쪽.
58) 《민주일보》·《경향신문》, 1947. 4. 3.

3. 김구의 남북통일운동과 평화통일노선

1) 한국문제의 유엔이관과 임정봉대노선의 종결

1947년 제2차 미소공위 재개의 시점에서도 김구는 임정봉대에 의한 과도정부·임시정부 수립노선을 견지했다. 반면 이승만은 보통선거법 제정 및 총선거 실시에 의한 '남한과도정부' 즉 단독정부 수립을 주장하며 임정법통론을 '보류'하자고 주장했다.[59] 이승만은 실질적으로 임정법통·임정봉대를 부정하고 있었다.

1947년 5월 21일 개막된 제2차 미소공위는 반탁진영을 분열시켰다. 한민당은 '참여 속의 반탁'을 주장하며 미소공위 참가를 결정·발표(6. 10)했다. 한민당의 주도로 10여개 단체들이 임시정부수립대책협의회(약칭 임협)를 결성(6. 17)하고, 공위 참가를 결정했다.[60] 한독당도 공위 참여문제를 둘러싸고 분열되었다. 안재홍 등 구국민당 계열과 권태석 등 신한민족당 계열이 탈당해 민주한독당을 창당했다.[61]

이 시점에서 김구는 이승만과 함께 반탁연대를 형성하고 있었다. 이승만은 미소공위 결렬을 위해 우익 청년·대중단체들을 조직적으로 동원했다. 제2차 미소공위 결렬에 중요한 빌미를 제공한 6월 23일 덕수궁 앞 반탁시위는 이승만의 자금지원과 조정에 의한 것이었다.[62] 이승만은 7월 10일 한국민족대표자대회(약칭 民代)를 개최하고, 남한단정 수립을 본격화했다. 이승만은 국민의회를 대체해 민대를 입법기구로 내세우며, 임정법통에 의한 정부 수립은 잠시 보류하고 총선거에 집중하자며 先총선─後정부 수립의 입장을 내세웠다.[63] 8월 20일에 이르러

59) 《동아일보》, 1947. 4. 29; 《경향신문》, 1947. 5. 3.
60) 《한성일보》, 1947. 6. 20.
61) 송남헌, 《해방3년사 1945-1948》 2권, 까치, 1990, 435~439쪽; 안재홍은 신탁반대·불합작운동 → 원조지지·탁치반대 → 先임시정부수립 後탁치문제해결 노선으로 전환했다(김인식, 「좌우합작운동에 참여한 우익주체의 현실인식 변화」, 『근현대사강좌』 11호, 2000).
62) 정병준, 『우남이승만연구』, 역사비평사, 2005, 660~662쪽.

제2차 미소공위는 미소의 의견대립으로 완전히 결렬되었다. 미국은 한국문제를 유엔에 이관(1947. 9. 17)했고, 소련은 이에 맞서 미소양군 철수를 주장(1947. 9. 26)했다.

미소공위의 결렬은 반탁동맹을 유지했던 김구와 이승만의 관계에 주요한 갈림길이 되었다. 김구는 임정봉대론을 견지했고, 이승만은 총선거에 의한 남한단정 수립론을 강하게 내세웠다. 이승만은 8월 25일 민족대표자대회 제21차 대회에서 미군과 협조하거나 한인 단독으로라도 조속한 시일 내에 총선거를 실시해야 한다고 주장했다.[64] 이승만은 임정법통론을 반대하는 한편 입법의원에서 통과된 보통선거법에 따른 남한만의 조기 총선거를 강력히 추진했다.[65] 또한 임정계열과의 통합 대신 단정에 적극적이던 한민당을 끌어들였다.

반면 김구는 국민의회를 통해 9월 초순 이승만의 남한만의 단독선거·단독정부 수립에 반대하는 결의안을 채택하고, 재차 임정봉대에 의한 정부수립을 주장했다. 국민의회는 이승만을 주석, 김구를 부주석에 재추대했지만, 이승만은 9월 3일 지금은 '38이남은 고사하고 다만 한 道나 한 郡으로만이라도 정부'를 세워야 한다고 주장했다.[66] 이승만은 해방 후 우익진영의 정부 수립방안이었던 임정 추대운동이 한국문제의 유엔이관과 함께 실질적으로 종식되었다고 선언한 것이었다. 이승만은 민족대표자대회·총선거대책위원회·독촉국민회·애국단체연합회 등 다양한 명칭의 우익연합을 통해 조기 총선거 실시 캠페인을 추진했다.

제2차 미소공위의 결렬과 한국문제의 유엔이관이 결정된 1947년 하반기 김구·임정의 노선은 갈림길에 서있었다. 김구와 임정계열은 임정법

63) "Hodge to the Secretary of State"(July 16. 1947), *FRUS*, 1947, vol. 6, p.703.
64) 《조선일보》, 1947. 8. 26.
65) 《조선일보》, 1947. 9. 9.
66) 《동아일보》·《조선일보》, 1947. 9. 4.

통론에 의한 정부 수립과 유엔 감시하의 남북총선거라는 두 가지 정부 수립방안 사이에서 정확한 입장을 정하지 못하고 있었다. 김구는 미소공위가 사실상 결렬된 후 7~8월 내내 임정법통·총선거를 둘러싸고 이승만 진영과 통합논의를 벌였으나 성공하지 못했다. 다른 한편 한국 문제의 유엔이관에 대해 김구는 국제 감시 하의 남북총선이 일찍부터 자신의 주장이었다고 주장했다.[67] 남북한을 통한 총선거를 주장하는 김구 진영과 남한만의 총선거를 주장하는 이승만은 대립적인 모습을 보이고 있었다.[68] 또한 김구는 11월 중순까지 남한만의 단독선거에 반대한다는 입장을 여러 차례 밝혔다.[69]

이 시기 임정은 남북총선거 혹은 남북지도자회의 등 중도파의 주장에 주목하고 있었다. 특히 한독당은 11월 중도파가 주도하는 12정당협의회에 참가함으로써 중도파의 김규식과 연대한 남북총선거 방안을 추진했다. 이승만과 한민당은 대대적으로 정협을 공격하는 한편 김구·임정세력을 견인하려 했다. 12월 초이래 한독당에서는 남북지도자회담·남북총선거를 주장했던 이들의 제명·정권·은퇴가 이어졌다. 이는 김구·임정계열이 이승만과 연합을 재상정했음을 의미하는 것이었다.

그런데 김구·임정계열이 이승만과의 통합으로 재전환했을 때는 더 이상 임정법통론을 주장할 수 없었다. 김구는 11월 30일 이승만과 회담 직후 성명을 발표하고 소련이 유엔 감시 하의 총선거를 보이콧해서 남한만의 총선거로 정부를 수립한다고 해도 "법리상으로나 국제관계상으로 보아 통일정부일 것이요 단독정부는 아닐 것"이라고 했다.[70] 1947년 11월말부터 12월 하순까지 김구의 노선은 임정법통론·임정봉대론—남북총선거·남북지도자회담—남한총선거의 방향으로 부동하고 있

---

67) 《새한민보》, 1-8, 1949년 9월 중순호, 9쪽.
68) CIC Weekly Information Bulletin no. 25(1947. 10. 9).
69) G-2 Periodic Report no. 683(1947. 11. 13).
70) 《동아일보》·《조선일보》, 1947. 12. 2.

었다.

 김구는 이승만과 함께 국민의회와 민족대표자대회의 통합을 추진했다. 그러나 12월 2일 한민당 정치부장 장덕수가 암살되었고, 통합은 무산되었다. 이승만은 장덕수 암살사건의 와중에서 김구·임정측에 아무런 도움을 제공하지 않겠다고 결정했다. 한민당과 미군정은 김구·한독당을 본격적으로 공격하기 시작했다. 12월 22일 김구는 재차 단독정부를 반대하며 남북 총선거를 통한 자주·통일정부를 수립해야한다고 선언했다.[71]

2) 1948년 남북협상

 유엔한국임시위원단(United Nations Temporary Commission on Korea: UNTCOK)은 1948년 1월 8일 서울에 도착했고, 1월 22일 남한의 이승만·김구·김규식·김성수·허헌·박헌영, 북한의 김일성·김두봉·조만식 등 정치지도자의 의견을 청취하겠다고 발표했다.[72] 김구는 1월 26일 유엔한위와 만나 양군철퇴 → 남북요인회담 → 남북 총선거 → 통일정부 수립이라는 방안을 제시했다.[73] 김구는 유엔한위와 협의하기 전 김규식과 이 문제를 협의했고, 1월 28일에는 유엔임시한위에 6개항의 의견서를 보내 전국총선거 및 통일정부 수립·남한단독선거 반대·양군철퇴·남북지도자회담을 제안했다.[74] 이 시점을 계기로 완전히 김구는 김규식과 연대를 통한 남북협상·남한단선 반대로 나서게 되었다.[75]

 김구의 의견서에 대해 우익은 대대적인 비난을 가했다. 한민당이

71) 《조선일보》·《서울신문》, 1947. 12. 23.
72) 《서울신문》, 1948. 1. 24; 林命三, 『유엔朝鮮委員團報告書』, 國際新聞社, 1949, 29~39쪽.
73) 《동아일보》·《조선일보》·《경향신문》·《서울신문》, 1948. 1. 28.
74) 《경향신문》, 1948. 1. 28;《서울신문》, 1948. 1. 29; CIC Weekly Information Bulletin no. 41(1948. 2. 2).
75) 도진순, 『한국민족주의와 남북관계』, 서울대학교출판부, 1997, 203쪽.

중심이 된 한국독립수립대책협의회(약칭 한협)는 김구의 주장이 '조선을 소련의 위성국가화하려는 의도'이며 이후로 김구는 민족지도자가 아니라 '크레믈린宮의 한 信者'라고 비난했다.[76] 전국학련도 김구의 견해가 공산당과 동일한 주장이며 지도자로서 위신을 스스로 상실하는 자멸적 행동이라고 비난했다.[77] 한민당은 김희경이라는 정체불명의 여자를 내세워 김구가 '반동분자들의 구두선'을 반복하며, '독립전선에 이상을 야기'하였으며, "반동분자의 再版을 연출"하였다고 맹비난했다.[78]

이후 김구는 김규식과 함께 남북 요인 정치회담, 즉 남북협상을 추진했다. 김구는 일제 하 26년간 유지해 왔으며, 해방 3년간 강력하게 추진해 왔던 임정법통론·임정봉대론을 포기하는 한편 1946년 이래 자신이 반대해 왔던 남한 총선거, 즉 단독선거에도 동참하지 않기로 결정한 것이다. 김구는 오랜 역사와 전통, 이상주의적 면모를 지녔으나 현실적으로는 상정되기 어려웠던 노선(임정법통론·임정봉대론)을 포기하는 한편 현실적으로 용이한 길이지만 동의하기 어려웠던 노선(남한총선거)에도 불참하기로 결정한 것이다. 김구는 임정법통론·임정봉대론—남북총선거·남북지도자회담—남한총선거이라는 세 가지 길 가운데 남북총선거·남북지도자회담의 길을 선택한 것이다.

1948년 2월 4일 김규식이 주도한 민족자주연맹은 남북요인회담의 개최를 요망하는 서신을 김구·김규식 명의로 김일성·김두봉에게 보내기로 결의했다. 김구는 2월 10일 「3천만 동포에게 泣告함」을 통해 '통일하면 살고 분열하면 죽는 것은 고금의 철칙'이라며 남북지도자회의를 주장했다. 2월 16일 김구는 북한의 金枓奉에게 남북 정치지도자 간의 협상을 제안하는 유명한 2월 서신을 보냈다. 이 편지에서 김구는 1944년 김학무를 통해 김두봉과 자신이 주고받았던 편지들을 회상하며, '민족이

---

76) 〈김구씨 김박사는 크레므린의 신자?〉, 《새한민보》, 1948년 2월 중순호.
77) 《동아일보》, 1948. 1. 31; G-2 Periodic Report, no. 749(1948. 2. 3)
78) 〈金九先生님께 올리는 글월〉 1~4, 《동아일보》, 1948. 2. 1~2. 5.

익'을 기준으로 협상하자고 했다.

이 사이 유엔소총회는 2월 26일 남한만의 총선거를 권고한 미국 제안을 찬성 31, 반대 2, 기권 11로 채택했다. 하지는 3월 4일 특별성명을 통해 5월 9일에 선거를 실시한다고 발표했다. 남한만의 총선거인가 통일·독립운동인가 하는 갈림길이 명확해졌다. 김구는 격렬하게 반대했고, 김규식은 '불참가 불반대'를 내세웠지만 곧 통일·독립운동으로 입장을 정리했다. 3월 12일 김구·김규식·조소앙·김창숙·조완구·홍명희·조성환 등 대표적 민족주의자 7명은 남북협상으로 민족자결을 이룩하자는 7거두 성명을 발표했다. 이 7거두성명은 남한만의 총선거와 북의 인민공화국 헌법 제정을 비판하며 "38선을 국경선"으로 고정시켜 양 정부 또는 양 국가를 형성하게 되면 "남·북의 우리 형제자매가 미·소전쟁의 전초전을 개시하여 총검으로 서로 대하게 될 것"이라고 지적했다.[79] 김구는 3월 12일과 15일 장덕수 재판에 소환되어 심문을 받았다.

북한에서는 여러 가지 논란이 있었지만, 3월 20일, 24일 북로당 중앙위원회 특별전원회의에서 남북연석회의에 대한 방침을 결정했다.[80] 김구·김규식의 제안을 받아들이는 것이 북한측에 불리하지 않을 것이란 판단을 내린 것이다. 북한은 3월 25일 북조선민주주의민족통일전선 중앙위원회 명의로 양김의 남북정치협상 대신 전조선 정당·사회단체대표자 연석회의를 개최하자고 역제안했다. 북한에서는 이미 1947년 11월 조선임시헌법제정위원회가 조직되었고, 12월에는 임시헌법초안이 작성되었다. 1948년 2월 10일에는 인민회의에 임시헌법초안이 발표되었다. 헌법 제정에는 소련의 결정이 중요했으며, 레베데프에 따르면 1948년 1월 중순경 북한에서의 헌법시행을 당분간 보류하며, 신헌법에 의한 선거는 남한보다 늦은 시기에 실시한다는 방침을 정해놓은 상태였다.

---

79) 《새한민보》, 1948년 4월 상순호.
80) 〈서용규 증언〉, 중앙일보 특별취재반, 《조선민주주의인민공화국》 하, 중앙일보사, 1993, 329~330쪽.

나아가 북한은 1948년 2월 8일 조선인민군을 창설했다. 정부수립에 앞서 군대를 창설한 것이었는데, 1947년 2월 조직된 북조선인민위원회가 선거를 통해 구성된 사실상의 정부였음을 고려할 때 북한의 정부 수립은 형식적 절차만을 남겨둔 상태였다.

김구·김규식은 "미리 다 준비된 잔치에 참례만 하라는 것"(3. 31), "북조선에서는 김구는 김일성장군에게 굴복"(4. 15. 김구)하려는 것이란 비판이 제기되고 있음을 알았다.[81] 그러나 임정봉대가 불가능해지고, 남한총선거에 동참할 수 없는 상태에서 유일한 선택지이자 남북한의 통일·독립방안은 남북정치협상의 길이었다. 당시 민중의 염원도 남북통일을 갈망하고 있었다. 문화인 108인 선언(1948. 4. 14)은 이들의 이러한 절박한 심정을 대변하고 있다. 이들은 단정이 "국토양단의 법리화요 민족분열의 구체화"로 "그 후로 오는 사태는 저절로 민족상호의 혈투가 있을 뿐이니 內爭 같은 국제전쟁이요 外戰같은 동족전쟁"이 있을 뿐이라고 절규했다. 108인은 남북협상이 "가능·불가능의 문제가 아니라 가위·불가위의 당위론인 것이니, 올바른 길일진대 사력을 다하며 진군할 뿐일 것이다"고 했다.[82]

"강력한 리더십과 무서운 돌파력을 지닌" 백범은 "폭넓고 깊이 있는 식견, 날카로운 판단력을 지닌 이지적 지도자" 우사와 함께 통일운동의 화신으로 민족을 부둥켜안았다.[83] 김구·김규식은 4월 5일 안경근·권태양을 북에 파견했고, 민족자주연맹은 4월 18일 배성룡·권태양을 특사로 파견했다. 북한은 김구·김규식이 제시한 원칙을 수용했고, 김구는 4월 19일, 김규식은 4월 21일 북행길에 올랐다.

이미 평양에서는 4월 19일부터 남북연석회의가 개최되고 있었다. 남북연석회의는 크게 2개의 회의로 구성되었다. 첫째는 남북조선 제정

---

81) 《조선일보》·《서울신문》, 1948. 4. 1; 《경향신문》·《조선일보》, 1948. 4. 17.
82) 〈남북협상을 성원함〉, 《새한민보》, 1948년 4월 하순호.
83) 서중석, 『우사 김규식: 생애와 사상② 남북협상』, 한울, 2000, 126쪽.

당 · 사회단체 대표자연석회의였다. 4월 19일 열린 예비회담에서 김일 성은 단정반대, 유엔소총회 결의 무효화, 미소양군 철수 등의 원칙을 내세웠다. 본회담은 4월 19일 이후 김구 · 김규식의 도착을 기다려 21~23 일간 개최되었다. 연석회의는〈조선정치정세에 관한 결정서〉를 채택하 고〈전조선동포에게 檄함〉이라는 격문을 채택했다.[84]

둘째는 4김회담과 남북조선 정당 · 사회단체 지도자협의회였다. 4김 회담은 4월 26일과 30일에 개최되어, 김규식의 원칙에 기초해〈남북조선 제정당 사회단체 공동성명서〉를 채택했다. 공동성명서는 ① 미소양군 철수 ② 북한남침 우려불식 ③ 전국총선 통한 통일국가 수립 ④ 남한 단선 · 단정 반대를 제시했다. 남북요인 15인이 참가하는 남북지도자협 의회는 4월 27일과 4월 30일에 개최되었다. 김구 · 김규식이 강조한 것은 4김회담과 남북지도자협의회였다.[85] 김구 · 김규식은 5월 5일 서울로 귀환해 공동성명을 발표(5. 6)했다. 핵심은 남한 단선 · 단정을 반대하 며, 미소 양군 철퇴 후 전국 정치회의를 통해 통일적 임시정부를 수립하 고, 전국총선거를 통해 정식 통일정부를 수립하자는 내용이었다.

3) 평화통일활동과 '마지막 노선'

평양에서 귀환한 김구에게는 유무형의 다양한 압력과 비판이 쏟아졌 다. 그가 운신할 수 있는 정치적 공간도 현저히 축소되었다. 독립운동의 동지였던 독립노동당의 유림조차 김구 · 김규식이 평양회담에서 신탁 을 지지한 '공산당 제5열'이라고 공격했다. 또한 한독당 내부에서도 정권 참여를 논의하는 과정에서 남북협상에 대한 비판서 및 김구의 정계은퇴

---

84) 朴洸편, 『진통의 기록: 전조선 제정당 사회단체 대표자연석회의 문헌집』, 평화도서주식회 사, 1948, 73~77쪽; 위의 책, 209쪽.
85) 서중석은 김구 · 김규식은 남북연석회의가 아니라 남북협상=요인회담=남북지도자회의에 참가한 것이라고 했다(위의 책, 224~226쪽).

성명서가 거론되는 지경이었다.[86]

그러나 김구는 김규식과 함께 북한과의 평화적 통일을 추진할 통일단체를 조직하기 시작했다. 김구는 5·10선거에 참여한 한독당원의 제명 방침을 주도하였고, 김규식과 함께 통일독립촉진회를 조직(1948. 7. 21)하는 한편 유엔총회에 대표를 파견해 '국제협조'를 하는 방안을 추진했다.[87]

남한에서는 우여곡절 끝에 선거가 완료되고 제헌국회가 개최되었다. 국회는 헌법을 제정하고, 정부조직법을 만드는 등 정력적으로 국가수립에 나섰다. 미국의 지원과 국가기구의 물리력이 강력한 힘을 발휘하기 시작함으로써 한국정부는 스스로 생존가능성을 입증하기 시작했다. 1948년 8월 15일 수립된 대한민국 정부는 그 해 12월 유엔총회에서 '유엔한국임시위원단이 접근가능한 지역에서 선출된 유일합법정부'로 인정되었다.

북한은 5·10선거로 제헌의회가 수립되자, 제2차 남북조선제정당사회단체지도자협의회를 1948년 6월 29일부터 7월 5일까지 평양에서 개최한다고 발표했다. 북한은 김구·김규식을 초청했지만, 이미 결정된 정부 수립에 두 사람을 들러리로 세울 계획임이 분명했다. 김구·김규식은 남이나 북이나를 막론하고 단독정부를 반대한다는 입장을 표명했다. 평양은 북한지역은 물론 남한지역에서도 지하선거를 통해 최고인민회의 대의원을 선출했다고 주장했다. 9월 9일 조선민주주의인민공화국이 수립되었다.

김구는 남한만의 단독정부 수립에 반대해 남북협상에 나섰고, 북한은 단독정부 수립에 반대한다고 공감했다. 그러나 남한정부 수립 뒤 한 달도 안돼서 북한정부가 수립되었다. 남한에서는 김구·김규식에 대한 공격이 심화되기 시작했고, 북한에서는 김구·김규식을 북한정부 수립에 이용하려는 시도가 김구·김규식의 활동공간을 제약했다.

---

86) 도진순, 『한국민족주의와 남북관계』, 서울대학교출판부, 1997, 296~297쪽.
87) 위의 책, 296~300쪽.

남한에서는 김구·김규식과 이승만의 화해를 주장하는 3영수 합작설이 끊이지 않았다. 그러나 김구나 이승만 모두 이에 부정적이었다. 김구는 이승만이 국회 개원식에서 대한민국임시정부 법통계승을 언명한데 대해 "현재 의회의 형태로서는 대한민국 임시정부의 법통을 계승하는 아무 조건도 없다고 본다"고 답변했다.[88] 부통령선거를 전후해 무소속 구락부는 '대통령 이승만, 부통령 김구, 국무총리 조소앙'안을 제출하기로 합의했다. 부통령선거일(7. 20) 김구는 정부수립에 참가한다는 소문을 자신에 대한 모욕이라고 발언했고, 이승만은 김구와의 합작이 불가능하다고 발언했다. 그렇지만 그날 오후 부통령 선거에서 출마하지도 않은 김구는 1차 투표 65표, 2차 투표 62표를 얻었다.[89] 김규식은 남한정부에 대한 불참가 불반대 입장을 표명했다.

국회의 무소속·소장파들은 임정의 정부참여를 원했지만, 한민당은 임정요인들의 정부참여를 극력 저지했다. 조각 결과 한민당과 소장파 모두 배제되었다. 이승만 정부의 조각구성은 5·10선거의 미진함을 보완하여 우익의 대통합을 이룩한 것이 아니라, 단정 진영 내 중대한 분열까지 초래한 것이었다. 일찍이 정부 불참을 선언한 김구는 선견지명이 있었고, 정부참여를 시도한 조소앙은 겸연쩍은 입장이 되었으며, 한민당은 야당의 길로 걸어갔다.[90]

김구가 남한 정계에 참여하지 않은 이유는 정치적인 이유와 통일운동적 이유가 있었다. 정치적으로는 이승만 정권이 단명할 것이며, 그 대안으로 김구·한독당이 주도하는 새로운 정부가 될 수 있을 것이라고 추정했을 것이다. 통일운동적 입장에서 근본적 이유는 김구가 남북양 정권에서 초연한 입장에서 통일운동에 매진한 것으로 볼 수 있다.[91]

---

88) 《경향신문》, 1948. 6. 8.
89) 《조선일보》·《동아일보》·《서울신문》·《경향신문》, 1948. 7. 20.
90) 도진순, 『한국민족주의와 남북관계』, 서울대학교출판부, 1997, 317쪽.
91) 위의 책, 317~318쪽.

남북한 정부 수립 이후 김구의 정치적 활동공간은 축소되었고 활동은 소강상태에 접어들었다. 남한 단정에 불참을 선언했기에, 합법 정치공간과는 거리를 둘 수밖에 없었고, 북한과의 통일운동은 북한의 정부수립으로 추진동력과 파트너를 잃어가고 있는 상황이었다. 김구는 1948년 9월말 유엔총회를 앞두고 남북지도자회의를 통한 남북 임시중앙정부 수립, 유엔 감시하의 남북총선거 등을 주장했다.[92] 그런데 12월 12일 유엔총회가 한국정부를 유엔한위가 접근 가능한 지역에서 선출된 유일 합법정부로 승인하자, 김구는 12월 16일 기자회견을 통해 유엔총회에서 "절대 다수 국가의 찬성으로써 한국을 승인하였다는 것은 우리의 독립운동 과정 중에 있어서 영원히 기억할만한 거대한 역사적 사실이다"고 했다.[93] 즉 김구는 1948년 12월 유엔의 한국정부 승인에 대해 이를 "영원히 기억할만한 거대한 역사적 사실"로 인정하고 사실상 축하한 것이다. 이는 일종의 방향전환이자 현실 인정으로 볼 수 있다. 즉 남한총선거·단독정부 수립 반대·불참을 고수하던 입장에서 한국정부의 국제적 승인을 수용·인정하는 의사를 표명한 것이다. 또한 이는 김규식이 남한 총선거 불참가·불반대의 입장에서 한걸음 더 나아가 "본래부터 대한민국정부를 부인하는 것이 아니었다"고 발표(1948. 12. 14)한 입장과 일맥상통한다.[94] 김구와 김규식은 한국정부가 수립된 후 유엔총회의 승인을 받았고, 북한에서도 정부를 수립한 이상, 더 이상 한국정부를 부정·부인할 것이 아니라 현실로 인정하고, 이를 토대로 유연하고 효과적으로 통일운동을 벌여야 한다는 입장을 보인 것이다.

이후 암살(1949. 6)에 이르기까지 김구는 통일독립촉진회를 통해 평화통일과 관련한 성명을 발표하는 활동을 전개했다. 이 기간 동안 김구가

92) 서중석, 『우사 김규식: 생애와 사상② 남북협상』, 한울, 2000, 263~264쪽.
93) 《서울신문》·《독립신문》, 1948. 12. 17.
94) 《민국일보》, 1948. 12. 15; 서중석, 『우사 김규식: 생애와 사상② 남북협상』, 한울, 2000, 273~274쪽.

남한 정치에 참가할 계획이었는지의 여부가 김구의 마지막 노선과 관련해 주요 쟁점의 하나가 되었다.[95] 특히 1949년 5월 하순경 언론들은 3영수 합작설을 보도하며 김구·김규식이 이승만과 합작할지도 모른다고 보도했다.[96] 그러나 사진과 인터뷰는 모두 조작된 것이었고, 해당 신문사는 정부의 항의에 따라 社告로 오보 정정기사를 냈다.[97] 1949년 5월 24일 미대사관 3등 서기관 그레고리 헨더슨(G. Henderson)이 김구의 측근인 엄항섭, 엄도해, 김학규 등과 만났는데, 엄항섭은 동아일보의 5월 22일자 기사가 김구발언에 대한 우익 기자의 희망섞인 기대였을 뿐이며 김구는 현 정부를 민주적인 정부로 간주하지 않는다고 했다.[98] 때문에 김구가 과연 합법 정치공간으로 복귀해서, 1950년 5·30선거에 참여하려 했는지는 의문이다. 이처럼 1948년 말이래 김구는 "세계 각국이 모두 현정부를 승인"했다는 현실을 받아들였지만, 남한 현실정치에 참여여부는 정확히 결정되지 않은 것으로 보인다. 다만 유엔의 한국정부 승인이라는 현실과 북한의 정부 수립이라는 현실을 인정한 상태에서 평화통일이라는 좁은 길을 추구했던 것이다.

한편 김구는 1948년 10월이래 한국정부의 엄중한 비판과 감시 속에 두어졌다. 여순군인폭동은 모든 것을 변화시켰다. 여순군인폭동 진압 후 한국정부는 북한·좌익·남북협상파에 대해 극도의 적개심을 가졌다. 1948년 12월 제정된 국가보안법으로 남조선노동당 등 좌익세력은 모두 불법단체로 규정되었다. 한국정부와 주한미군 정보당국은 김구가

95) 이신철, 「조국통일민주주의전선연구」, 성균관대 사학과 석사학위논문, 36쪽; 서중석, 『한국현대민족운동연구2』, 역사비평사, 1996, 161~162쪽.
96) 〈韓獨黨 政策轉換協商路線을 清算乎〉, 《동아일보》, 1949. 5. 13; 〈탐스러워라! 牡丹꽃 李大統領夫妻와 金九氏 夕陽의 德壽古宮에서 團欒〉, 《동아일보》, 1949. 5. 21; 〈三氏合作 確信 民族陣團結時急 注目되는 金九氏談話〉, 《동아일보》, 1949. 5. 22.
97) 《동아일보》, 1949. 5. 26; 도진순, 『한국민족주의와 남북관계』, 서울대학교출판부, 1997, 334~335쪽.
98) "Memorandum of Conversation with some of KIM Koo's Secretaries and Friends," May 24, 1949. by G. Henderson, Third Secretary. Enclosure no. 3 to Despatch No. 298, American Embassy, Seoul, May 27, 1949.

극좌·북한과 결합해 군사쿠데타를 감행할 지도 모른다는 분석을 본격적으로 내놓기 시작했다. 주한미군 정보참모부는 김구가 반란을 선동했을 것이란 소문이 파다하다고 기록했다. 주한미군 정보당국은 한국정부가 개별적인 군사쿠데타나 공산당의 폭동은 진압할 수 있지만 군사쿠데타와 공산당의 폭동이 동시에 발생할 경우 진압할 수 있을지 의문이라고 논평했다.[99]

여순사건 이틀 후(1948. 10. 21) 국무총리 이범석은 임정계열이던 14연대장 오동기소령이 좌익연루혐의로 체포된 후 14연대가 반란을 일으켰다고 발표했다.[100] 다음날 김태선 수도경찰청장은 최능진·오동기 등이 남로당과 결탁하여 무력으로 정부를 전복하고 김일성일파와 합작하여 "자기들 몇 사람이 숭배하는 政客"을 수령으로 공산정부를 수립하려고 공모한 후 쿠데타를 감행하기 직전 검거되었으며, 말단 세포분자들이 여순사건을 일으켰다고 발표했다.[101] 이범석은 국회본회의 보고(1948. 12. 8)에서도 오동기의 체포로 "극우극좌의 합작음모가 폭로"되자 여순사건이 일어났다고 했다.[102] 시중에는 여순사건에 김구의 선동이 작용했다는 루머가 떠돌았고, 김구는 10월 27일 기자회견에서 극우가 반란에 참가했다는 주장을 부인하는 발언을 해야 했다.[103]

1948년말 1949년 초의 빨치산 토벌 및 제주도 토벌이 완료되자 한국정부는 북한, 좌익, 남북협상파, 국회소장파에 대한 본격적인 반격을 시작했다. 이는 1949년 5~6월에 정점에 도달했고, '6월 공세'로 불릴 정도의

---

99) G-2 Weekly Summary no.164 (5 November 1948)
100) 서중석, 『한국현대민족운동연구2』, 역사비평사, 1996, 169쪽.
101) 《서울신문》, 1948. 10. 23.
102) 「제1회 124차 국회본회의 속기록〉(1948. 12. 8)」, 『대한민국국회 제1회 속기록』 제124호, 1240~1256쪽. 오동기가 군입대를 보증한 4명은 최능진의 선거운동에 적극 참여했다. 오동기는 최능진과 일면식도 없었지만, 최를 공산주의자로 조작한 이 사건으로 인해 7년간 괴롭힘을 당했다. 무관함이 곧 밝혀졌으나 오동기는 불명예파면되었다〈오동기소령 면담록(1966. 12. 21)〉〈국방부 군사편찬연구소 소장〉; 국방부 전사편찬위원회, 『한국전쟁사』 1권(해방과 건군), 1967, 484~488쪽].
103) 《자유신문》, 1948. 10. 28; 서중석, 『한국현대민족운동연구2』, 역사비평사, 1996, 171~172쪽.

역공이자 보복이었다.[104] 반민특위 습격사건(6. 6), 국회프락치사건(6. 21) 등이 이어졌다. 한편 6월말~7월초 한국정부가 북한과의 남북협상을 주장하는 좌익·중도파 제거를 위해 계엄령·비상사태를 선포할 계획이라는 여러 소문들이 무성했다. 이런 징후들은 CIA의 정보망에 접수되었다.[105] 6월 24일부터 서울시 경찰국은 '작금의 미묘한 정세에 대비하여 24일 하오 4시 이래 준 비상경계태세에 돌입'한 상태였다.[106] 다른 자료에 따르면 정비상경계가 내려져 있었고, 6월 29일에 이르러 준비상경계로 전환되었다.[107]

주한미군의 철수, 38선 충돌, 국회프락치사건, 반민특위 등 긴박한 대내외 정세 속에 6월 공세의 결정판은 6월 26일 김구의 암살이었다. 현역 육군 소위가 암살범이었고, 암살직후 범인의 체포·수사·기소·재판·보호까지 한국군이 모든 것을 관장했다. 이미 1949년 초부터 다수의 조직이 여러 차례에 걸쳐 암살을 모의·시도하고 있었기 때문에 암살 자체는 예견할 수 있는 것이었다. 암살 이후 한국정부는 '안두희의 증언'을 통해 첫째 극우·극좌의 합작음모, 둘째 남북결합의 군사쿠데타, 셋째 이승만 암살계획의 동시진행 등의 음모에 김구가 깊숙이 개입했다고 선전했다. 이는 정보당국의 지속적인 관심사항이었고, 암살과 관련해 공작차원에서 추진된 목표이기도 했다.[108]

김구는 스스로 "통일된 조국을 건설하려다가 삼팔선을 베고 쓰러질지언정 일신에 구차한 안일을 취하"지는 않겠다고 했다. 그리고 그의 말대로 민족을 중심으로 한 평화통일·남북협상의 길에서 생을 마감했다.

104) 서중석, 「이승만정권의 1949년 6월 공세」, 『한국현대민족운동연구2』, 역사비평사, 1996.
105) RG 319, ID file no.571498, CIA, SO-25423, "Possibility Martial Law" (1949. 6. 28); ID file no.572116, CIA, SO-25510, "Possibility of Martial Law being Declared in South Korea" (1949. 7. 1)
106) 《서울신문》, 1949. 6. 26.
107) 《조선중앙일보》, 1949. 6. 30.
108) 정병준, 「백범 김구 암살 배경과 백의사」, 『한국사연구』 128호, 2005.

민족은 필경 바람 잔 뒤의 초목 모양으로 뿌리와 가지를 서로 뻗고 한 수풀을 이루어 살고 있는 것이다. 오늘날 이른바 좌우익이란 것도 결국 영원한 혈통의 바다에 일어나는 일시적 풍파에 불과한 것을 잊어서는 아니된다.[109)

4. 맺음말

해방 후 백범 김구는 1945~47년간 임정 중심론 · 임정법통론에 기초한 건국노선을 추구했다. 이는 김구가 임시정부에 몸을 담은 이래 유지해온 유일의 노선이었고, 국민대표대회, 민족유일당 설립운동, 민족혁명당 등의 거센 도전을 상대하며 지켜온 임시정부 정통론이었다. 임시정부의 역사만큼 오래된 역사의 힘, 관성의 힘이었고, 국내외적 조건이 변화했다고 해서 쉽게 바꾸거나 포기할 수 없는 성격이었다. 이는 김구의 노선이자 한독당의 노선이었다.

김구는 1945년말~46년 초와 1947년 초 두 차례에 걸쳐 반탁운동 및 임정봉대운동을 펼쳤다. 이는 해방 전 임정이 공식화했던 건국강령의 건국방략인 동시에 해방 후 채택된 당면정책 14개 조항의 건국방략이었다. 그런데 해방 후 국내 정세는 임시정부 정통론이 수용될 수 있는 내외적 조건과는 거리가 있었다. 때문에 미소공위 배척과 자주성 강조를 통한 중경 임시정부 추대운동이 주관적 의도와는 관계없이 단정의 길을 닦게 되어 있다는 비판도 있다.[110)

한편 임정은 임정의 주도권을 훼손하지 않고, 임정을 중심으로 한 좌우합작 · 민족통일전선 결성의 방식으로 정당통일운동을 추진하거나 좌우합작운동을 지지했다. 이는 1940년대 중경임정 내부에서의 정당통

---

109) 「민족통일의 재구상」, 『大潮』 1949년 3 · 4월호, 2005.
110) 서중석, 『우사 김규식: 생애와 사상② 남북협상』, 한울, 2000, 21쪽.

일운동 및 연립정부 수립과 그 역사적 맥락을 같이 하는 것이었다. 즉 임정 주도하의 좌우합작·정당통일운동이었다.

1945~46년간 임정봉대론에 동참했던 세력은 임정봉대론(김구·임정), 단정수립론(이승만·한민당), 미소공위참여론(안재홍·국민당) 등으로 분화되었다. 김구는 1947년 하반기 임정법통론·임정봉대론—남북총선거·남북지도자회담—남한총선거의 3가지 노선 사이에서 부동하고 있었다. 세 가지 모두 역사적 맥락이 있는 길이었고, 단순한 선택의 문제는 아니었다. 한국문제의 유엔이관으로 임정법통론·임정봉대론이 현실적으로 좌절되자 남북총선거·남북지도자회담—남한총선거의 두 가지 길 가운데 남북총선거·남북지도자회담의 길을 선택했다. 일생을 민족주의자로 살아온 김구로선 "현 정세에 추수하는 것이 우리들 개인의 이익됨을 모르지 아니하나, 개인의 이익을 도모하려고 민족의 참화를 촉진하는 것은 민족적 양심이 허락지 아니"한 것이었다.[111]

1947년말 김구가 남한총선거와 남북총선거 사이에서 흔들린 것은 사실이었다. 때문에 신민일보 사장은 김구와의 인터뷰(1948. 3. 21)에서 김구가 1947년 1월 이승만의 단정수립 외교에 침묵을 지켰고, 1947년 11월 조소앙의 남북협상운동을 중단시킨 후 단정에 참가할 의사·태도를 취한 것 아니냐고 질문했다. 김구의 단정반대로의 노선전환이 "정의에서가 아니고 아직 토대가 약해서 정권을 잡을 수 없으니까 그렇게 하는 것" 아니냐는 비판이었다. 김구는 대의에 입각해 이승만과 협조정신으로 시종일관한 자신에게 허물이 있으며, 이박사가 다시 나오지 못할 함정으로 들어가고 있기에 자신은 절박한 막판(地盡頭)까지 밀려와서야 반대를 표명하는 것이라고 항변했다.[112]

남북총선거·남북지도자회담을 선택한 김구는 "현실적이냐 비현실

---

111) 엄항섭 편, 「통일독립 달성을 위한 7거두 성명(1948. 3. 12)」, 『김구주석최근언론집』, 삼일출판사, 1948, 83~86쪽.
112) 위의 책, 90~91쪽.

적이냐가 문제가 아니라 그것이 정도냐 邪道냐가 생명이라"고 강조했다. 과거의 일진회도 '현실적인 길'을 가야한다고 주장했는데, "우리가 망명생활을 30여년이나 한 것도 가장 비현실적인 길인 줄 알면서도 민족의 지상명령이므로 그 길을 택한 것"이었다.[113] 도진순은 김구의 전환이 우익진영·미군정·유엔임시한위에 대한 실망과 분노, 북한·일부 좌익의 새로운 제의와 타진, 김구 본연의 민족주의적 소신에서 비롯된 것이라고 해석했다.[114]

1948년 남북협상에 대한 평가 역시 엇갈린다. 김구·김규식이 남한에서의 정치적 패배로 남북협상에 참여했다는 주장, 남북협상은 실패했고 나아가 북한 정권에 의해 이용되었다는 주장 등이 대표적이다. 그런데 김구·김규식도 출발 시점부터 남북협상을 통해 단선·단정을 막거나 통일정부를 수립하기는 어렵다는 한계를 알고 있었으나, 이는 그들이 선택할 수 있는 유일한 길이었다.

1948년의 남북협상이 여러 역사적 한계에도 불구하고, 민족분단의 긴박한 정세에 대처해 외세에 의한 민족분단을 반대하고 민족자주성을 구현했다는 점에서, 사상·이념의 차이에도 불구하고 민족적 단결을 시도했다는 점에서, 분단문제의 평화적 해결을 모색하였다는 점에서 역사적 의의를 지닌다.[115] 또한 이는 남북 분단정부 수립이전 남북 지도자가 만난 유일한 평화통일 시도였으며, 민중들의 열망을 반영한 것이자, 남북의 극단적 대립과 전쟁을 방지하기 위한 것이었으며, 마땅히 나서야 했기 때문에 민족해방운동의 연장선상에 있는 민족국가 건설에 민족의 지도자가 최후의 순간까지 노력한 것이었다.[116]

1948년 유엔총회의 한국정부 승인이후 김구는 이를 환영했으며, 김규

---

113) 위의 책, 1948.
114) 도진순, 『한국민족주의와 남북관계』, 서울대학교출판부, 1997, 223~224쪽.
115) 위의 책, 289쪽.
116) 서중석, 『우사 김규식: 생애와 사상② 남북협상』, 한울, 2000, 226~227쪽.

식과 함께 유엔감시하의 남북총선거를 중심으로 한 평화통일운동을 추구했다. 생의 마지막 길을 평화통일운동에 바쳤던 1949년 6월 김구는 암살되었다. 김구는 한반도의 동족상쟁이 벌어지기만을 기다리는 것은 부활을 꿈꾸는 "파시스트 강도 일본" 뿐이며, 전쟁이 폭발하면 그 결과는 세계 평화의 파괴인 동시에 동족의 피를 흘려 왜적을 살리는 것이라고 했다.[117] 그가 암살된 지 1년 뒤 북한의 공격으로 전쟁이 시작되었다. 1953년 7월 전쟁이 휴전으로 멈추었을 때 한반도에는 파괴와 절망이, 일본에는 번영과 부흥이 자리했다.

---

117) 엄항섭 편, 「삼천만동포에게 읍고함(1948. 2. 10)」, 『김구주석최근언론집』, 삼일출판사, 1948.

⚙ 참고문헌

HQ, USAFIK, G-2 Periodic Report no.280(1946. 7. 16); 『서울신문』, 1946. 7. 11.

"Memorandum of Conversation with some of KIM Koo's Secretaries and Friends,"
　　　May 24, 1949. by G. Henderson, Third Secretary. Enclosure no. 3 to Despatch
　　　No. 298, American Embassy, Seoul, May 27, 1949.

"Hodge to the Secretary of State"(July 16. 1947), *FRUS*, 1947, vol. 6, p.703.

「1946년 2월 23일 통과된 민주의원 규범 32조」, 『조선일보』, 1946. 2. 26.

「國民議會의 性格을 말함」, 『독립신문』, 1947. 8. 17.

「金九先生님께 올리는 글월」 1~4, 『동아일보』, 1948. 2. 1~2. 5.

崔鍾健편역, 「金九―吳鐵城담화요점」, 『大韓民國臨時政府 文書輯覽』, 1980,
　　　158~159쪽.

「김구씨 김박사는 크레므린의 신자?」, 『새한민보』 2월 중순호, 1948.

「남북협상을 성원함」, 『새한민보』 4월 하순호, 1948.

「대한민국임시정부특파사무국 전단」(1945. 9. 3), 『자료대한민국사』 1권, 국사편
　　　찬위원회, 1970.

「독립촉성중앙협의회 중앙집행위원회 제5회 회의록」(1946. 1. 18), 『우남이승만
　　　문서』 13권.

「민족통일의 재구상」, 『大潮』, 3 · 4월호, 1949.

「비상국민대회대표회 제2회 회의록」(1946. 1. 19), 『우남이승만문서』 13권,
　　　319~320쪽.

「사설: 국민회의에 기대함」, 『동아일보』, 1946. 2. 1.

엄항섭 편, 「삼천만 동포에게 敬告함」(1947. 2. 10), 『김구주석최근언론집』, 삼일
　　　출판사, 1948.

중앙일보 특별취재반, 「서용규 증언」, 『조선민주주의인민공화국』 하, 중앙일보
　　　사, 1993.

「오동기소령 면담록(1966. 12. 21)」(국방부 군사편찬연구소 소장); 국방부 전사편
　　　찬위원회, 『한국전쟁사』 1권(해방과 건군), 1967.

「윤치영 · 윤석오의 증언」 손세일, 『이승만과 김구』, 일조각, 1970.

「임정의 통일거부」(1946. 1. 2. 중앙인민위원회 담화), 『민주주의조선의 건설』;
　　　『서울신문』, 1946. 1. 2.

「제1회 124차 국회본회의 속기록」(1948. 12. 8), 『대한민국국회 제1회 속기록』,

제124호.

엄항섭 편,「통일독립 달성을 위한 7거두 성명」(1948. 3. 12),『김구주석최근언론집』삼일출판사, 1948.

「韓獨黨 政策轉換協商路線을 淸算乎」,『동아일보』, 1949. 5. 13;「탐스러워라! 牡丹꽃 李大統領夫妻와 金九氏 夕陽의 德壽古宮에서 團欒」,『동아일보』, 1949. 5. 21;「三氏合作確信 民族陣團結時急 注目되는 金九氏談話」,『동아일보』, 1949. 5. 22.

엄항섭 편,「혁명운동 재출발의 신결심: 신민일보 사장과 회담기」(1948. 3. 21), 『김구주석최근언론집』, 삼일출판사, 1948.

엄항섭 편,「혁명운동 재출발의 신결심: 신민일보 사장과 회담기」(1948. 3. 21), 『김구주석최근언론집』, 삼일출판사, 1948.

『경향신문』, 1947. 3. 2; G-2 Weekly Summary, no. 76(1947. 2. 27)

『경향신문』, 1947. 3. 2;『조선일보』, 1947. 3. 1;『한성일보』, 1947. 3. 5; G-2 Weekly Summary, no. 77(1947. 3. 6).

『경향신문』, 1948. 1. 28;『서울신문』, 1948. 1. 29; CIC Weekly Information Bulletin no. 41(1948. 2. 2).

『경향신문』, 1948. 6. 8.

『경향신문』·『조선일보』·『서울신문』, 1947. 2. 15, 16, 18, 19.

『독립신보』, 1946. 10. 7.

『동아일보』, 1945. 12. 30, 1946. 1. 2.

『동아일보』, 1945. 12. 30;『서울신문』, 1945. 12. 30.

『동아일보』, 1946. 1. 1 ; HUSAFIK, part 2, chapter 2, pp.53~60; XXIV Corps Historical Journal(January 2, 1946).

『동아일보』, 1946. 7. 7.

『동아일보』, 1947. 4. 29.

『동아일보』, 1947. 4. 29;『경향신문』, 1947. 5. 3.

『동아일보』, 1948. 1. 31; G-2 Periodic Report, no. 749(1948. 2. 3)

『동아일보』, 1948. 5. 26;『경향신문』, 1948. 5. 30.

『동아일보』, 1949. 5. 26

『동아일보』·『조선일보』, 1947. 1. 24; G-2 Weekly Summary, no. 70 (1947. 1. 16).

『동아일보』·『조선일보』, 1947. 12. 2.

『동아일보』·『조선일보』, 1947. 3. 9; G-2 Weekly Summary, no. 77(1947. 3. 6), no. 78(1947. 3. 13).

『동아일보』·『조선일보』, 1947. 9. 4.

『동아일보』·『조선일보』·『경향신문』·『서울신문』, 1948. 1. 28.

『민국일보』, 1948. 12. 15

『민주일보』·『경향신문』, 1947. 4. 3.

『새한민보』 1-8, 9월 중순호, 1949.

『새한민보』, 4월 상순호, 1948.

『서울신문』, 1945. 12. 21.

『서울신문』, 1946. 1. 5.

『서울신문』, 1946. 10. 9, 10. 16.

『서울신문』, 1948. 1. 24; 林命三, 『유엔朝鮮委員團報告書』國際新聞社, 1949.

『서울신문』, 1949. 6. 26.

『서울신문』·『독립신문』, 1948. 12. 17.

『서울신문』·『동아일보』, 1946. 1. 1.

『신조선보』, 1945. 11. 21;「독립촉성중앙협의회 중앙집행위원회 제1회 회의록」
        (1945. 12. 15), 우남이승만문서편찬위원회, 『이화장소장 우남이승만문서
        (동문편)』13권, 중앙일보사 · 현대한국학연구소, 1996.

『신조선보』, 1945. 12. 26.

『자유신문』, 1945. 11. 8, 11. 20;『중앙신문』, 1945. 11. 6;『신조선보』, 1945.
        11. 20.

『자유신문』, 1945. 12. 13.

『자유신문』, 1948. 10. 28.

『조선일보』, 1946. 1. 21, 1. 22, 2. 2.

『조선일보』, 1946. 1. 9.

『조선일보』, 1946. 2. 15.

『조선일보』, 1946. 2. 16;『동아일보』, 1946. 1. 29; 김남식, 『남로당연구자료집』
        2권, 고려대출판부, 1974.

『조선일보』, 1947. 2. 28, 3. 1.

『조선일보』, 1947. 3. 6; G-2 Weekly Summary, no. 472(1947. 3. 7); 리차드 로빈슨
        지음 · 정미옥 옮김, 『미국의 배반』, 과학과사상, 1988.

『조선일보』, 1947. 8. 26.

『조선일보』, 1947. 9. 9.

『조선일보』·『동아일보』·『서울신문』·『경향신문』, 1948. 7. 20.

『조선일보』·『서울신문』, 1947. 12. 23.

『조선일보』·『서울신문』, 1948. 4. 1; 『경향신문』·『조선일보』, 1948. 4. 17.

『조선일보』·『서울신문』, 1946. 10. 16.

『조선중앙일보』, 1949. 6. 30.

『한성일보』, 1947. 3. 6, 3. 7; 『서울신문』, 1947. 3. 6; G-2 Weekly Summary, no. 77(1947. 3. 6); CIC Semi-Monthly Report, no. 6(1947. 3. 15)

『한성일보』, 1947. 6. 20.

『서울신문』, 1948. 10. 23.

CIC Weekly Information Bulletin no. 25(1947. 10. 9).

G-2 Periodic Report no. 683(1947. 11. 13).

G-2 Weekly Summary no.164 (5 November 1948)

item 6, C/S to Military Governor, General Lerch, January 18, 1946, *HUSAFIK*, part 2, chapter 2, p. 183.

RG 319, ID file no.571498, CIA, SO-25423, "Possibility Martial Law" (1949. 6. 28); ID file no.572116, CIA, SO-25510, "Possibility of Martial Law being Declared in South Korea" (1949. 7. 1)

강만길, 「김구 김규식의 남북협상」『현대사를 어떻게 볼 것인가(3)』, 동아일보사, 1989.

김인식, 「해방 후 안재홍의 중경임정영립보강 운동」, 『한국독립운동사연구』 12집, 1998.

노경채, 『한국독립당연구』, 신서원, 1996.

도진순, 『한국민족주의와 남북관계』, 서울대학교출판부, 1997.

朴洸 편, 『진통의 기록: 전조선 제정당 사회단체 대표자연석회의 문헌집』, 평화도서주식회사, 1948; 서중석, 2000.

박진희, 「해방직후 정치공작대의 조직과 활동」, 『역사와현실』 21호, 1996.

백기완, 「김구의 사상과 행동의 재조명」, 『해방전후사의 인식』, 한길사, 1979.

서중석, 「이승만정권의 1949년 6월 공세」, 『한국현대민족운동연구2』, 역사비평사, 1996.

서중석, 「중경임정 추대운동의 분화: 단정수립운동과 임정법통고수」, 『한국현대민족운동연구』, 역사비평사, 1991; 서중석, 『한국현대민족운동연구2』, 역사비평사, 1996.

서중석, 『우사 김규식: 생애와 사상② 남북협상』, 한울, 2000.

손세일, 『이승만과 김구』, 일조각, 1970; 브루스 커밍스 지음·김주환 옮김, 『한국

전쟁의 기원』(상), 청사, 1986.

송건호, 「백범 김구의 민족노선」, 『한국현대사회사상』, 지식산업사, 1984.

송남헌, 『해방3년사 1945-1948』 2권, 까치, 1990; 김인식, 「좌우합작운동에 참여한 우익주체의 현실인식 변화」, 『근현대사강좌』 11호, 2000.

이만규, 『여운형투쟁사』, 민주문화사, 1946; 『인민당의 노선』; 『서울신문』, 1945. 12. 18.

이승억, 「임시정부의 귀국과 대미군정 관계(1945. 8~1946. 2)」, 『역사와현실』 24집, 1997.

이신철, 「조국통일민주주의전선연구」, 성균관대 사학과 석사학위논문, 1994; 서중석, 1996.

이용기, 「1945~48년 임정세력의 정부수립 구상과 '임정법통론'」, 『한국사론』 38집, 1997.

정병준, 「백범 김구 암살 배경과 백의사」, 『한국사연구』 128호, 2005.

정병준, 「주한미군정의 '임시한국행정부' 수립 구상과 독립촉성중앙협의회」, 『역사와현실』 19호, 1996.

정병준, 「태평양 전쟁기 이승만-중경임시정부의 관계와 연대강화」, 『한국사연구』 제137호, 2007.

정병준, 「해방직전 임시정부의 민족통일전선운동」, 『대한민국임시정부수립80주년기념논문집(하)』, 국가보훈처, 1999.

정병준, 『우남이승만연구』, 역사비평사, 2005.

조봉암, 평화통일론 재검토

······
정진아
건국대학교 통일인문학연구단 HK교수

조봉암, 평화통일론 재검토

정진아(건국대학교 통일인문학연구단 HK교수)

1. 머리말

많은 사람들은 1950년대를 암흑기로 기억한다. 전쟁과 반공, 가난, 독재의 이미지 때문이다. 이것은 우리가 인식해야 할 1950년대의 키워드들이다. 그러나 1950년대를 전쟁과 반공, 가난, 독재라는 퍼즐로만 구성하는 것은 1950년대가 가진 역동성을 이해하지 못하는 결과를 낳는다.

분명 1950년대를 규정하는 가장 강력한 힘은 전쟁이었고, 반공, 가난, 독재는 전쟁의 파생물이자 전쟁을 거치면서 이승만 정권이 만들어낸 피조물이었다. 전쟁은 남북한 대결구도를 일상으로 끌고 들어왔고, 이승만 정권은 반공이데올로기를 양산하여 사회주의체제에 대한 적대감을 극대화시키고, 이를 반대세력에 대한 탄압의 도구로 활용하였다.

하지만 1950년대를 꽉 짜인 반공사회로만 기억해선 안된다. 전쟁으로 사회주의세력이 거세되고 민주주의와 평화통일을 외치던 민족주의 인사들 다수가 희생(사망 혹은 납북)됨으로써 남한의 이데올로기 지형은 매우 협소해졌지만 일제시기 이래로 한국인들이 합의해온 사회개혁과 자주적 통일민족국가 수립의 열망은 전쟁 이후에도 일정하게 계승되고 있었다. 우리는 그것을 1950년대 조봉암의 평화통일론에서 발견할 수 있다. 이것이 본고에서 조봉암의 평화통일론을 재검토하고자 하는 이유이다.

그간 조봉암에 대한 연구는 두 가지 방향에서 이루어졌다. 첫째는 조봉암과 진보당의 이념을 사회민주주의로, 조봉암이 중심이 되었던 진보당을 사회민주주의 정당으로 규정하고, 이에 주목하는 연구이다.[1] 조봉암이 체포된 후 진보당이 등록 취소됨으로써 한국사회의 정당구조는 보수양당구조로 정착되었다. 조봉암과 진보당의 이념을 사회민주주의로, 조봉암이 중심이 되었던 진보당을 사회민주주의 정당으로 규정하고 이에 주목하는 연구는 한국사회에 보수양당 구조를 극복할 수 있는 대안을 진보당의 이념과 활동에서 찾고자 하였다.

둘째, 조봉암의 통일론에 주목하는 연구이다.[2] 이 연구는 해방후 중간파 통일론과 4.19이후의 통일론이라는 역사적 맥락 속에서, 혹은 현재 보편화된 평화통일론의 하나의 원형으로서 조봉암의 평화통일론을 검토하고자 하였다.

이 글 또한 조봉암의 통일론에 주목하고자 한다.

지금은 탈냉전의 시대이고, 한국사회 또한 냉전체제에서 벗어나 분단극복과 통일문제를 고민해야 하는 지점에 서 있다. 1950년대는 미소를 중심으로 한 냉전구도에 끌려들어가면서도 분단 극복과 통일을 고민했던 한국인들의 문제의식을 발견할 수 있는 시기이다. 냉전에 제약되면서도 통일 문제를 치열하게 고민했던 조봉암의 문제의식을 재검토하는 과정은 전쟁 이후 한국인들에게 뿌리깊이 자리 잡은 냉전적 인식을 성찰하고, 통일의 방안을 찾아가는데 있어 일정한 시사점을 줄 것이다. 따라서 이 글에서는 해방후 각 정치세력의 분단인식과 통일론을 살펴보

---

1) 서중석, 『조봉암과 1950년대 (상)』, 역사비평사, 1999; 정태영, 『조봉암과 진보당』, 후마니타스, 2006; 윤상현, 「조봉암(1899~1959)의 정치활동과 사회민주주의사상」, 『한국사론』 52, 2006.
2) 홍석률, 『통일문제와 정치 · 사회적 갈등: 1953~1961)』, 서울대학교출판부, 2001; 이현주, 「조봉암의 평화통일노선에 대한 검토」, 『한국근현대사연구』 18, 2001.

고, 전쟁 후 조봉암의 평화통일론이 제기된 배경과 그것이 갖는 현재적
의미를 살펴보고자 한다.

2. 해방후 각 정치세력의 분단인식과 정부수립론

해방후 각 정치세력은 신국가건설의 전망 속에서 이후 건설될 국가의
주도세력이 되기 위해 분주히 움직였다. 강령과 정책을 정비하고, 자신
과 정치적 이해관계를 같이 하는 세력을 결집함으로써 정치적 토대를
마련하고자 하였다. 초창기 이러한 움직임은 정당 결성에 집중되었다.
한국의 정치세력은 미국과 소련의 진주를 일본군의 항복을 받기 위한
일시적이고 단기적인 것으로 이해했다. 그러므로 우선 중요한 것은
연합국에 협조하면서 자신의 세력기반을 확장하는 문제였다.

그러나 1945년 말부터 1946년 상반기에 벌어진 일련의 정치상황은
한국의 정치인들에게 좌우대립, 미소의 대립이 남북 분단으로 이어질
수 있다는 위기의식을 안겨주었다. 1945년 말부터 시작된 찬탁-반탁
정국을 거치면서 좌우 대립이 격화되었고, 모스크바삼상회의의 결정에
따라 임시정부 수립을 지원하기로 한 제1차 미소공동위원회도 결렬되었
기 때문이다. 남한만이라도 단독정부를 수립해야 한다고 촉구한 이승만
의 정읍발언은 이러한 위기의식을 고조시켰다. 각 정치세력은 어떻게
좌우 및 남북문제를 해결하고 통일정부를 수립할 것인가, 즉 정부수립과
남북문제에 대한 해법을 내놓아야 했다. 다음에서는 남북 분단정부
수립을 주도한 이승만과 한민당, 김일성과 조선공산당, 분단정부 수립
을 반대하고 통일정부 수립을 주창했던 중간파의 분단인식과 통일론을
집중적으로 살펴보고자 한다.

1) 이승만과 한국민주당의 남한단독정부수립론

> 이제 우리는 무기 휴회된 공위(共委)가 재개될 기색을 보이지 않으며 통일정부를 고대하나 여의케 되지 않으니 우리는 남방만이라도 임시정부 혹은 위원회 같은 것을 조직하여 38 이북에서 소련이 철퇴하도록 세계공론에 호소하여야 될 것이니 여러분도 결심하여야 될 것이다.[3]

위의 인용문은 이승만이 한 단독정부 발언, 이른바 '정읍발언'의 핵심 내용이다. 이승만은 제1차 미소공동위원회가 결렬된 직후인 1946년 6월 남선(南鮮) 순회강연 중 정읍에서 통일정부가 여의치 않으면 남한만이라도 "임시정부 혹은 위원회"를 조직하여야 한다는 남한단독정부론을 제기하였다.

이승만의 발언은 소련 및 북한과는 결코 타협점을 찾을 수 없을 것이라는 남북문제 인식에서 비롯된 것이었다. 이승만은 1945년 10월 도쿄에서 일본 점령 연합군사령관 맥아더, 주한미군사령관 하지와 만나서 "소련을 비롯한 4대국(미영중소)과의 협조 하에 한국에 독립정부를 건설한다"는 미국무부의 정책을 비토하고 우파 정치세력 중심의 정계통합을 협의한 바 있었다.

해방후 "남한은 점화되기만 하면 즉각 폭발한 화약통"[4]처럼 사회개혁 열망으로 들끓었고, 일제에 대한 비타협적인 투쟁과 선명한 사회개혁 요구를 바탕으로 조선공산당이 한국인들의 지지를 얻고 있었다. 이승만은 이러한 상황에서 소련과 협조 하에 임시정부를 건설한다는 순진한 발상은 한국에서 미국의 지지를 얻는 우파세력의 기반을 위태롭게 만들 수 있다고 생각하였다. 따라서 소련 및 북한과 타협점을 찾으려고 하기

---

3) 《서울신문》, 1946년 6월 4일자(김무진·박경안 편, 『한국사의 길잡이』, 혜안, 1995, 487쪽에서 재인용).

4) 「재한국정치고문(베닝호프)이 국무장관에게」, 1945. 9. 15(미국무성 비밀외교문서, 김국태 옮김, 『해방 3년과 미국』, 돌베개, 1984, 54~60쪽 참조.

보다는 분단을 불가피한 것으로 받아들이고 남한에 단독정부를 수립한 후, 남한을 근거지로 소련과 북한에 대한 공세를 가하고자 하였다.

이승만의 정읍발언 이후 남한단독정부수립론에 대한 뜨거운 논쟁이 벌어졌다. 한국독립당, 조선공산당을 비롯한 대부분의 정치세력은 분명한 반대의 뜻을 피력하였지만, 한국민주당은 이승만을 비호하였다. 정치적인 의견을 자유로이 표현한 것 뿐인데 무슨 역적질이나 한 것처럼 비난할 수는 없다는 논리였다. 한국민주당은 남한단독정부수립론에 대해 적극적인 지지의사를 표명하지는 않았지만, 지방유세대를 조직하는 등 단독정부 수립에 대비하여 만반의 준비를 하고 있었다.[5]

미국은 제1차 미소공동위원회가 결렬되자 좌우합작운동을 지원하고, 남조선과도입법의원 창설을 추진하였다. 모스크바삼상회의에서 결정된 바와 같이 조선임시정부를 수립한다고 할 때 지지기반이 취약한 우파 정치세력만으로는 임시정부 수립에 유리한 고지를 점할 수 없었다. 미국은 여론의 광범위한 지지를 받고 있는 중간파(특히 여운형)를 극좌에서 분리시켜 우파 정치세력과 결합시키는 한편, 북한의 임시인민위원회에 대응할 수 있는 자문입법기구를 만듦으로써 조선임시정부 수립을 위한 발판을 마련하고자 했다.[6] 따라서 이승만과 한민당의 남한단독정부수립론은 1946년 6월 시점에서 현실화될 수 없었다.

그러나 좌우합작운동을 통한 극좌 배제와 중간파 견인을 통해서 남조선과도입법의원을 창설하고, 이것을 조선임시정부 수립의 발판으로 삼고자 했던 미국의 목표는 남조선과도입법의원을 이승만·한민당 등 우파 세력이 장악하고, 여운형을 비롯한 중간파가 대거 탈락함으로써 실패로 돌아갔다. 결국 1947년 10월 제2차 미소공동위원회가 결렬되자 미국은 한국문제를 유엔에 이관하였고, 유엔총회는 "유엔감시 하에 인구비례

---

5) 도진순, 『1946~48년 우익의 동향과 민족통일정부 수립운동』, 서울대 국사학과 박사학위논문, 1992, 87쪽.

6) 정용욱, 「미군정의 중도정책과 군정 내 추진기반」, 『동양학』 25, 1995.

총선거를 통해 한국을 독립시킨다" 결정을 내렸다. 이 결정에 의해 선거 감시를 위해 한반도에 도착한 유엔임시한국위원단의 입국을 소련과 북한이 거절함으로써 1948년 5월 10일 남한만의 단독선거가 실시되었다.

이승만·한민당은 정읍발언 이후 초지일관 소련 및 좌파와의 협조를 통한 통일정부 수립을 반대하였다. 이들은 미국무부에 비판적이었던 미군정과 함께 미국무부의 정책을 견인하여 결국 단독정부 수립을 승인하도록 하였다. 통일정부를 수립하면 좋겠지만 분단이 불가피하다면 이러한 현실을 인정하고 남한만이라도 단독정부를 수립하여야 한다는 이승만의 주장은 전쟁 이후 극우반공체제를 구축하여 반대세력을 배제하는 한편, 북한으로 진격하여 통일을 달성하겠다는 북진통일론으로 발전하였다.

2) 김일성·조선공산당의 민주기지론

모스크바삼상회의 결정이 발표되자, 소련과 김일성, 조선공산당은 이를 미소의 타협에 기반하여 임시정부를 세울 수 있는 유일한 길로 생각하였다. 따라서 김일성과 조선공산당은 모스크바삼상회의 결정을 선택의 문제가 아니라 대중에게 선전하고 설득해서 반드시 실행해야만 하는 사안으로 인식하였다.

김일성, 조선공산당과 이러한 판단과는 달리 조선민주당 당수 조만식은 모스크바삼상회의 결정에 대한 명백한 반대의사를 표명했다.[7] 부당수 이윤영은 남한의 반탁세력과 연계하여 신탁통치반대결의서를 서울로 보내는 등[8] 반탁운동을 개시할 움직임을 보였다.

이 사건을 계기로 김일성과 조선공산당은 남북의 우파 민족주의세력

---

7) 이에 소련은 조만식을 고려호텔에 연금했고, 김일성은 조만식을 찾아가 모스크바삼상회의를 지지해줄 것을 간곡히 부탁하였다. 하지만 조만식은 완강한 태도로 거절하였다.
8) 이윤영, 『백사 이윤영 회고록』, 사초, 1984, 121쪽.

과의 협의하여 사회개혁을 추진하고 정부를 수립한다는 입장에서 북한을 민주기지로 삼아 한반도의 반제반봉건민주주의 개혁을 추동한다는 입장으로 선회하였다.

김일성과 조선공산당은 신탁통치에 대한 반대 여론을 토지혁명을 중심으로 한 본격적인 반제반봉건민주주의 개혁의 실현과 북한의 민주기지 건설로 정면 돌파하고자 하였다. 모스크바삼상회의 지지를 단지 표명에 그치지 않고 실제 개혁의 성과로 보장하고자 한 것이었다. 이러한 입장은 다음의 글에서 분명하게 드러나고 있다.

　우리당은 북조선임시인민위원회의 성립으로써 북조선 민족통일전선을 완성하였고, 이것을 기초와 규범으로 하여 전국민족통일전선의 결성을 촉진시킬 것이며, 이는 또한 모스크바삼국외상회담의 결정에 의하야 장차 수립될 진보적인 민주주의임시정부의 수립에 대하야 그 기초와 준비를 맨드러 놓은 것이다. 북조선임시인민위원회 성립의 의의는 제기된 모든 행정상, 인민생활 상의 문제를 시급히 해결하는 일에 있는 것이 아니라, 모스크바회의의 결의를 우리들이 북조선에서부터 그 실현에 착수했다는 것에 큰 의의가 있는 것이다.[9]

1946년 초 김일성과 조선공산당은 민족주의세력과의 합의를 이룰 때까지 유보하였던 토지개혁과 민주개혁의 과제를 추진하였다. 북조선임시인민위원회의 위원장으로 취임한 김일성은 3월 20일 "조선임시정부 수립을 대비한 20개조 정강"을 발표하고 개혁에 착수하였다.[10] 여기서 주목해야 할 것은 2항과 10항, 11항이다. 정강 제2항은 반민주주의적 분자에 대한 무자비한 투쟁을, 제10항은 개인수공업 및 사업의 자유허용, 장려를, 제11항은 일제 · 매국노 · 지주의 토지몰수와 무상분배를 규

---

9) 국사편찬위원회 편, 『북한관계사료집 1』, 1981, 30쪽.
10) 김준엽 편, 「조선임시정부 수립을 앞두고 20개조 정강 발표」, 『북한연구자료집』, 고려대학교 아세아문제연구소, 1969, 53~54쪽.

정하였다. 이것은 북한에서만이라도 토지개혁, 민주개혁을 실현함으로써 북조선임시인민위원회에 대한 북한 주민의 지지를 확보하고, 미소공동위원회에도 대비한다는 공세적인 것이었다.

그러나 제1차 미소공동위원회가 임시정부 수립에 대한 타협점을 찾지 못한 채 1946년 5월 6일 무기한 휴회되자, 김일성과 조선공산당은 미소공동위원회에 대한 기대를 버리고 북한을 민주기지로 강화할 것을 결정하였다.[11] 민주기지론은 통일국가의 중심세력이 북한이 된다는 것으로서 좌우합작의 결과와 그 내용으로 민주개혁을 실시한다는 것과는 전연 성격을 달리하는 것이다. 즉, 민주개혁을 추진하는 방식에는 임시정부·통일정부 하에서의 민주개혁을 실시하는 것과 북한만의 독자적인 개혁을 추진하는 방식이 있는데 김일성과 조선공산당은 후자의 방식을 선택한 것이다.

이들은 모스크바삼상회의 결정을 한반도 문제를 해결할 수 있는 유일한 기회로 인식하고, 좌우합작을 통한 임시정부 수립을 추구했다. 그러나 우파 민족주의세력이 모스크바삼상회의 결정에 대한 지지를 거부하자, 좌우합작을 통한 임시정부 수립의 길을 포기하고 북한을 민주기지로 건설·강화하고자 하였다. 이에 1946년 3월에는 토지개혁, 6~8월에는 민주개혁이 연차적으로 추진되었고, 11월에는 인민위원 선거가 시행되었다.

김일성과 조선공산당은 1947년 10월 제2차 미소공동위원회가 결렬되고, 한국문제가 유엔에 상정되어 유엔감시 하에 인구비례 총선거가 결정되자 이를 거부하였다. 이들은 이미 민주기지화 되어 대의성을 갖추고 있는 북한과 미국에 예속된 남한을 동일선 상에서 취급할 수 없다고 생각하였다. 뿐만 아니라 남북한 인구비례 총선거라는 방식은 수적 우세에 있는 남한이 북한을 제압하는 방식의 기만적인 선거방식이라고

---

11) 민주기지론에 대해서는 김주환, 「해방 직후 북한의 대비인식과 민주기지론」, 『역사비평』 8, 1990 참고.

생각하였다.

이후 이들은 북한의 민주기지를 남한까지 확대하고, 미국과 이승만정권에게 포섭되어 있는 민족 구성원들을 해방시킨다는 명분 아래 6.25전쟁을 일으켰다. 북한이 통일국가의 중심세력이 되어야 한다고 할 때 이것을 확대, 강화한다는 발상이 갖는 귀결이었다.

3) 중간파 세력의 통일정부수립론

중간파 세력은 해방후 일관되게 좌우합작을 통한 자주적 통일민족국가의 수립을 주장하였다. 이들은 식민잔재 청산과 외세 극복의 과제를 안고 있는 한국에서는 계급문제 보다 민족문제의 해결이 더욱 중요하다고 생각하였다. 해방후 한국인들이 당면한 민족문제는 첫째, 친일파 처단과 토지개혁을 통해 일제 식민잔재를 청산하고, 둘째, 남북한에 진주한 미소 양군에 대해 자주성을 확보하며, 셋째, 남북 분단과 좌우대립을 극복하고 민족통일을 달성하는 것이었다.[12] 해방후 좌우의 대립과 미소의 갈등이 민족 분단의 위험을 초래하자, 여운형과 김규식이 중심이 된 중간파는 좌우합작운동을 통해 좌우합작7원칙을 도출하는 등 각 정치세력의 이념과 노선의 대립을 조정하는 한편, 미소 합의에 의한 한국문제 해결의 유일한 방법이었던 미소공동위원회의 속개를 촉구하였다.

그러나 중간파 세력의 노력에도 불구하고 미소공동위원회는 결렬되었고, 한국문제는 유엔에 이관되었다. 미소 합의에 의한 통일국가 수립의 가능성이 희박해지자, 중간파 세력의 분단극복론, 통일국가수립론은 크게 두 가지 방향으로 분화되었다. 민족자결의 입장에서 미소의 타협을 강제하려는 입장과 남북 분단의 현실을 수용하고 대한민국을 육성, 강화

---

12) 도진순, 『1946~48년 우익의 동향과 민족통일정부 수립운동』, 서울대 국사학과 박사학위논문, 1992, 6쪽.

하고자 하는 입장이 그것이었다.[13] 이는 다음과 같은 국제정세 인식과 현재 한국의 민족적 과제에 대한 이해의 차이에서 비롯된 것이었다.

민족자결을 중시하는 중간파는 제2차세계대전 이후 미소 강대국이 제국주의적 세력각축을 벌이면서 약소민족의 자주권을 유린하고 있다고 인식하였고, 민족문제는 우리 민족 스스로 해결해야 한다고 생각하였다. 이들은 분단과 독립, 통일 문제는 결국 민족자주권의 회복 여하에 따라 결정된다고 생각하였기 때문에 분단을 예속으로, 통일을 완전한 독립으로 이해하였다. 이들의 통일방안은 민족내부의 협상으로 통일방안을 도출함으로써 미소 강대국의 이해관계에 따른 분단을 극복하고 민족의 단합된 역량으로 그들의 강제함으로써 통일을 달성하는 것이었다. 즉 미소 양군을 철수하고 38선을 철폐하며 남북협상을 통한 총선거로 통일을 실현시킨다는 것이다. "민족자결에 의한 남북협상론"이었다.

한편, 남북 분단 현실을 수용하고 대한민국을 육성, 강화하고자 한 중간파는 제2차 세계대전 이후의 정세를 미국을 중심으로 하는 민주주의와 소련을 중심으로 하는 공산주의의 이념 대립과 그것이 민족내부의 현실에 투영된 결과로 인식하였다. 좌우의 사대주의적 원칙이론과 실천방식은 "右의 美, 左의 蘇에 충실한 同心一體的 활동"이라는 것이다.[14] 따라서 이들은 분단을 우리 내부에서 해결할 수 있는 문제가 아니라 미소를 포함한 세계 각국의 국제적 보장을 통해 해결될 수 있는 문제로 인식하였다. 미소공동위원회 속개와 좌우합작운동도 그러한 차원에서 추진된 것이었다.

이들은 한국문제가 유엔에 이관되고 남북에 분단정부가 수립되자, 분단을 국제적 제약에 따른 불가피한 현실로 인정하고 대한민국정부에

---

13) 전자의 대표적인 인물은 김구, 김규식, 엄항섭이고, 후자의 대표적인 인물은 안재홍, 조소앙, 조봉암이다. 중간파의 분단인식과 정부수립론에 대해서는 김철, 「정부수립전후 중간파의 분단인식과 통일론」, 연세대 사학과 석사학위논문, 1998 참고.
14) 안지홍, 『진정민주주의론』, 일한도서출판사, 1949 참고.

참여하였다. 통일문제를 체제적 입장에서 이해하였기 때문에 이들에게
통일을 위한 최선의 방법은 미국과 소련의 협조 기조가 새롭게 마련되는
정세에 대비하여 대한민국을 민족주의적이고 민주주의적으로 육성, 강
화하는 것이었다. 이른바 "대한민국 육성강화론"이었다.

대한민국 육성강화론자들은 분단을 호불호를 떠난 엄정한 현실로
받아들이고, 남북한 정권의 수립을 통일을 위한 과정의 한 단계로 파악
하였다. 미소군정의 폐지, 남북한 정권의 수립은 오히려 한국인들이
미국과 소련에게 전권을 이양 받아 자율적으로 통일에 나설 수 있는
기회가 될 수 있을 것이라고 생각하였다.

하지만 이들은 통일과정에서 남북의 동등성이 아닌 남한정권의 주도
적인 역할을 강조하였고, 대한민국이 미국과 유엔의 변함없는 지지와
원조를 받기 위해서는 아시아의 "민주주의 보루", "민족진영의 아성"이
되어야 한다고 주장하였다.[15] 이처럼 대한민국 육성강화론은 중간파
민족주의 진영의 논리가 국제냉전체제 속으로 편입되어 가는 것을 의미
했다. 결국 이들은 6.25전쟁 이후 남북한의 대립이 첨예화되는 상황에서
대공투쟁을 위한 민족진영강화론이라는 냉전논리를 폈지만, 무력이 아
닌 평화적으로 통일을 달성하자는 평화통일론을 전개함으로써 해방후
중간파 통일론의 명맥을 이어갔다.

3. 조봉암의 평화통일론

1) 평화통일론의 배경

전쟁이 시작된 1950년의 정국은 희망찼다. 여순사건과 국회프락치사

---

15) 조소앙, 「나의 출마이유와 그리고 정견」(삼균학회 편, 『소앙선생 문집』, 햇불사, 1979,
    126쪽; 안재홍, 「기로에 나선 민족 성패」, 『민세 안재홍 선집 2』, 지식산업사, 1983, 402쪽.

건이 발생하고, 국가보안법이 통과됨으로써 이승만정권은 반대파 숙청을 위한 무소불위의 도구를 얻었지만, 5월 30일 치러진 선거에서 남한 주민들은 대한민국 건국을 주도했던 이승만과 한국민주당이 아닌 제3의 세력을 선택했다. 대한민국 정부 수립에 불참하고 남북협상을 통한 통일정부 수립을 주창했던 김구, 김규식 세력이 대거 선거에 참가하였고, 국민들은 이들에게 지지의사를 보냈다.

1948년 한반도에는 대한민국과 조선민주주의인민공화국이라는 두 개의 국가가 수립되었지만 남북한의 주민들은 분단국가의 국민이라는 의식 보다는 같은 민족이라는 의식을 더욱 강하게 갖고 있었다. 미소의 대립, 좌우의 분열로 불가피하게 분단이 되었지만, 남북한의 주민들은 분단을 잠정적인 것으로 인식하고, 통일을 염원하였다. 이것이 선거결과로 반영된 것이다.

하지만 곧 이어 발생한 전쟁은 이 모든 상황을 역전시켰다. 전쟁의 결과는 참혹한 민족상잔의 비극과 분단구조의 고착화였다. 남북한 정권은 유엔군, 중국군의 지원에 힘입어 한 치의 물러섬도 없이 이른바 조국통일전쟁, 북진통일전쟁을 수행하고자 하였다. 이 과정에서 남북한 주민들의 민족통일에 대한 염원은 상대 체제 전복의 동력으로 적극 활용되었다.[16]

또한 김규식, 안재홍 등 민주주의적 정당정치, 평화적 통일의 길을 제시해온 중간파 인물들이 전쟁과정에서 사망, 납북 혹은 월북으로 사라짐으로써 남한 정계는 치명적인 인적 손실을 입었다. 뿐만 아니라 전쟁으로 인한 남북 대결구도의 강화는 남북문제의 평화적 해결을 주장하던 중간파의 입지를 심각하게 위축시켰다. 남한에서는 이승만의 북진통일론이 통일론을 전유하고 있었다.

이러한 상황에서 1954년 3월 조봉암은 「우리의 당면과업」을 발표하며

---

16) 휴전회담이 타결되기 직전 남한에서는 북진통일, 휴전반대를 외치는 데모가 7,000여건에 달하였다.

이승만의 북진통일론에 대비되는 통일론을 제시하였다.[17] 이글에서 그는 남북 통일방안을 군사적 무력통일과 선거에 의한 정치적 통일로 구분하고, 평화적이고 정치적 통일을 더 중요한 과제로 삼고자 하였다. 조봉암은 중국 장개석의 사례처럼 무력통일을 하고자 해도 정치적으로 통일을 할 수 있는 능력이 없으면 결국 통일문제에서 패배자가 될 수밖에 없으니 통일문제에 있어 진정한 승리는 정치적인 승리라고 주장하였다. 이는 냉전논리에 편승하고 있기는 하지만 지금까지 이승만과 반공세력에 의해 유일무이한 통일론으로 주창되어온 북진통일론을 비판하고, 국내에서 금기시되었던 평화적인 방식의 통일방안을 조심스럽게 제시한 것이었다.[18]

평화통일론이 직접적으로 표명된 것은 대통령 선거를 앞둔 1956년 3월 31일 "진보당 전국 추진위원 대표자회의" 석상에서였다. 이날 서상일은 "민주주의가 승리하는 방향에서 평화적으로 남북통일을 이루는 것이 당의 중요한 목표"라고 발언하였고,[19] 4월 9일 조봉암은 당론이자, 야당연합의 원칙으로서 "평화적 통일의 성취"를 발표하였다.[20] 이는 새로운 것이라기보다는 전쟁과 북진통일론에 압도되어 잠시 수면 밑으로 가라앉았던 중간파의 평화통일론을 다시 복권시킨 것이었다.

1956년 시점에서 조봉암과 진보당이 평화통일론을 표명한 이유는 첫째, 아이젠하워 행정부가 1955년 적대적인 군사적 대치에서 정치경제적 경쟁을 중심으로 냉전전략을 수정하고, 1956년 2월 소련공산당대회에서 흐루시초프가 평화공존론을 정식화하는 등 세계적인 흐름에 영향을 받은 것이었다. 둘째, 1955년 반둥에서 개최된 아시아 · 아프리카 회의에서 표출된 탈냉전 · 민족주의적 지향에 고무되었기 때문이었다.

---

17) 조봉암, 「우리의 당면과업」, 『죽산 조봉암 전집 1』, 세명서관, 1999, 175~236쪽.
18) 서중석, 『조봉암과 1950년대 (상)』, 역사비평사, 1999, 226쪽.
19) 《한국일보》, 1956년 4월 1일자.
20) 정태영, 『조봉암과 진보당』, 후마니타스, 2006, 183쪽.

셋째, 선거에서 보수정치세력과 명백한 차별성을 갖기 위해서였다.[21] 넷째, 평화통일론은 극우반공체제를 균열시키고, 한국사회의 다양한 목소리가 열릴 수 있는 계기를 마련할 수 있기 때문이었다. 다섯째, 국민들이 북진통일론으로 재생되는 전쟁논리에 염증을 느끼고 있었기 때문이었다.

여기서 우리는 1954년 「우리의 당면과업」이 제출된 시점과 1956년 당론으로 평화통일론이 명시된 시점에 특히 주목할 필요가 있다. 1954년 3월은 남북통일 문제를 협의한 제네바정치회담이 열리기 1달 전이며, 1956년 3월은 미국의 정책전환, 반둥회의에 이어 소련까지 평화공존론을 발표한 시점이다.

전술한 바와 같이 조봉암을 포함하여 대한민국을 육성, 강화하고자 한 중간파는 제2차 세계대전 이후의 정세를 미국을 중심으로 하는 민주주의와 소련을 중심으로 하는 공산주의의 이념 대립과 그것이 민족 내부의 현실에 투영된 결과로 인식하였다. 따라서 이들은 분단을 우리 내부에서 해결할 수 있는 문제가 아니라 미소를 포함한 세계 각국의 국제적 보장을 통해 해결될 수 있는 문제로 인식하였다.

남북한 분단정부가 수립되자, 이들은 분단을 국제적 제약에 따른 불가피한 현실로 인정하고 대한민국정부에 참여하였다.[22] 통일문제를 체제적 입장에서 이해하였기 때문에 이들에게 통일을 위한 최선의 방법은 미소의 협조 기조가 새롭게 마련되는 정세에 대비하여 대한민국을 민족주의적이고 민주주의적으로 육성, 강화하는 것이었다. 조봉암에게 1954년부터 시작된 세계정세의 변화는 바로 대한민국 육성강화론자들이 기다려온 "미소의 협조기조가 새롭게 마련되는 정세"였던 것이다.

---

21) 홍석률, 『통일문제와 정치·사회적 갈등: 1953~1961)』, 서울대학교출판부, 2001, 57~61쪽 참고.
22) 조봉암의 정부 참여와 그 활동에 대해서는 정진아, 「제1공화국 초기(1948~1950)의 경제정책 연구」, 『한국사연구』 제108집, 1999 참조.

조봉암은 민주세력이 총단결 하여 피해대중을 위한 정치를 펴고, 평화통일론을 주창함으로써 새로운 국제정세에 적극 대응해야 한다고 생각하였다. 이때 국면 전환을 위한 유력한 카드가 평화통일론이었다. 그간 북진통일론은 극우반공이데올로기를 강화하면서 다양한 정치적 논의를 봉쇄하고 이승만 독재를 고수하는 버팀목이 되었다. 평화통일론은 극우반공체제를 균열시키고 다양한 정치적 논의를 제기할 수 있는 유력한 도구였다. 국민들은 전쟁의 최대 피해자로서 더 이상 전쟁이 일어나기를 원하지 않았다. 따라서 조봉암의 평화통일론은 제기되자마자 여론의 주목을 받았고, 조봉암은 1956년 선거에서 216만 3,808표(23.8%)를 얻음으로써 정치적 승리를 거두었다.

2) 평화통일론의 내용과 통일방안

그렇다면 조봉암이 생각한 평화통일론과 통일방안은 구체적으로 어떠한 것이었을까?[23] 이 절에서는 그 내용을 구체적으로 살펴보고자 한다.

왜 통일을 해야 하는가? 하는 물음에 대해 조봉암은 남북의 평화적 통일을 국가적, 민족적 요청이라고 답하였다. 그는 평화적 남북통일이 단일민족으로서의 민족적 긍지를 되살리는 일이고, 상호의존적인 남북의 경제생활을 안정시키기 위한 길이며, 양대 진영 사이에 끼어있는 한국이 미소의 대립을 완화시킴으로써 민족의 번영과 인류의 평화를 앞당길 수 있는 방안이라고 생각하였다.

그러면 이러한 민족적 요청에도 불구하고 지금까지 통일이 되지 못하고 있는 이유는 무엇인가? 조봉암은 그 이유가 8.15해방을 우리 손으로

---

23) 조봉암, 「평화통일에의 길」, 『중앙정치』 1957. 10(『죽산 조봉암 전집 1』, 세명서관, 1999, 426~450쪽); 조봉암, 「평화통일의 구체적 방안」, 『중앙정치』 1957. 10(위의 책, 451~463쪽) 참고.

쟁취하지 못하고 남의 힘을 빌린 데 있다고 설명하였다. 미국과 소련은 해방군이지만 또한 한반도에 자국에 우호적인 국가를 수립하기 위한 정책을 추진하였고, 한국인들도 미소의 이해관계에 편입되어 분단을 극복하지 못하였다는 것이다. 그는 민족적 무력함으로 인한 국제적 제약과 반통일세력의 존재를 통일이 되지 못하는 중대 원인으로 지적하였다.

조봉암은 난관을 극복하고 통일을 달성하기 위한 방안으로서 우리 민족의 통일 역량을 강화함으로써 한반도를 둘러싼 국제적 제약성을 조정해야 한다고 주장하였다. 그는 미소의 상극과 마찰로 분단이 이루어졌기 때문에 미국과 소련이 나서서 이 문제를 해결해야 하지만, 민족 구성원들이 온힘을 다해 미소가 이 문제를 해결하도록 촉구하고 투쟁해야 한다고 언급하였다. 즉, 통일을 가로막고 있는 가장 중요한 요소가 미소의 대립이고 통일을 위해서는 미소의 합의가 필요하므로, 민족 구성원들이 미소를 배제하고 분단 극복을 위해 직접적인 행동에 나서기보다 평화통일로 민족적 합의를 이루어 미소에게 평화통일론을 실현하도록 요구해야 한다는 생각이었다.

이러한 그의 생각은 분단정부 수립을 앞두고 남북협상에 나서지 않았던 것과도 일맥상통하는 것이었다. 그는 미소가 자신의 이해관계를 관철시키고자 하는 이상 이러한 국제적 제약을 민족의 힘만으로는 극복할 수 없다고 생각하였다. 그의 생각은 일제의 식민지 지배정책, 소련의 국익을 위해 각 민족의 안녕이 희생되었던 코민테른 경험, 해방후 한반도에 자국에 우호적인 국가를 건설하고자 했던 미소의 대한정책을 겪으면서 확고한 신념으로 뿌리내렸다. 한국인들이 치열하게 민족해방운동을 전개하였지만 해방은 연합국의 승리의 결과물로 주어졌고, 미국과 소련이 진주한 후 자본주의와 사회주의 진영의 냉전이 심화되면서 결국 분단이 되었다는 판단이었다.

조봉암은 이미 분단이 기정사실화된 이상 한국인들의 힘으로 분단을 극복할 수 있는 길은 없다고 생각하였다. 그래서 민족자주연맹의 남북협상에도 참가하지 않았고, 정부수립 이후 미소양군 철수와 남북 평화통일안을 제출한 제기한 김약수·노일환·김옥주 등 소장파의 주장에도 동조하지 않았다. 그는 강대국 정치, 패권정치를 이해하지 못하고 민족적 감정만을 표출하는 것은 통일을 지연시키고 대립을 격화시키는 결과를 초래한다고 생각했다.

조봉암은 분단을 극복하기 위해서는 분단이 완화될 수 있는 또 다른 기회를 기다려야만 한다고 생각했다. 그는 1956년이 바로 그 시점이라고 판단하였다. 원자무기의 등장으로 인한 전쟁 억지력, 미소의 평화공존론, 반둥회의로 집결한 아시아·아프리카 국가들의 탈냉전 움직임은 조봉암을 고무하였다. 이제 평화통일을 촉구할 수 있는 분위기가 성숙한 것이다.

조봉암은 광범한 지지기반에 근거한 주체세력의 통일역량으로 평화통일을 달성해야 한다고 생각하였다. 그가 생각한 평화통일의 주체는 '민주역량'이었다. 조국의 통일을 저지하고 동존상잔의 유혈극을 재현하려는 남북한의 무력통일 세력은 절대 평화통일의 주체가 될 수 없다는 것이 그의 생각이었다. 그가 생각하는 '민주역량'은 무력통일세력, 반통일세력을 제외한 모든 정치세력을 포괄하는 것이었다. 그의 이러한 생각은 구체적인 정치현실 속에서는 야당연합론으로 나타났다.

그것은 조봉암이 한국사회가 당면한 과제를 무엇으로 생각하고 있는가와 관련된 문제였다. 해방후 한국의 민족주의세력과 사회주의세력은 모두 한국이 현재 당면한 과제는 반제반봉건 부르주아민주주의혁명을 달성하는 것이라고 생각하였다. 일본의 강점으로 이식자본주의가 형성됨으로써 한반도에는 소수의 자본가를 제외한 전 계층이 총체적으로 몰락하였다고 판단하였기 때문이었다. 해방후는 비록 일제가 물러났다고는 하나 주권은 제대로 회복되지 않았고, 친일잔재와 봉건적 잔재는 온존하고 있는 상황이었다. 따라서 민족주의자들은 일제 잔재를 청산하고 외세에 대한 자주권을 회복하며 생산력을 증진시키는 반제반봉건 부르주아민주주의혁명이 한국사회에 필요하다고 판단하였다. 사회주의자들 또한 이 과제가 사회주의 개혁에 선행해야 하는 것으로 생각하였다. 그리고 이는 친일파와 소수 매판세력을 제외한 전인민의 통일전선으로 달성될 것이라고 생각하였다.

좌우의 대립이 극심해지면서 이러한 공감대는 약화되었고, 미소의 진영 간 대립에 편승하여 계급적 이익을 앞세운 세력들이 분단을 주도하게 되었다. 하지만 조봉암은 한반도에 극좌 극우 세력을 몰아내고 진보세력이 힘을 합친다면 역사의 수레바퀴를 다시 돌려 반제반봉건 부르주아민주주의혁명을 달성하고, 민주주의를 실현하며 외세에 자주성을 갖고 평화통일을 이룰 수 있는 그날이 올 것이라고 생각하였다.

조봉암은 이러한 평화통일을 지지해줄 세력으로 '피해대중'을 설정하였다. 전쟁기 동존상잔의 희생양이 된 사람들, 좌파로 몰려 학살된 보도연맹원들, 이산가족들, 노자협조의 구호아래 전후재건에 동원되고 있는 광범한 근로대중들이 그들이었다. 일제시기 사회주의 서적을 통해 자본주의 모순에 눈을 뜬 이후 그는 "한국이 독립되어도 일부 사람이 권력을 쥐고 잘 살고 호사하는 그런 독립이 아니고 모든 사람이 자유롭고 모든 사람이 잘살고 호사할 수 있는 좋은 나라를 만들어야겠다고 결심"한 바 있었다.[24] 피해대중은 북진통일론이 강화해온 반공이데올로기, 비민주적인 사회구조에 의해 희생당하는 사람들이었고, 평화통일론을 아래로부터 밑받침해줄 세력이었다.

그렇다면 남북 간의 평화통일은 구체적으로 어떠한 경로를 거쳐 달성될 수 있을까? 조봉암은 구체적인 통일경로에 대해서는 언급하지 않았

---

24) 조봉암, 「내가 걸어온 길」, 『희망』 1957. 2(위의 책, 338쪽).

다. "중대한 국가적인 외교문제이니 만큼 현 행정부의 주장과 정면충돌이 되어서 조금이라도 나라에 해를 끼칠 염려가 있을까" 한다는 이유에서였다. 정치적 탄압을 경계한 발언이었다.

김기철의 「북한당국의 평화공세에 대한 진보당의 선언문」은 남북의 평화통일 경로에 대한 조봉암의 생각을 엿볼 수 있다는 점에서 주목되는 문건이다. 이 선언문은 통일의 원칙과 경로를 제시하고 북한의 수락을 촉구하였다. 진보당 관계자들은 이것이 김기철의 개인적인 견해라고 주장하였지만 민족 전체의 의사를 반영한 남북총선거가 조봉암의 일관된 의견이라는 점을 생각할 때 이 선언문은 조봉암이 생각한 남북통일의 구체적인 경로를 일정하게 반영하고 있다고 생각한다.

선언문에 제시된 남북통일의 경로는 다음과 같았다. 1단계는 통일을 평화적으로 달성하기 위한 선거 준비단계로서 유엔의 동의하에 인도 · 스위스 · 폴란드 · 체코슬로바키아 · 스웨덴의 중립국 대표로 구성된 '국제감시위원회'가 선거감시를, 남북한 국회 대표가 '전한국위원회'를 구성하여 선거 실무를 준비한다. 2단계는 선거시행 단계이다. 남북한에 비례제의 원칙 하에 비밀투표를 보장하는 자유선거를 실시한다. 3단계는 의회구성 단계이다. 선거 직후 서울에서 '전한국의회'를 개최한다. '전한국의회'에서는 헌법작성과 군대해산 문제를 논의한다. 통일정부가 수립되면 유엔군을 비롯한 모든 외국군은 철수한다. 강대국은 통일되고 독립된 민주적 한국의 평화와 재건을 보장한다. 결국 그의 통일모델은 극좌 극우의 불순세력을 억제하며, 진보세력이 주도하여 부르주아민주주의혁명과 평화통일을 달성하면 이를 국제사회가 보장하는 것이었다.

5. 맺음말

과거는 현재와 만나면서 끊임없이 재해석된다. 이것이 과거가 과거에 머무르지 않고 우리가 기억해야 할 역사가 되는 까닭이다. 조봉암의 평화통일론은 시대적 한계에도 불구하고 우리에게 많은 시사점을 주고 있다. 이제 조봉암의 평화통일론의 의미와 한계를 재검토하고, 우리에게 남겨진 과제를 정리하면서 글을 마무리하고자 한다.

조봉암의 평화통일론이 갖는 의미는 첫째, 해방후 중간파의 통일정부 수립론을 계승하였다는 점이다. 미소의 대립에 편승한 좌우대립으로 민족분단이 가시화되었을 때 중간파는 좌우합작운동, 미소공동위원회 속개를 외치며 분단을 온몸으로 막아내고자 했다. 결국 남북에는 두 개의 국가가 수립되었지만, 분단을 극복하고 통일을 이룩하고자 했던 이들의 통일정부수립론은 1950년대 조봉암의 평화통일론으로 일정하게 복원되고 있었다.

둘째, 통일론을 전유해온 이승만정권의 북진통일론에 정면으로 맞서 평화적, 정치적 통일의 길을 제시하였다는 점이다. 그는 통일과정이 무력적인 제압이 아니라 정치적 승리의 길이어야 한다고 주장하였다. 조봉암은 중국의 장개석처럼 무력적인 우위에 서더라도 국민의 마음을 얻는 정치적 승리를 하지 못한다면 통일정부의 주역이 될 수 없음을 역설하였다.

셋째, 한반도의 평화통일 문제가 단지 통일문제의 평화적 해결에 국한되는 것이 아니라 사회의 자주화와 민주화, 국제적 긴장완화와 결합되는 문제라는 점을 보여주었다는 점이다. 북진통일론은 미국의 대소 봉쇄정책과 결합하여 전쟁위기론을 끊임없이 재생하며 국민들의 민주주의적인 제 권리를 봉쇄하는 기제로 작동하였다. 또한 한반도가 미국의 대소련 혹은 소련의 대미 전진기지로 기능함으로써 동아시아는 유럽과 더불어 냉전의 강력한 축을 형성하고 있었다. 조봉암은 북진통일론의 반민주성과 대외의존성을 극복하고 평화를 정착시킴으로써, 한반도를 국제적 긴장완화의 무대로 삼고자 하였다. 미소의 대한정책이 동아시아 냉전체제를 유지하는데 주안점을 둔 것이라면, 조봉암의 평화통일론은 동아시아의 긴장완화를 추구했다는 점에서 동아시아 냉전구조를 균열시킬 수 있는 것이었다.

넷째, 좌우파 정치세력에게 이상적 이념형으로 존재해온 미국의 자본주의, 소련의 사회주의를 비판적으로 사유하였다는 점이다. 조봉암은 해방 직후부터 자본독재와 공산독재를 모두 비판함으로써 미국식 자본주의와 소련식 사회주의를 국가건설의 모델로 삼고 있던 정치세력에게 경종을 울렸다. 미국 중심의 자본주의와 소련 중심의 사회주의가 대립하는 공간에서 미국과 소련을 상대화할 수 있을 때 통일은 주체적으로 사유될 수 있기 때문이었다.

조봉암의 평화통일론은 이러한 의미에도 불구하고 몇 가지 중대한 한계를 가지고 있었다. 하나는 통일의 주체성을 강조했음에도 불구하고 통일의 주체를 남북의 민족 구성원 전체로 설정하지 않고, 남한 민주세력 중심의 통일론을 전개했다는 점이다. 자본독재도, 공산독재도 반대한다고 했지만, 남한정부에 참여한 그의 선택처럼, 그는 통일에 있어서도 북한보다는 남한이 중심이 되는 통일이 바람직하다고 생각하였다. 그런 점에서 그의 통일론에는 냉전적 사고가 투영되어 있었다.

다음으로는 통일문제를 접근하는데 있어서 국제적인 제약성을 강조한 나머지 남북관계의 특수성을 이해하지 못했다는 점이다. 조봉암은 미소의 대립이라는 국제적 제약성이 완화되면 다시 통일의 결정적인 기회가 올 것이라고 생각하였다. 하지만 1956년 미소의 평화공존론은 남북한의 대결구도에 영향을 미치지 못했다. 또한 1970년대 초 미국과 중국이 남과 북에 관계개선을 요구하자, 오히려 남한과 북한은 유신-유일체제를 구축하여 남북 대결구도를 강화한 바 있다. 이는 국제적 제약성뿐 아니라 남북한의 갈등구도 또한 통일문제 해결에 중요한 요소라는 점을 보여주고 있다.

따라서 통일을 준비하는데 있어 우리가 해결해야 할 과제는 무엇보다도 먼저 남북의 정권을 비롯한 민족 구성원 모두를 통일문제 해결의 주체로 인정하고, 통일의 원칙과 방안에 대한 전 민족적 합의를 이루는 것이다. 이미 남북한 정권은 2000년 남북정상회담과 6·15공동선언을 통해 통일문제의 자주적 해결, 1국가 2체제의 통일이라는 합의를 이루어 낸 바 있다. 이는 상호공존을 전제로 남북이 주체가 되어 통일문제를 해결하겠다는 의지의 표현이었다.

하지만 북핵위기로 대표되는 북미관계의 악화에서 볼 수 있듯이 한반도를 둘러싼 국제정세는 남북한 정권의 결단만으로는 통일의 환경을 조성하기 어렵다는 것을 여실히 보여주고 있다. 따라서 통일 환경을 조성하기 위해서는 6자회담에 앞서 한반도 긴장의 주역인 북한과 미국, 통일의 주역인 남한과 북한, 반공동맹을 형성하고 있는 남한과 미국의 관계를 재정립해야 할 필요성이 있다. 즉, 남한과 북한은 정상회담 등을 통해 남북관계를 한 단계 더 진전시키는 합의점을 마련해야 한다. 북한과 미국은 휴전상태의 종결을 선언하여 냉전 종식의 실질적인 토대를 쌓아야 한다. 이와 더불어 남한과 미국은 북한을 주적으로 하는 한미동맹의 틀을 조정해야 한다. 남한과 북한, 미국이 함께 합의하는 평화체제만이 한반도를 평화와 통일로 인도할 수 있다는 어느 학자의 지적[25]은 그런 의미에서 간명하면서도 정확하다.

---

25) 도진순, 『분단의 내일, 통일의 역사』, 당대, 2001, 55쪽.

✪ 참고문헌

국사편찬위원회 편,『북한관계사료집 1』, 1981.

김국태 옮김,『해방 3년과 미국』, 돌베개, 1984.

김주환,「해방직후 북한의 대비인식과 민주기지론」,『역사비평』8, 1990.

김준엽 편,『북한연구자료집 1』, 고려대학교 아세아문제연구소, 1969.

김철,「정부수립전후 중간파의 분단인식과 통일론」, 연세대학교 사학과 석사학위
　　논문, 1998.

도진순,『1946~48년 우익의 동향과 민족통일정부 수립운동』, 서울대 국사학과
　　박사학위논문, 1992.

도진순,『분단의 내일, 통일의 역사』, 당대, 2001.

삼균학회 편,『소앙선생 문집』, 횃불사, 1979.

서중석,『조봉암과 1950년대 (상)』, 역사비평사, 1999.

안재홍,「기로에 나선 민족 성패」,『민세 안재홍 선집 2』, 지식산업사, 1983

안지홍,『진정민주주의론』, 일한도서출판사, 1949.

윤상현,「조봉암(1899~1959)의 정치활동과 사회민주주의사상」,『한국사론』52,
　　2006.

이윤영,『백사 이윤영 회고록』, 사초, 1984.

이현주,「조봉암의 평화통일노선에 대한 검토」,『한국근현대사연구』18, 2001.

정용욱,「미군정의 중요정책과 군정 내 추진기반」,『동양학』25, 1995.

정태영,『조봉암과 진보당』, 후마니타스, 2006.

조봉암,『죽산 조봉암 전집』, 세명서관, 1999.

홍석률,『통일문제와 정치·사회적 사회적 갈등: 1953~1961)』, 서울대학교출판
　　부, 2001.

장준하, 통일론에 대한 비판적 고찰

......

조배준

건국대학교 통일인문학연구단 HK연구원

장준하, 통일론에 대한 비판적 고찰

조배준(건국대학교 통일인문학연구단 HK연구원)

1. 들어가며

여기서는 장준하(張俊河, 1918~1975)의 통일론이 성립된 시대적 배경을 되밟아보며 그 특성이 가진 의미와 한계에 대해 고찰해보려고 한다. 장준하는 1944년 동경 일본신학교 재학 중에 일본군 학도병으로 입대했지만, 중국 서주(徐州)에서 탈출하여 6천 리를 걸어 중경 임시정부에 합류했을 만큼 뜨거운 민족애와 강인한 정신력을 가진 인물이었다. 해방 이후엔『사상계』의 발행인으로서 활발한 언론활동과 정치활동을 벌였다. 그리고 5.16군사쿠데타에 대한 초반의 기대감을 제외하면, 장준하의 삶에서 후반부 15년은 '반박정희', '반유신독재' 투쟁의 시기로 대변된다. 그는 1960~70년대에 국회 안과 밖을 오가며 정권의 민주주의 탄압을 비판했던 당시 민주화 운동의 상징이자 기수였다. 그런데 이 글에서 주로 살펴보고자 하는 것은 장준하의 삶 전반을 아우르는 신념이나 사상이 아니라, 그의 삶 속에서 '민족' · '분단' · '통일' 문제가 갖고 있는 가치의 변화 양상이다. 더불어 한국의 민중통일운동사를 되돌아볼 때, 나아가 미래의 어느 때에 한반도 통일운동사가 다시 쓰여질 때, 더욱 큰 의미를 가질 장준하의 통일론이 가지는 의의와 한계에 대해 간략하나마 고찰해볼 것이다.

　아래에서는 장준하의 민족·분단·통일에 대한 인식과 관점의 변화를 아래 세 가지 계기를 통해 살펴볼 것이다. 먼저 장준하의 삶과 사상의 추이를 『사상계』와 떼어놓고 설명하기는 어려운 것이 사실이다. 그래서 그의 사유 변전은 전쟁의 와중에서 4.19혁명에 이르기까지 『사상계』의 논조 및 영향력 변화와 그 궤를 같이 한다고 볼 수 있다. 이어 장준하의 후반부 삶은 '반독재투쟁'으로 점철되는데 이러한 저항 과정 속에서 그의 한반도 문제에 대한 인식이 어떻게 변화했는지 살펴볼 것이다. 또한 말년에 강렬하게 드러난 그의 통일론은 아이러니하게도 그에게 있어 타도 대상인 박정희 정권에 의해 실현된 '7.4남북공동성명'에 대한 기대와 그 배신을 통해 배태되었다는 점도 점검해 볼 것이다.

　한국전쟁 이후 이승만 정부는 '북진통일론'을 고집하며 '평화통일론'을 억압했지만 4.19혁명 이후, 혁신계 인사와 일부 언론을 통해 다양한 조류의 통일담론 및 통일운동이 활발하게 전개되었다. 그러나 '반공'을 국시로 표방하는 군사정부의 출현 이후, 다시 찾아온 통일담론의 '암흑기' 속에서 민중 주도의 통일운동은 억압당했으며, 분단 극복의 과제나 남북통일에 관한 논의는 철저히 정부 주도의 문제로 제한되었고 통제되었다. 18년이 넘는 박정희의 통치 기간 동안 엄격한 반통일 정책으로 인해 지식인들과 학생들이 통일에 대한 자신의 소신을 공개적으로 이야기하는 것은 대부분의 경우 큰 각오를 가져야 했던 일이었던 것이다.

　이런 상황 속에서 1975년에 의문사를 당하기 전, 장준하가 함석헌과 함께 마지막 3년 동안 보여준 민족사적 관점의 통일에 대한 '열망'과 분단극복에 대한 강인한 '의지'는 통일운동사에서 중요한 역사적 평가를 받아 마땅한 것이다. 비록 그가 체계적으로 자신의 통일론을 정리하여 저술로 남기거나 통일운동을 통해 실질적인 성과를 얻어내지는 못했지만, 그가 제기한 민주화 및 자주화와 연결된 통일에 대한 호소는 가까이는 친구 문익환의 민주화운동·통일운동에 영향을 주었고[1], 넓게는 이후 민중통일운동사의 든든한 기초가 되었다.

2. 『사상계』와 장준하: 친미반공주의에서 '민족'에 대한 성찰로

1) 친미반공적 입장과 독재정권에 대한 자유주의적 비판

광복군의 일원으로서 국내 잠입 작전을 준비하던 장준하가 해방을 맞아 김구의 비서 자격으로 귀국한 후, 1950년대까지 벌인 활동의 무게중심은 사실 기득권 세력에 대한 '비판'에 있지 않았다. 평안북도 의주에서 목사의 아들로 태어나 신학생으로 성장했던 그는 전후 친미반공 활동의 앞자리에 서 있었고, 이승만 정부의 통치 방식에 대해서도 크게 비판적인 입장을 보여주지 않았던 것이다. 그가 1947년 12월, '조선민족청년단(朝鮮民族靑年團)'[2] 중앙훈련소 교무처장을 맡았던 일은 김구 노선과의 이별이자, 미군정 및 이승만의 정치적 하수인 역할을 했던 이범석과의 결합을 의미했다. 이범석은 일찍이 장준하가 따랐던 광복군 장군 출신이었지만 해방 후에는 극우 반공주의적 성향을 드러내며 초대 국무총리로서 친일파 처단에 반대했고, 이승만에게 버림받기 전까지

---

[1] 이유나, 「문익환의 통일론의 형성과 성격」, 『한국기독교와 역사』 27호, 한국기독교역사연구소, 2007, 195쪽.

[2] 당시 주한미군 사령관 겸 미군정청 사령관이던 하지(John R. Hodge) 중장은 "1946년 10월항쟁 발생 직후 그때까지의 어떤 청년단체보다도 강력한 청년단체로 미 점령군 및 경찰을 지원케 할 목적으로 이범석(李範奭)이 청년단체를 만드는 것을 뒷받침하여 1946년 10월 9일에 조선민족청년단 발기인회가 만들어졌다. 이른바 이범석의 '족청(族靑)'이 출현한 것이었다." 서중석, 『한국현대민족운동연구』, 역사비평사, 1992, 461쪽~462쪽. 조선민족청년단은 이처럼 미군정의 지원을 통해 이범석을 중심으로 조직된 반공주의적 우익청년 단체였다. '국가지상, 민족지상'을 표방하고 '비정치, 비군사, 비종파'를 내세우며 2년만에 전국적으로 120여만 명의 청년들을 조직했다.

국방부장관, 자유당부당수, 주중대사, 내무부장관 등을 역임했다. 또한 이범석과 함께 조선민족청년단을 결성했던 안호상과 그의 뒤를 이어 문교부장관이 된 백낙준도 장준하가『사상계』를 발행하는 데 큰 도움을 준 인물들이었다.

백낙준은 전시수도인 부산에서 "'전시에 혼란된 국민사상을 바로잡기 위하여' '국민사상지도원'을 설치하고"[3] 기획과장을 장준하에게 맡겼는데, 장준하는 이 기관의 명칭을 '국민사상연구원'으로 바꾸고 오랜 동지인 김준엽[4] 등과 함께 1952년 9월에『사상』이라는 잡지를 창간하게 된다. 이것을 모태로 하여 장준하는 1953년 4월,『사상계』를 창간했다. 처음부터 이 잡지는 미군정과 친미반공 인사들의 실질적인 지원을 받아 발간되었으며 주축이 된 편집진과 필진은 주로 월남한 기독교인들이었다. 초기의『사상계』는 자유주의와 반공주의에 대한 옹호가 주된 논조를 이루었고, '공산세계'에 대항한 '자유세계'의 수호자인 미국에 대한 강한 신뢰를 드러냈다. 1950년대 중반까지『사상계』는 원조국인 미국의 가치와 이념을 한국에 '지적이고 고급스러운 방식으로' 전파하는 역할을 자임했다. 전후의 엄혹한 언론 환경과 핍박한 출판 상황 속에서 월간종합교양지를 표방했던 이 잡지에 실린 다양한 장르의 글은 지적 욕구를 달래려는 학생들의 시선을 끌기에 충분했던 것이다.

정권의 독재 정치에 저항하던 1960년대 후반까지도 장준하는『사상계』를 통해 간헐적이지만 지속적으로 냉전적 사고방식과 반공주의적 현실 인식을 보여준다. 그러면서도 1957년경부터 장준하는 발행인으로서 직접 목소리를 낼 수 있는 '권두언'을 활용해 이승만과 자유당을 위시한

---

3) 서중석,「분단체제 타파에 몸던진 장준하: 여운형 서거 50주년-남북을 함께 고민한 사람들」,『역사비평』38호, 1997, 64쪽.
4) 광복군 시절에 이미 장준하는 김준엽 등과 함께 열악한 상황 속에서도『등불』,『제단』이라는 잡지를 만들었던 경험이 있었다. "등불로 제호를 정한 것은 '등불로서 길을 밝히며 꺼지지 않는 등으로 우리 민족 누구나 그것을 손에 하나씩 들도록' 한다는 취지"였다. 박경수,『장준하-민족주의자의 길』, 돌베개, 2003, 133쪽.

기득권 세력의 부정의한 권력 남용에 대해 강도 높게 비판하고, 정치 현실의 모순과 부조리를 질타하기 시작했다. 이처럼 점차 현실 비판에 눈을 떠가던 장준하는 자신의 광복군 이력과 배치되는 일을 벌이기도 했다. 1957년 11월, 『사상계』는 대표적인 친일 지식인이던 최남선과 이광수를 위한 특별모임인 '육당과 춘원의 밤'을 주최하고 다른 친일 학자들의 강연 내용을 게재했던 것이다. 당시 육당 최남선의 죽음에 대해 장준하는 '경애하는 스승'에 대한 애도5)를 표했는데, 이처럼 '친일 청산' 문제에 불철저한 점은 이 시기의 그에 대한 평가에서 인식의 조야함 혹은 일관성의 부재라는 오점으로 남기도 한다.6)

한편 이 당시 그의 현실 비판은 어디까지나 미국식 자유주의적 사고에 기반한 것이었기 때문에7) '남북통일'에 대한 관점도 이후 70년대의 입장과 달리 아주 제한적이고 소극적이었다. "국토통일은 지상과업이지만, 국민생활의 안정을 꾀하기 전에 이를 기원함은 어리석은 일이며 더욱 큰 화를 가져올 것"8)이라고 피력한 것이다. 당시 그의 남북 분단에

5) 『사상계』 1957년 12월호의 표지에는 '육당 기념호'라는 제목이 붙었고, 권두언 「육당 최남선 선생을 애도함」에서 장준하는 "육당 선생은 이 민족이 가장 암담한 절망의 골짜기에 처해 있을 때에도 항상 우리와 더불어 있었고 우리의 가장 친근한 벗이요 경애하는 스승이었다. 그로 하여 민족의 생명은 싹을 부지하고 겨레는 위안을 받고 희망을 갖추어 광복에 이른 것은 만인이 다 아는 사실이다."고 적었다. 또한 당시 그는 친일 작가인 김동인을 기리는 문학상을 제정하기도 했다.

6) "중추원참의가 되고 만주건국대학 교수가 되고 '내선일체'를 내세우면서 역사왜곡에 앞장섰던 최남선의 사망에 최상의 예우를 표하고, '추모의 밤' 행사를 연 데 이어, 그의 죄과에 대한 비판을 '요동부녀들에 대한 억설'이라고 매도한 이유는 무엇일까. 뒷날 박정희와 싸우면서" 3000만 국민 모두 대통령이 되어도 일군 출신 박정희만은 대통령이 되어선 안 된다"라고 사자후를 토했던 정신과는 크게 상치된다." 김삼웅, 『장준하 평전』, 시대의 창, 2009, 368쪽.

7) 1959년 초, 이승만 정부가 '신국가보안법'을 통과시키면서 야기된 '2·4파동'에 대한 비판적 입장에서 장준하는 그 법의 언론 관련 조항과 법안 통과 방식의 절차적 문제만을 지적했다. 그는 '신국가보안법'이 가진 위헌적 요소인 피의자들의 인권을 광범위하게 침해하고 국민의 자유권을 말살할 수 있는 법의 실질적 내용에 대해서는 함구했던 것이다. 서중석, 「분단체제 타파에 몸던진 장준하: 여운형 서거 50주년-남북을 함께 고민한 사람들」, 『역사비평』 38호, 1997, 65쪽~66쪽 참조.

8) 서중석, 「분단체제 타파에 몸던진 장준하: 여운형 서거 50주년-남북을 함께 고민한 사람들」, 『역사비평』 38호, 1997, 66쪽(장준하, 「권두언」, 『사상계』 1958년 9월의 내용 요약).

대한 인식에서는 어떤 맥락에서든 '민족'이나 '겨레'를 중심에 두는 판단
은 찾아볼 수 없으며, 반공주의적 무력통일의 시의성에 대한 의견, 그리
고 적대적 공산국으로서의 북한에 대한 인식만 드러나고 있었다.

2) '정치혁명에 대한 기대'와 '냉전적 사유'의 기묘한 동거

앞서 살펴봤듯이『사상계』논조의 첫 번째 변화가 이승만 정부의
폭압적 통치와 소수 기득권 세력의 부정부패에 대한 민중의 '분노'를
지면에 담는 것에서 비롯되었다면, 이 잡지에 다시 변화를 가져온 것은
새로운 필진의 발굴에 있었다. '씨올' 사상에 기초하여 민족의 역사에
대한 큰 시야를 보여주었던 함석헌의 글은 당대 현실을 새롭게 인식해야
한다는 필요성을 독자들에게 제기했다. 또한 '우리 민족에게 진정한
해방이란 무엇인가', '우리 시대는 어디를 향해 가고 있으며, 왜 생각하는
백성이 되어야 하는가' 같은 사유를 담은 함석헌의 글은 장준하에게도
큰 깨달음을 주었다. 비록「생각하는 백성이라야 산다 - 6.25 싸움이
주는 역사적 교훈」이라는 글로 인해 함석헌은 국가보안법 위반 혐의로
구속되고 장준하도 조사를 받았지만,『사상계』는 나날이 영향력이 커져
4.19혁명 시기엔 발행부수가 9만 7천부에 이르게 된다.[9]

썩고 곪아터진 독재정권이 민중에 의해 종말을 맞이했던 1960년의
혁명적 분위기 속에서 장준하는 다시 '시야의 확장'을 겪게 된다. 시대정
신의 발현 및 민중의 정치참여 의식의 확장과 그 궤를 같이 하며, 4.19
이후에 고취된 혁명적 기운에 자극받아 장준하의 인간적 · 양심적 민족

---

9) 이것은 당시 주요 일간지의 판매 부수를 뛰어 넘는 것으로서『사상계』는 1950년대 후반에서
1960년대 초반에 가장 큰 권위와 영향력을 가진 지면이었다고 할 수 있다. 특히 1970년대
이후의『창작과 비평』등의 잡지가 가진 진보적 성격과 달리,『사상계』는 좌우의 정치적
성향을 막론하고 지식인이나 청년 학생으로서 교양과 지식을 얻고 뽐내려면 들고 다녀야
했던 매체였다. 이처럼『사상계』는 지적 기반이 취약하던 당시에 정치, 문화, 학술 등 여러
영역에 걸쳐 가장 큰 영향력을 발휘하고 있었던 것이다. 위의 글, 63쪽 참조.

애가 '부활'한 것이다. 해방과 건국, 전쟁과 독재를 통렬히 성찰하며 민족의 독립과 자유를 열망하는 청년 시절의 열정이 그의 '붓'에 다시 담기기 시작한 것이다. 일제의 군대를 탈출하여 천신만고 끝에 임시정부에 합류하였고, 지리멸렬하게 분열되어 있는 임정 요인들의 모습에 실망하여 '차라리 일제항공대에 지원하여 임정청사에 폭탄을 투하하겠다'고 외치던 20대 장준하의 그 의기가 다시 솟아났다.[10] 이제 '민족주의자'로 자임하게 된 그는 '4월 혁명'의 불꽃이 사그라들지 않기를 바라며 당시의 반혁명 세력에 대해 이렇게 비판했다.

> 해외에서 독립운동을 하였다는 인사들은 백안시를 당하고 그래도 조국독립을 위하여 남북만주나 중국대륙에서 일생을 바친 혁명선배들의 유가족들은 가두에서 문전걸식을 하게 되는 등 의는 떠나가고 불의만이 성장하여 충천하는 세력으로 이 땅을 뒤덮게 됐다. 누가 다시 애국을 하리오. 누가 다시 의에 살리오. 누가 자기의 몸을 민족의 흥망을 거는 제단에 불사르리오. 이 사태를 혁명적으로 해결치 못하고 넘어간다면 불원간 앞날에 더욱 처참한 비극이 우리 눈앞에 다다를 수밖에 없는 모든 여건들을 생각할 때, 우리는 당연히 4월혁명으로 불러야 하며, 이에 따라 모든 수습책이 혁명적 기틀 위에서 움직여야 한다.[11]

하지만 『사상계』에 새 바람을 불어 넣고 있던 혁명적 기운이 민중 주도의 새로운 통일 담론으로 뻗어나가지는 못했다. 당시 장준하는 '분단이완기'로서의 '4월혁명기'를 받아들일 수 없었기 때문이다. 1960년 가을을 넘기자 장준하는 다시 보수적 반공주의자, 혹은 유약한 자유주

---

10) 중경의 독립운동가들이 좌파와 우파로 극심하게 분열되어 대립하던 상황에 실망한 장준하는 임시정부 국무위원들과 교포들이 베푼 자리에서 '폭탄선언'을 하게 된다. "일군 항공대에 들어간다면 중경 폭격을 지원, 이 임정청사에 폭탄을 던지고 싶습니다. … 설욕의 뜻이 아직 불타고 있다면 어떻게 임정이 이렇게 네 당, 내 당 하고 겨누고 있을 수 있는 것입니까" 김준엽, 『장정』, 나남, 1987, 366쪽(위의 글, 177쪽에서 재인용).
11) 장준하, 「革命尙未成功」, 『사상계』, 1960년 8월.

자의 모습으로 되돌아가서, 일부 지식인들과 혁신계가 주장하고 맨스필드(Michael J. Mansfield) 미국 상원의원도 제기했던 '중립화 통일방안'과 남북의 '평화공존론'을 공산 세력의 '적화 야욕'을 위한 도구일 뿐이라고 비판했던 것이다.

　　소련의 입장에서 본다면, 자본주의 국가의 사람들이 향락생활에 눈이 팔리어 정신을 차리지 못하게 되면 될수록 그만큼 더 그들은 평화공존론의 노예가 되어 미국으로부터 이탈하여 소위 중립국의 진영에 가담하게 되리라는 계산이 나오게 되는데, 이러한 관계로 마약이나 주색, 기타의 방법을 사용하여 국민정신을 비도덕적인 방향으로 이끌어가는 것은 소련의 세계적화의 목적 달성을 위하여는 가장 호적의 보조수단이 된다고 하지 않을 수가 없다.[12]

　이어서 다음 달에도 장준하는 한반도 중립화통일론에 대해, 경륜과 이론을 갖추지 못한 학생들이 단편적인 지식과 소박한 애국적 정열만을 가지고 구국을 외치고 있지만, 그것은 국익을 도모하지 못하고 "국가형태야 어찌되든지 덮어놓고 통일하고 보자는 환상적 논리라고 비난"[13]했다. 통일 논의보다 더 중요한 것은 현실 공산주의 세력에 대한 자유민주주의 체제의 승리와 우월함을 주장하고, 현 체제의 정당성을 옹호하는 것에 있다는 입장인 것이다. 민중 주도의 정치 혁명에 대한 열렬한 기대와 차가운 냉전적 사유의 기묘한 결합이 이 시기 장준하가 가졌던 현실 인식의 단면이었다.[14] 1961년 초에 장준하는 장면이 직접 본부장

12) 무기명, 「권두언-이데올로기적 혼돈의 극복을 위하여」, 『사상계』 1960년 11월.
13) 서중석, 「분단체제 타파에 몸던진 장준하: 여운형 서거 50주년-남북을 함께 고민한 사람들」, 『역사비평』 38호, 1997, 69쪽.
14) 이에 대해 서중석은 4월 혁명 이후 기존의 적대적이고 수구적인 분단 체제에 안주해왔던 극우세력은 혁명이 몰고 오는 변화에 두려움을 느꼈고, 장준하를 위시한 '진보적 반공주의자들'은 국가와 사회를 쇄신하여 당면한 민주주의와 민족 문제에서 헤게모니를 잡고자 하였지만, 적극성과 지속성이 결여된 상태에서 민족주의 세력 또는 진보파들이 '통일'과 '자주성'을 강하게 제기하자 헤게모니를 빼앗길까 두려움을 느끼게 되었다고 평가한다.

을 맡은 '국토건설본부'의 기획부장을 맡아 몇 달간 국가 주도의 건설 사업에 매진하게 된다. 당시 온갖 요구사항과 국민적 기대를 담은 시위가 연일 이어지던 상황에서 '혁명 과업'은 지지부진했는데, 물론 그는 그 해 봄에 찾아 올 새로운 '혁명'(이라고 불리워질 군사쿠데타)의 그림자를 예감하지 못했을 것이다.

이처럼 장준하의 이 당시 '분단형 민족주의'는 당연히 전쟁 이후의 격렬한 적대심과 세계사적 냉전구도에서 파생된 것으로 민족성 자체보다, 민족성을 대변하는 것으로 간주된 국가적 이데올로기 지향에 그 목표를 두고 있다.[15] 현실적인 무력 충돌 가능성의 상존과 통치 전략과 긴밀하게 결합한 적대적 분단체제의 재생산 구조에서는 남북이 각자 민족주의를 표방하면서도 상대를 이념지향적으로 흡수하려는 경향이 강해질 수밖에 없는 것이다. 이런 면에서 '한국적 민족주의'는 적대적 개념인 '반공'을 강조하며 그것을 국가의 생존가치로 삼지 않을 수 없게 되는데, 그것은 대외적인 공격성보다는 대내 통치를 위한 방어적 성격이 강하다고 볼 수 있다.

3) 민주화 투쟁 속에서 확장된 민족주의적 문제의식

5.16군사쿠데타에 대한 『사상계』의 첫 번째 입장은 1961년 6월호의 무기명 권두언 「5·16혁명과 민족의 진로」에서 나타난다. 장도영과 박정희의 인물 사진을 포함해 쿠데타의 전개 과정을 24장의 화보와 함께

자신들의 사상적·물적 토대의 취약성에 민감하게 반응하던 그들은 혁명의 기운이 심화되자 다시 반동적이고 편협한 당파성을 드러내며 과장적 수사를 남발했다는 것이다. 위의 글, 70쪽 참조.

15) "분단형 민족주의는 민족의 자기결정성을 억제하는 것으로 남북관계는 상대적 부인과 투쟁론, 그리고 통일문제는 절대주의와 흡수주의에 입각하여 갈등·대립하고 있는 형태이다. 상대한 대한 부정과 무력=국력이라는 개념에 따라 현상 타파적 통일접근을 꾀하는 것이 그 특성으로 나타난다." 유광진, 『한국의 민족주의와 통일』, 범학사, 2001, 65쪽.

소개하며 『사상계』는 새로운 혁명을 환호했다.

> 절정에 달한 국정의 문란, 고질화한 부패, 마비상태에 빠진 사회적
> 기강 등 누란의 위기에서 민족적 활로를 타개하기 위하여 최후수단으로
> 일어난 것이 다름 아닌 5.16군사혁명이다. 4.19혁명이 입헌정치와 자
> 유를 쟁취하기 위한 민주주의 혁명이었다면, 5.16혁명은 부패와 무능과
> 무질서와 공산주의의 책동을 타파하고 국가의 진로를 바로잡으려는
> 민족주의적 군사혁명이다. … 따라서 이러한 의미에서 5.16혁명은
> 4.19혁명의 부정이 아니라 그의 계승, 연장이 되어야 하는 것이다.16)

이 당시 장준하의 입장이 이 글에 얼마나 반영되어 있는지 확인할
수는 없지만 여기서는 당시 『사상계』 편집진의 민족주의에 대한 이해에
서 특이성을 찾아볼 수 있다. 민족의 문제는 국가의 문제와 등치되고,
사회와 국가의 위기를 해소하려는 거사는 '민족주의적 혁명'과 동일시되
는 것이다. 이러한 '민족주의와 국가주의의 결합' 속에서 북한이라는
존재는 민족의 울타리 안에 들어오거나 대화의 상대자가 될 수 없는
적대적 집단으로 배제된다. 이는 당시 장준하를 위시한 『사상계』의
민족 문제에 대한 인식이 한반도 분단의 차원이 아니라 강고한 반공주의
와 적대적 대북관을 통해 '분단국가주의'에 사로잡혀 있었음을 반영한다
고 볼 수 있다. 물론 다음 달인 7월호의 권두언 「긴급을 요하는 혁명과업
의 완수와 민주정치에로의 복귀」에서 장준하는 공산권의 전체주의 세
력에 대항할 수 있는 사상적 무기는 민주주의적 자유의 선용에 있음을
지적하며, 국가재건최고회의의 쿠데타 주도자들에게 민주정치를 실현
할 것을 주문했다. 이러한 장준하의 5.16에 대한 초기의 '오판'은 그를
지지하고 추모하는 후대의 사람들에게 아쉬움으로 남아 있다.

그 후, 민정이양을 계속 연기하는 쿠데타 세력에 반대하던 『사상계』

---

16) 장준하, 『사상계지 수난사-장준하 문집 3』, 사상, 1985, 263쪽~264쪽.

에는 당국의 탄압이 이어졌는데 장준하는 김종필과의 '강연 대결'을 통해 군정이 말하는 '민족주의'는 집권을 위한 변명의 수단이자 얄팍한 포장이라고 질타했다. 물론 박정희의 개발 독재 정책은 이후 '조국근대화론', '민족적 민주주의', '한국적 민주주의론', '민족주체성론' 등의 이름으로 은폐되었지만, 이 시기에『사상계』에 반영된 장준하의 '민족' 문제에 대한 인식은 한반도의 특수한 역사성의 차원으로 보다 확장되고 있었다. 1962년부터『사상계』에는 제3세계의 '저항적 민족주의'와 어쩌면 민족주의 이념의 참된 의미라고 할 수 있는 '민족주의에 대한 반성적 입장'을 담은 글들이 실렸다. 특히 식민사관과 민족주의사관을 대비시키면서 식민사관과 문헌고증사학을 비판적으로 인식하는 1963년 2월호의「한국사를 보는 눈」과「한국사관은 가능한가?」라는 특집기사는 한국사학계의 자기정체성 인식이라는 측면에서 학술사적으로도 중요한 가치를 지니고 있다.

『사상계』의 이러한 경향은 4.19와 5.16을 거치면서 일본의 식민지 근대화에 대한 반성과 더불어 전통과 민족주체성에 대한 관심이 지식 사회에 확산되었던 경향을 반영한 것이다. 물론 이러한 경향은 전후의 절대적인 반공주의와 함께 구축된 숭미 혹은 친미적 사유 구조 자체를 경계한 것이라기보다는, 일본화된 근대적 문화에 우리가 얼마나 매몰되었는지를 자각하는 과정이었다. 이런 관점에서 1950년대 말부터 일부 지식사회에서 시작된 식민사관에 대한 비판 그리고 내재적 발전론 및 주체적 근대화론에 대한 관심은 민족주체성에 대한 관심으로 이어졌던 것이다. 또한 이러한 변화는 한국전쟁 이후 굳어진 이데올로기적 편향성과 이론 중심적인 한국 학계의 성격에도 조금씩 균열을 가하기 시작했다. 전쟁이 막 끝난 50년대에는 조금이라도 체제 비판의 요소가 있는 담론 영역과 북한과 연관된 주제에 대한 접근이 차단되었기 때문이었다.

이런 배경 위에서 한일협정 과정에서 촉발된 민중의 저항 운동은 분단 후 한국의 민족주의를 분화시키는 첫 번째 분기점을 가져왔다. 즉 6·3투쟁은 한일회담의 굴욕적 성격에 대한 반대 투쟁이면서 다른 한편으로는 박정희 정권이 표방하는 '국가주의적 민족주의' 이데올로기와 재야의 '민중 주도적 민족주의적' 경향이 서로 각축을 벌이는 이념 투쟁의 장이기도 했다. '구국의 결단'이라고 선전되는 한일협정을 어떻게 용인할 것이냐의 문제를 통해 민족주의 이념의 실체를 구성하는 담론의 장이 마련되고, 그 속에서 한국 민족주의의 성격에 대한 헤게모니 투쟁이 촉발된 것이다.

이러한 점에서 장준하가 보여주는 재야 우파 민족주의의 심화 과정을 통해 재야의 민족주의 경향이 개발독재의 명분 제공을 위해 정부에서 강조했던 민족주의와의 일시적 대립에서 그치지 않고, 1970년대 중반 이후 자생적으로 피어나는 주체적 학문 경향으로 확산되었음을 알 수 있다. 즉 냉전의식을 극복하고 분단 구조의 역사적·사상적 의미를 탐색하려는 리영희·강만길·백낙청 등의 노력, 그리고 독재 정부의 정치적 억압과 경제적 착취 아래에서 신음하는 '민중의 고난'을 '민족의 현실적 실체'를 구성하는 것으로 파악하는 역사학·사회학·신학 등의 반성적 연구 작업에는 민중·지식인 주도의 민족주의적 경향이 그 바탕에 깔려 있는 것이다.

'한일회담'의 굴욕적인 성격에 반대하며 투쟁의 선봉에 선 장준하는 전국을 돌며 강연하고 집회 현장에서 자주 발언하게 되는데, 이를 통해 그는 이제 언론인에서 보다 직접적인 활동을 벌이는 대중정치인의 길로 나아가게 된다. 그러면서도 그는 박정희에 대한 직접적인 비판으로 계속 옥고를 치뤄야 했다. "우리나라 밀수 왕초는 바로 박정희란 사람입니다. … 미국의 존슨 대통령이 방한하는 것은 박정희란 사람이 잘났다고 보러 오는 것이 아니라 한국 청년의 피가 더 필요해서 찾아오는 것입니다."[17]

---

17) 1965년 10월 26일 민중당 주최 '특정 재벌 밀수 진상 폭로 및 규탄 국민대회' 연설 중 발언.

그리고 장준하는 1967년 대통령 선거에서 야당의 후보 단일화를 위해 야당 대표자들의 회담을 주선하였고, 이를 통해 만들어진 신민당에 입당하여 선거운동을 벌이면서 다시 구속된다. "박정희 씨는 우리 청년들을 베트남에 팔아먹었고, 과거 공산당의 조직책으로 활동한 사람"[18]이라는 발언이 문제가 된 것이다. 하지만 다음 달에 있었던 총선에서 그는 동대문을에 옥중 출마하여 여당의 최고위원 출신 후보를 따돌리고 당선되었다. 그런데 그 6·8총선은 박정희의 종신 집권으로 나아가기 위한 과정 중 '3선 개헌'을 위한 의석 확보를 목적으로 한 것이었기 때문에 정부와 여당에 의해 온갖 불법이 자행된 금권선거였다.

이 시기에 『사상계』는 정권의 오랜 압박으로 겨우 버티는 상태였기 때문에 정권에 대해 '날'을 세울 수 없었는데, 60년대 후반부터는 폐간을 모면하기 위해 겨우 50쪽 짜리 납본용만 만들고 있었다. 그러던 중에 『사상계』의 종말을 알리는 필화(筆禍) 사건이 일어났다. 1970년 5월호에 통치 권력과 기득권층의 부조리함을 통렬하게 풍자한 김지하의 장편시 「오적」이 실린 것이다. 김지하와 당시 발행인 부완혁은 구속되고 잡지는 정기간행물 등록이 취소되어 17년만에 폐간되었다. 1972년 법정 투쟁으로 정기간행물 등록 대장에서 말소는 피했지만 『사상계』는 다시 세상에 나오지 못했다. 이후 1998년 6월에 장준하의 아들 장호권의 노력으로 잠시 발행되었지만 다시 복간되지는 못하고 있다.

한편 『사상계』가 폐간될 때까지 장준하의 민족주의 개념은 아직 통일 담론과 전면적으로 연결되지 못했다. 하지만 1972년 분단체제를 악용하여 민주주의를 말살한 '10월 유신'을 경험하며, 그는 분단체제의 극복이야말로 진정한 민족주의자의 사명이며, 남북통일이 되지 않고서는 결코 민주주의의 실현이 자유로워질 수 없음을 깨닫게 된다. 그의 협소한 민족 개념은 점차 확장되어 자신이 광복군 시절 다짐하고 꿈꾸었던

---

18) 1967년 5월 7일 대통령 선거운동 '윤보선 후보 지원 유세' 중 발언.

'민족을 위한 길'에 다가가고 있었던 것이다.

3. '7.4남북공동성명' 이후의 전향적인 통일론: '민족주의 자의 길'

1972년 박정희가 중앙정보부를 통해 비밀리에 계획하여 '자주, 평화, 민족대단결'이라는 '조국통일의 3원칙'을 천명한 '7·4남북공동성명'은 남북이 휴전 이후 최초로 독립적으로 합의한 것이라는 점에서 역사적 의미를 갖는다.[19] 공동성명은 또한 서로에 대한 중상비방과 무력도발의 중지, 다방면적 교류, 남북 적십자회담 성사, 서울과 평양을 연결하는 직통전화 개설 등 당시의 적대적 남북 상황에서는 획기적인 내용을 담고 있었다. 이 공동성명은 장준하를 그 어느 때보다 환호하게 만들었는데, 통일에 대한 장준하의 관심은 7·4남북공동성명을 계기로 전면적으로 확대된다. 또한 분단 문제를 바라보는 관점 또한 전향적으로 변화하여 1975년 의문사를 당하기 전까지 그의 통일론은 짧은 시간 동안 강렬하게 표출된다.

1970년 4월에 함석헌이 창간한 『씨올의 소리』에 편집위원으로 참여했던 장준하는 1972년 9월호에 「민족주의자의 길」이란 글을 발표한다. 박정희의 독재와 폭정에 대해 끊임없이 고발하고 비판했던 그였지만

---

19) 7·4남북공동성명을 촉발시킨 대내외적 요인들을 동시에 참고할 필요가 있다. 미국과 소련, 미국과 중국의 화해 무드가 조성되면서 남북 대결 구도 위에서 정권을 계속 유지하기가 어려워졌고, 닉슨 독트린에 의해 미국은 '두 개의 한국 정책'을 구사하기 시작했다. 이러한 국제 환경의 변화를 거스르지 않으면서도 독자적으로 대응할 필요성이 남북 정권 모두에게 있었기 때문에, 일시적으로 남북 정권의 이해관계가 일치하여 이처럼 UN과 연관되지 않은 평화통일론이 등장할 수 있었던 것이다. 대내적으로도 반군사독재 세력의 저력을 확인한 박정희 정권은 3선 이후의 집권연장 방안에 골몰하지 않을 수 없었다. 따라서 공동성명은 통일 문제에서 실질적인 효력을 발휘하지 못하고 남북 모두에서 권력 강화를 위한 정치적 이용물이 되고 말았다.

여기에서는 공동성명에 고무되어 최고의 찬사를 보낸다. 이 글은 장준하가 "'친미반공'으로부터의 결별을 의미하는 성명문"[20])과 같은 의미를 가지며, 그의 민족통일에 관한 열망과 의지가 가감 없이 표출되고 당시 남북화해 과정을 감격스럽게 지켜본 그의 심경이 잘 드러난다.

이와 같이 새로운 정세 앞에서 우리 민족이 해야 할 단결은 스스로 분명해진다. 그것은 갈라진 하나를 다시 하나의 자기로 통일하는 것이다. 그리고 이런 노력과 힘을 갈라진 양쪽에서 함께 기울이며 기르는 것이다. 민족적 양심에 살려는 사람 앞에 갈라진 민족, 둘로 나누어진 자기를 다시 하나로 통일하는 이상의 명제는 없다. 이를 위한 안팎의 조건을 만들어가는 일 이상의 절실한 과제는 없다. 어떤 논리도 이해도 이 앞에서는 뒤로 물러나야 한다. 이런 대원칙 아래서 굳어진 논리, 고집스러운 자세를 고쳐가야 한다. 근본과 말단을 바꾸어서는 안 된다. 무엇이 거기에 따르는 것인가를 가려야 한다.

모든 통일이 좋은가? 그렇다. 통일 이상의 지상명령은 없다. 통일로 갈라진 민족이 하나가 되는 것이며, 그것이 민족사의 전진이라면 당연히 모든 가치 있는 것들은 그 속에 실현될 것이다. 공산주의는 물론 민주주의, 평등, 자유, 번영, 복지 이 모든 것에 이르기까지 통일과 대립되는 개념인 동안은 진정한 실체를 획득할 수 없다. 모든 진리, 모든 도덕, 모든 선이 통일과 대립하는 것일 때는 그것은 거짓명분이지 진실이 아니다. 적어도 우리의 통일은 이런 것이며, 그렇지 않고는 종국적으로 실현되지도 않을 것이다.

지난 7월 4일 남북한공동성명이 발표되고 8월말과 9월초에는 적십자회담을 위하여 갈라졌던 동포가 27년만에 오고갔다. 민족적 양심에 살려는 사람의 지상과제가 분단된 민족의 통일이라고 할 때 어떻게 이 사실을 엄청난 감격으로 받아들이지 않겠는가? 말로 따지고 글로 적기 전에 콧날이 시큰하고 마침내 왈칵 울음을 떠뜨리지 않을 수 있으랴. 이것을 감상이라고도 하고 감정적이라고도 할지 모르지만, 이 감상,

---

20) 정경모, 『찢겨진 산하-김구 · 여운형 · 장준하가 말하는 한국 현대사』, 한겨레신문사, 2002, 225쪽.

이 감정 없이 그가 하나의 인간, 민족분단의 설움으로 지새워온 민족양
심을 가진 사람이라고 하겠는가.[21]

장준하에게 이 사건은 민족적 환희와 감격을 느끼게 해주었고 그의
내면 속에서 화두로 남아 있던 민족사적 과제 실현에 대한 의지와 헌신
을 선명하게 표출시켰다. 그런데 공동성명 발표 이후 대중에게는 통일
에 대한 기대가 한껏 고조된 것과 상관없이 남북의 정권은 몇 달 뒤
각각 '유신헌법'과 '사회주의헌법'을 통해 내부 권력을 강화했다.[22] 3개
월 만에 이 모든 것이 10월 17일 유신체제 발표를 위한 박정희의 계략이
었음을 알게 된 장준하는 깊이 분노하며 반독재투쟁을 더욱 강고하게
벌이게 된다. 그가 보기에 박정희와 김일성은 통일이라는 민족적 과제
를 자신들의 종신 지배체제를 공고히 만드는데 철저히 악용하고 통일한
반도에 대한 국민들의 기대를 유린했다.[23] 결국 공동성명 발표는 민족
화합에 대한 의지가 아니라 내부 권력 강화의 수단일 뿐이었던 것이
다.[24] 이처럼 장준하는 공동성명 이후에 비로소 '분단체제의 재생산
구조'에 대해 통찰하면서, 분단체제의 극복을 민족사의 핵심적 과제로
수용하게 된다.

---

21) 장준하, 「민족주의자의 길」, 『민족주의자의 길-장준하문집 1』, 사상, 1985, 54쪽.
22) 북한은 12월 25일 최고인민회의 제5기 1차 회의에서 주석제 신설을 골자로 하여 새 헌법을
   공포하며 1인 지배체제를 강화했다. 이어 1973년 8월 28일 북한은 김대중 납치사건을
   이유로 향후 남북대화를 거부한다고 발표했고 결과적으로 7·4남북공동성명은 사실상
   폐기되었다.
23) "이 7·4공동성명'에 대한 국민의 열화 같은 지지를 구실로 삼아, '10월유신'이라는 정변을
   일으킨 그때의 집권자는 이듬해 6월 23일 '남북한의 유엔 동시가입' 등의 '평화 공존' 방안을
   들고 나왔다." 결국 통일의 원칙에 합의했던 공동성명은 기존의 분단체제를 안정적으로
   고착화시키는 역할에 머물렀던 것이다. 백낙청, 『분단체제 변혁의 공부길』, 창작과비평사,
   199, 90쪽.
24) 박정희 집권기의 기본적인 통일기조는 "'선 건설 후 통일' 또는 '승공통일'로 실질적인
   분단고착화 내지 반통일 정책이었다. 7·4공동성명 역시 중국과 미국의 관계정상화, 미국
   과 소련 간의 데탕트 조성 등 외적인 긴장완화에 어쩔 수 없이 조응한 것이었을 뿐 아니라
   이 또한 유신독재의 빌미가 되었다." 강정구, 『민족의 생명권과 통일』, 당대, 2002, 148쪽.

먼저 우리는 분단의 민족사에 대한 반성으로부터 시작해야 할 것이다. 앞서 말했지만 분단의 기본적 계기는 외세였지만 우리의 힘이 이런 외세를 주체적으로 극복하지 못하고 만 책임을 통감하고 더구나 분단을 더욱 굳혀만 온 지난 26년을 반성해야 한다. 특히 이 점에서는 집권층을 비롯한 또 지식인들까지 포함한 우리 사회의 상층부가 더욱 진지하게 반성하고 절실하게 책임을 느껴야 한다. 분단체제의 모든 가치와 논리 그리고 정책과 그 실행을 반성해야 한다.[25]

그는 분단체제를 공고하게 만드는 내부의 강압적 정치제도는 동서 냉전적 분단논리가 한반도에 이식되면서 파생된 것이란 점에 주목하기 시작했다. 그런 점에서 보자면, 박정희는 군사 쿠데타를 일으키고 그것의 당위성을 미국에 호소할 때부터 전후의 반공주의를 철저히 이용했지만, '10월 유신'이라는 이름의 헌정쿠데타 때에도 적대 또는 화합이라는 분단체제의 이중적 가능성을 활용하기에만 급급했다. 결국 국민들을 허탈하게 만든 공동성명은 한 때의 '대국민사기극'이라는 평가를 받아도 할 말이 없게 되었다. 그 갑작스러운 소동극 속에서 남녘의 국민들은 그저 수동적인 관람객이었고 북녘의 인민들도 '들러리'일 뿐이었다. 진짜 주인공은 무대 뒤에서 배우들의 연기를 조종하며 일방적으로 '쇼'를 시작하고 끝맺었다. 물론 7·4남북공동성명은 휴전 이후 최초의 남북합의문으로서 그 역사적·상징적 가치는 후대에 계승되고 있지만, 실질적으로는 민족의 소통을 저해하고 분단체제를 강화시켰다는 점에서 분명한 한계점을 갖는다. 장준하의 표현을 옮기자면, "민족적 비원을 팔아 유신체제가 생겨난 데 이어 이번에는 7.4남북공동성명을 휴지처럼 구겨 밟는 폭거"[26]를 연이어 저지르고 있었다. 이런 점에서 박정희의 권력은 북한을 정권 존립의 토대로 활용한다는 점이 분명해지고 있었다.

그런데 장준하는 공동성명이 결국 박정희의 종신집권을 위한 '연막탄'

25) 장준하, 「민족주의자의 길」, 『민족주의자의 길-장준하문집 1』, 사상, 1985, 57쪽.
26) 장준하, 「민족통일전략의 현단계」, 1973년 6월, 장준하기념사업회 홈페이지.

에 불과했다는 것을 깨달은 뒤에도 성명서에 포함된 '민족화합'의 정신을 강조했다. 그는 "7·4공동성명이 파기되어서는 안 될 뿐만 아니라 그 성명의 정신이 조금이라도 후퇴하거나 백지화되어서는 안 된다"고 주장했다. 이제 그에게 반독재투쟁과 통일운동은 그 궤를 같이 하는 '민족주의자의 길'이 되었다. "민족의 통일이란 두말할 여지도 없이 억눌린 자에게 자유를, 그리고 분단의 노예상태에 있는 민중에게는 해방을 가져다주는 것"²⁷⁾이기 때문이다. 이 당시 장준하는 기존의 반공주의적 사고방식을 완전히 떨쳐내고 "이제 남쪽은 북쪽정부를 공식적으로 인정하고 북쪽도 남쪽을 공식적으로 인정하여 서로 대화를 가져야 한다"²⁸⁾고 말하고 있었다. 그에게 북한은 더 이상 '괴뢰'나 상종 못할 공산당 무리가 아니라 통일의 동반자로서 한 민족의 범위 안으로 들어와 있었던 것이다. 이제 장준하에게 민족적 차원에서 진정으로 적대시하고 배척해야 될 대상은 북한체제가 아니라 한국의 기형적 정치구조에 들러붙어 있으며, 이념과 가치, 정서와 감성, 생활과 문화 등 사람들의 삶 속에 녹아들어서 하나의 굳건한 체제로 뿌리를 내린 '분단체제 자체'가 되었던 것이다.

나의 사상, 주의, 또한 지위, 나의 재산, 나의 명예가 진실로 민족통일에 보탬이 되지 않는 분단체제로부터 누리고 있는 것이라면 우리는 이를 과감하게 희생시키지 않으면 안 된다. 이 위대한 자기희생 없이는 통일은 결코 실현되지 않을 것이며, 이것은 또 새로운 반역이 될 수도 있다. … 민족전체에게 확보되지 못한 민족적 자유란 민족전체에게는 새로운 외압(外壓)이며 따라서 이것은 실만 있고 실체(實體)가 없는 자유이기 때문이다. 이렇게 확대된 자유 위에서 통일을 향한 전진이 이루어져야 한다.

---

27) 『씨올의 소리』, 1973년 11월.
28) 1972년 7월 31일 좌담회의 발언 내용(서중석, 「분단체제 타파에 몸던진 장준하: 여운형 서거 50주년-남북을 함께 고민한 사람들」, 『역사비평』 38호, 1997, 78쪽에서 재인용).

여기서 사자후(獅子吼)로 토해내는 장준하의 통일운동에 대한 구상은
두 가지 전략적 의미를 갖는다. 먼저 그것은 분단체제에서 누리고 있는
유무형의 기득권에 대해 반성하고 지양하여 기존 체제의 재생산을 멈추
는 것이다. 또한 통일운동은 통일 이후에 분단체제의 모순을 극복한
사회적·국가적 기초와 조건 위에서 어떤 대화합의 새로운 민족공동체
를 건설할 것인가의 문제이기도 하다. 즉 장준하의 통일운동은 통일한
반도를 지향하는 길이면서 동시에 통일 이후에 민족의 새 터전을 준비하
는 과정이기도 했다. 그래서 통일한반도의 새로운 전망은 경제구조와
국토계획 같은 양적인 면뿐만 아니라 분단체제에 최적화된 현존 사회의
지배구조와 문화양식을 바꾸어 질적으로 고양된 사회를 만드는 것이어
야 했다. 그런데 그 모든 통일운동의 관건은 바로 남북 주민들의 주체적
참여와 실천력이다. 장준하에게 있어 통일의 주체는 정부나 권력자가
아니라 절대 다수의 민중이다. 즉 "장준하는 민족의 공동이상을 개발할
민족세력의 형성을 제창하였다. 그 민족세력은 민족경제와 복지·평등
사회의 건설을 지향하는 바, 그것의 실체는 민중이었고 반외세 세력이
며, 자유를 위하여 투쟁해온 모든 민주세력이었다. 그들은 민족화해의
주체이고, 인간적 삶을 지향하는 자들이다."[29]

4.19혁명기의 그가 평화통일론과 중립화통일론을 배격하는 반공주의
자로서 반쪽짜리 민족주의자였다면, 7.4남북공동성명 이후 그는 통일
문제에 있어 실로 전향적인 자세를 취하는 것이다. 장준하에게 있어
이제 민족의 평화적 공생을 모색하는 통일담론과 통일운동은 자신이
그동안 벌여 온 기존의 모든 언론·정치활동과 민주화운동을 포괄하고
매개하는 지점이 된다. 비로소 그의 민족주의는 냉전적 이데올로기
인식을 초월하여 계급적·적대적 편협함을 극복하고, 분단체제가 사람
들의 몸과 마음에 가하는 패악에 대한 뼈아픈 성찰로 나아가는 것이다.

---

29) 위의 글, 85쪽.

민족주의자로서 해방공간에서 여운형의 과제가 좌우합작이고, 김구의 과제가 남북대화였다면, 1970년대 민족주의자로서 장준하의 '길'은 자기 시대의 가장 극명한 모순이었던 '유신체제와 결합된 분단체제'의 극복이라고 할 수 있다.[30] 결국 한민족의 식민, 분단, 전쟁, 독재의 역사를 관류하는 그의 기존 문제의식들은 말년의 통일론에서 합류하면서, 내적 분열성을 극복하고 민족주의의 주체적·자주적 확장과 토착화의 지평으로 나아간다고 볼 수 있다.

4. 분단체제에 대한 반성과 극복: 민족통일론과 통일지상주의 사이

장준하는 1973년 12월, 민주주의를 말살한 유신헌법 철폐를 위한 '개헌청원 백만인 서명운동'을 주도하여 이듬 해 1월에 '긴급조치 1호' 위반 1호 사범으로 백기완과 함께 구속되어 재판에서 징역 15년을 선고 받았다. 그가 협심증과 간경화 등으로 건강이 악화되어 형집행정지로 다시 자유의 몸이 된 것은 1974년 12월의 일이었다. 병원에 입원해 치료를 받는 와중에도 그는 수감되어 있는 민주인사와 학생들을 석방하고 민주헌법을 만들라는 요구를 담아 박정희에게 공개서한을 보냈다. 또한 민족사적 과제로서 분단체제를 넘어서려면 우선 민주주의를 회복해야 된다는 일념으로 그는 1975년 2월, 분열된 민주 인사들을 모아 '민주회복

---

30) 이점에 대해 강만길은 이렇게 통찰한다. "이승만 독재 체제가 제도화되지 않은 불법과 폭력 및 선거 부정 등을 통해 성립되고 또 유지된 데 비해 박정희 정권의 '유신' 체제는 제도화된 독재 체제였다. 그러나 두 독재 체제가 모두 민족사적 정통성에 결함이 있는 정치 세력의 반공주 강화를 바탕으로 한 반평화 통일 세력 중심 독재 체제였다는 점에서는 다를 바 없다. 반민주 독재 정권은 민족문제에서도 만평화 통일 노선에 서게 마련이며, 이 점에서 이 정권과 박 정권은 같은 궤도 위에 있었다. 따라서 '7·4남북공동성명'이 정략적으로 이용된 후의 1970년대에는 평화 통일 문제에서의 진전이 전혀 있을 수 없었다." 강만길, 『21세기사의 서론을 어떻게 쓸 것인가』, 삼인, 1999, 164쪽.

국민회의'를 결성하고 '민주헌장'을 선포했다. 그리고 그는 자신에게 주어진 마지막 시간이었던, 같은 해 여름까지 야당과 재야인사를 결집시켜 유신체제에 대한 투쟁을 계획했다.

이처럼 유신체제로 이행한 박정희 정권이 그 파시즘적 속성을 가감 없이 보여주면서 "결국 그들이 내세운 민족주의도 파시즘의 하위 이데올로기로 전락하고 말았다."[31] 이에 파쇼독재 정권에 항거하여 싸웠던 장준하를 포함한 야당과 재야 지식인들이 펼친 당시의 민족주의는 우선 자유주의, 민주주의, 민족통일을 결합시킨 성격을 가지고 있었다. 이는 넓게 보자면 "자유주의, 민주주의, 문화주의에 기초한"[32] 김구의 자유주의적 민족주의론을 장준하가 다시 계승한 것으로 볼 수 있다. "지금은 통일보다도 통일운동의 자유를 쟁취해야 할 때"[33]라며 그는 통일을 위한 정치적 자유 확보의 필요성을 강조했기 때문이다.

미발표 초고인 「민족 통일전략의 현 단계」에서 장준하는 "자유를 위한 기본목표"로 첫째, "유신을 폐기하고 냉전논리에 입각한 모든 제도, 법률, 가치관, 문화질서를 청산"할 것을 주장했다. 둘째, "정권을 교체하여 일제잔재와 친일, 반민족, 외세의타적 세력집단을 해체하고 구조적 불균등사회를 장악한 과두적 지배계층과 그들의 부패, 도덕적 타락을 일소"해야 한다고 독려했다. 셋째, "인간적 삶, 항구적인 평화 그리고 민족통일운동의 뒷받침이 될 민주, 민족, 민족화해정권을 확립"할 것을 강조했다. 냉전 체제와 독재정권을 철폐하고 새로운 민족통합의 국가를 설립하는 것이 '자유와 통일을 위한 현 단계의 기본목표'라는 것이다. 이처럼 장준하의 마지막 민족주의적 사상은 민주정치의 회복을 통한 정치적 자유와 시민적 권리를 주장하면서도, 냉전적 분단체제에 갇혀 있는 한반도의 모순을 청산하기 위한 통일 지향의 민족주의를 함께

---

31) 박찬승, 『민족 · 민족주의』, 소화, 2010, 234쪽.
32) 위의 책, 214쪽.
33) 장준하, 「민족통일전략의 현단계」, 1973년 6월, 장준하기념사업회 홈페이지.

지향한다는 점에서 그의 사후 전개된 재야 및 지식인 민족주의의 두 흐름을 모두 포함하고 있었다.

> 우리는 이제까지 정치적 자유의 확보를 위해 싸웠다. 정치적 자유는 그 자체도 기본적인 것이지만 보다 큰 민족적 자유를 확보하기 위한 수단이기에 더욱 중요한 것이다. 오늘 민족적 자유가 현실적으로는 확대되고 있음을 인정 안 할 도리가 없다. 다만 그 과정, 그 방법에서 정치적 자유의 억압으로 민족적 참여가 실현되지 못했다. 하지만 이제 그 과정을 탓함에 그칠 것이 아니라 적어도 집권자에 의해 확대된 만큼의 민족적 자유를 민족전체가 향유할 정치적 자유가 확보되어야 함을 주장해야 할 것이다.[34]

그러면서도 장준하는 통일로 나아가는 과정은 정부나 국가의 독점적 활동이 아니라 어디까지나 민중 주도적 성격을 가져야 한다는 점을 강조했다. "통일은 처음부터 끝까지 민중의 일"이고, "통일은 감상적 갈망이기도 하지만 우리가 하루하루 사는 생활과 직결된 것"이며, "통일 없이는 가난, 부자유, 이 모든 현실적 고통은 결코 궁극적으로 해결되지 못"하기 때문이다. 그래서 장준하는 "통일문제는 민중 스스로가 관여하고 따지고 밀고 나가야 한다.[35]"고 주장한다. 또한 그는 통일을 향한 '민족적 열망', 즉 민중의 주체적 의지가 분단체제 극복의 가장 중요한 동력으로 작동하고 있음을 지적한다. 그런데 그 주장의 바탕에는 통일을 이념, 체제, 제도의 통합으로 보는 기존의 관점이 아니라, 통일 문제를 무엇보다 우리의 삶을 풍부하고 자유롭게 만들 기본 토양으로 수용하는 인식이 깔려 있다. 결국 민족의 이름으로 우리가 궁극적으로 지향할 통일은 '체제의 통합'이나 '이념의 통합'이 아니라, 서로 다른 조건과 환경에서 살아 온 민족의 구성원들이 하나의 새로운 공동체를 이루어

---

34) 장준하, 「민족주의자의 길」, 『민족주의자의 길-장준하문집 1』, 사상, 1985, 57쪽.
35) 위의 책, 57쪽.

평화롭게 공존하는 '사람의 통일'이라는 것이다. 민족통일론 및 민중주도의 평화통일론으로 발전할 수 있는 뼈대를 보여주는 이러한 단초적인 언급들은 그의 통일론이 시대를 앞서 선취하고 있던 지점들이라고 평가할 수 있다.

그럼에도 불구하고 장준하의 통일론은 오늘날의 시각에서 봤을 때 그 한계점도 분명하다. '통일'이라는 사건을 민족이 추구할 절대적 진리 · 도덕성 · 순수성과 연결시키는 시각은 통일을 최고의 가치로 내세우면서 그 당위성만을 강조하는 '통일지상주의'의 측면을 분명히 갖고 있기 때문이다. 한반도의 '민족통일'이라는 '지상명령' 속에 모든 가치가 매몰되고 흡수되어 버리면서 통일을 민족의 모든 적폐와 모순을 일거에 해소할 수 있는 것처럼 절대화시킬 수 있는 것이다. 또한 '모든' 통일이 좋다는 생각은 자칫 통일의 이름으로 다른 여러 가치를 억압하거나 악용될 수도 있다는 점에서 통일 맹목화의 위험성도 갖고 있다.

더불어 통일을 민족의 차이를 통합해가는 점진적 과정으로 이해하는 것이 아니라, 단일 민족국가 수립이라는 결과적 사건으로서만 이해한다는 점에서도 그의 통일담론은 시대적 한계를 드러낸다. 너무나도 다른 제도와 환경 속에서 살아온 오늘날의 남북 주민들에게 진정한 통일은 단지 '일회적 사건'으로서는 가능하지 않고, 사람들 사이에 높게 쌓인 '마음의 장벽'을 장기적으로 허물어가는 '지속적인 과정'[36]으로 보는 것이 타당하기 때문이다. 또한 통일을 향해 "민족이 동질성을 함양하는 문화구조가 세워져야 한다"는 언명에서 보듯이 통일을 민족의 문화적 '동질성' 회복으로 간주하는 입장도 비판받을 수 있다. 서로 다른 체제에서 오랜 동안 달라진 사람들의 의식 · 정서 · 문화에서 원형적인 동질성을 추출해내어 통합을 이루는 전략은 일단 가능하지도 않을뿐더러, 과거 회귀적이어서 민족사의 미래적 · 창조적 기획인 통일 논의에 부적합하

---

36) 송두율, 『민족은 사라지지 않는다』, 한겨레신문사, 2000, 189쪽 참조.

며, 자칫 '동일성의 원리'에 둔 폭력적 구조를 구축할 수도 있기 때문이다. 그래서 "우리가 만들어가야 할 새로운 통일 국가, 새로운 민족공동체는 단순히 분단 이전의 상황을 의미하지 않"37)는다. 이런 점에서 21세기 분단 극복의 과제는 민족 내부의 '차이들'을 어떻게 이해하는가에서 출발할 수밖에 없으며, 결국 그 차이들이 이질적인 것으로서 배제되지 않고 공존할 수 있는 문화공동체를 어떻게 만드느냐의 문제로 모아질 것이기 때문이다.

한편 장준하의 '통일지상주의'적 관점은 1980년대에 '선 민주, 후 통일'이나 '선 통일, 후 민주'냐 의 논쟁을 불러일으키기도 했는데, 장준하의 뜻을 이어 받은 문익환은 그에 대해 간명하게 대답했다.

"그때 나의 관심은 남과 북으로 갈라진 '국토'가 아니라 '민족'이었다. 그 후로 민주냐 통일이냐 하는 문제가 제기되었을 때 이 둘을 하나로 묶어준 것이 바로 '민족'이라는 개념이었다. 남과 북으로 갈라진 국토는 무력으로도 하나가 될 수 있지만, 주종 관계로 갈라진 겨레를 하나로 묶는 길은 '민주'의 길밖에 없다는 것은 재론의 여지가 없기 때문이다."38)

결국 장준하의 사상적 기틀 중 하나인 민족주의의 정체성 변천은 전후 한국 민족주의의 분화 및 주체화39)의 역사와 그 궤를 같이 하고 있다. 반공주의와 결합된 체제 중심의 '분단형 민족주의'에서 민주화라는 정치적 과제와 통일이라는 민족적 과제가 결합된 인간 중심의 '공존형 민족주의'로 전향적인 확장을 경험한 것이다. 그래서 이 시기 그가

---

37) 건국대학교 통일인문학연구단, 『통일인문학-인문학으로 분단의 장벽을 넘다』, 알렙, 2015, 226쪽.
38) 김형수, 『문익환 평전』, 실천문학사, 2004, 428쪽(김종철, 『장준하는 누구인가』, 여민미디어, 2012. 177쪽에서 재인용).
39) "무릇 민족주의가 민족사회의 역사적 현실에 부응해서 주어진 민족국가를 일차적인 준거집단으로 신봉하는 정치적 이념이라 한다면, 한국민족주의는 민족의 독립유지와 민족의 통일과업 완수라는 양면성을 민족문화의 전통이라는 바탕 위에 설정하여 민족이익을 추구하는 방향으로 전개되고 있다 하겠다." 유광진, 『한국의 민족주의와 통일』, 범학사, 2001, 63쪽.

표방했던 '민족주의자의 길'은 '자유민주주의적 법치체제의 확립을 통한 현대적 독립국가의 전망'과 '분단체제의 소모적 대립을 극복을 통한 자주적 민족국가의 전망'이라는 두 전략적 목표가 화학적 결합을 이루었음을 보여준다. 민족사의 전진 속에서 발현되는 '민주·자유·자주'라는 가치의 추구는 결국 '분단체제의 극복'과 긴밀하게 연관되어 있다는 점을 발견한 것이다. 이런 점에서 보자면, 그의 최후 통일논의는 국민의 자유로운 삶의 문제, 민주주의 정치, 정의의 실현과는 민족통일의 기반 위에서 현실적으로 가능하다는 입장에서 통일의 당위성에 대한 강한 확신으로 이어졌다.

5. 나오며: 통일론에서 합류한 장준하의 두 가치 지향

일견 7·4남북공동성명 이후에야 장준하의 통일론은 전향적 자세를 가지게 된 것으로 보이기도 하지만, 그것은 그가 줄곧 견지했던 '민족주의적 정체성'의 확산과 더불어 그의 내면 속에서 시나브로 성장한 것으로 보는 것이 온당할 것이다. 물론 그 민족주의의 단계적 문제의식은 '이승만의 독재와 자유당 세력의 부정부패, 4.19혁명, 한일협정, 5.16쿠데타, 3선개헌, 7.4남북공동성명, 10월유신' 등 한국현대사의 급변하는 억압적 정치구조에 예민하게 반응했던 그의 저항적 실천성에서 기인했다. 또한 장준하의 그러한 활동의 촉매제이자 추동력이 된 『사상계』는 시대 변화에 밀착하여 발전했던 전후 한국의 민족주의적 지성의 일면을 보여준다. 그는 언론활동을 활발하게 전개하며 정치적 발언의 중요성과 그 영향력에 눈을 떴으며, 『사상계』에 가해지는 탄압의 수위가 점차 높아지면서 그의 활동 방향도 분명해지고 투쟁도 강고해졌던 것이다. 물론 그만의 '통일론'이라고 불러도 될 만한 입장은 의문사를 당하기

3년여 전인 1972년 가을에야 온다. 분단체제의 구조적·통치적 모순을 단번에 뒤흔들어버릴 것 같은 민족통합에 대한 전망이 무참히 좌절된 이후, 장준하에게 '분단 극복의 과제'는 '정치적 자유의 실현'과 더불어 자신이 신봉하는 민족주의의 중핵을 이루게 되는 것이다. 결국 장준하는 이러한 사상적 변천을 거치며, 분단체제를 용인하는 재야 우파의 민족주의적 경향에서 분단체제의 파기와 민주주의의 실현을 동시에 열망하는 민중 주도적 민족주의로 나아가는 것이다.

다시 정리하자면, 1960년대까지 친미반공주의의 냉전적 사유를 벗어나지 못했던 장준하의 사상적 지평에서 우파 자유주의 신념과 국가적 민족주의 성향은 엉거주춤하게 양립했고, 이것 때문에 그는 일관적이지 않은 정치 판단 기준을 보여주었다. 이처럼 그에게서 화학적으로 결합하지 못했던 민족주의와 자유주의의 가치 지향은 1970년대에 들어, 그에게 민족사의 '최고선'으로 다가온 남북통일의 전망 안에서 비로소 공존하며 만개했던 것이다. 먼 길을 돌아 만나게 된 이 두 이념적 지향은 냉철하면서도 감성적이었던 광복군 출신의 그가 해방 후 극심한 좌우대립의 시기에 이른바 '족청' 계열로 불리는 우파조직에서 국내 활동을 시작하면서 겪을 수밖에 없었던 일종의 역사적·사상적 '업보'이기도 했다. 또한 이것은 한국에서 오래 지속된 반공 독재정권의 통치 기간동안 어떤 상대적 스펙트럼을 막론하고든 제거되어 버린 좌익계·혁신계의 부재 상황[40]에서, 자생적 민족적·민주적 우파가 정권 타도 투쟁과 내면적 번뇌를 거쳐 도착한 사상의 '종착점'이기도 했다. 이제 장준하는 분단 극복이라는 과제를 실현시킬 현실적 힘이 약화된 상황에서 민족

---

40) 1958년 진보당의 조봉암 사형과 1961년 『민족일보』의 조용수 사형이라는 사건이 보여주듯이 평화통일 세력은 정권의 권력 강화를 위한 재물로 활용되었다. "'해방 공간'을 통해 성립되었던 통일 민족 국가 수립 운동 세력이 이승만 정권 성립과 6·25 과정을 통해 철저히 분쇄된 것과 같이, '4·19 공간'을 통해 형성된 평화 통일 세력이 다시 박정희 정권 성립 과정을 통해 큰 타격"을 받았기 때문이었다. 강만길, 『21세기사의 서론을 어떻게 쓸 것인가』, 삼인, 1999, 161쪽.

문제를 위한 투쟁적 헌신성을 강조한다.

민족주의자가 가야할 길은 무엇인가? 한 인간이 민족적 양심에 따라 자기의 생애를 살아가는 길은 무엇인가? 그것은 자기의 개인적인 삶, 고달픔과 보람을 민족의 그것과 함께 하는 것이리라. 민족적인 삶이 헐벗고 굶주리고 억압받고 있을 때 민족적인 양심에 살려는 사람의 눈물과 노력은 모두 이런 민족적인 간난을 극복하려는 데 바쳐진다. 하물며 민족이 민족으로서의 존재조차 없어지려 할 어두운 시절에는, 민족이 외세의 침략에 눌리어 그 마지막 숨통이 끊어지려는 암울한 시절에는, 민족주의자는 자기의 생명조차 민족적인 삶을 되찾는 싸움 속에서 불태우지 않을 수 없다.[41] (중략)

통일에의 길은 아직도 멀고 험난하다. 그렇지만 그 길은 기필코 우리가 가야 할 길이다. 우리 한 사람, 몇 사람의 재산과 지위와 명예가 희생되어서라도 가야할 길이다. 그리고 이것은 이기고 지는 싸움이 아니다. 이 희생과 설사 있을지 모르는, 지는 것이야말로 보다 영광스러운 이김이다.

백범 김구 선생이 민족통일의 혈로를 뚫기 위해 몸을 던질 때, 이제 내가 가는 길은 뒷사람의 이정표가 될 것이라고 말했던 그 길을 이제야 우리는 다시 가야 한다. 지금 우리가 가는 길도 다시 뒷사람의 이정표가 될 것이다. 이 길이 민족적 양심에 살려는 사람이 가는 길이기 때문이다.

1975년 8월 17일 경기도 포천군 이동면 도평3리 약사봉 등산 중에 장준하는 시신으로 발견되었지만, 오늘날까지도 그의 죽음은 여전히 의문 속에 잠겨 있다. 지난 2012년 8월 타살 흔적이 뚜렷한 그의 두개골이 세상에 나왔지만 대선 정국을 지나며 관심은 다시 흩어졌다. 당시 여당의 대선 후보는 "진상조사위원회에서 현장 목격자 등을 통해 조사가 쭉 이뤄지지 않았느냐"[42]라는 말을 남긴 채, 아버지의 뒤를 이어

41) 장준하, 「민족주의자의 길」, 『민족주의자의 길-장준하문집 1』, 사상, 1985, 53쪽~57쪽.
42) 신승근 · 김보협, 「박근혜 "의문사위서 조사하지 않았느냐" 장준하 타살의혹 첫 언급」,

대통령의 자리에 올랐다.

장준하가 보여 준 삶의 궤적은 한국현대사를 관통하며 박정희와 처음부터 대조를 이룬다. 주지하다시피 만주 군관학교와 일본 육군사관학교를 졸업하고 관동군으로 복무하며 일제에 충성을 다짐했던 박정희와 달리, 장준하는 일본군 학도병으로 징집되었지만 탈출 후 광복군에 합류하여 국내 진공작전을 준비하던 중 해방을 맞이했다. 그는 비타협적 기질과 과감한 추진력을 가지고 있었고 "직관과 파토스가 불의에 대하여 참지 못하는 예언자적 항거와 결합된 격정적인 의인"[43]이라는 평가를 받기도 한다. 광복군 시절부터 동지이자『사상계』를 함께 만들었던 김준엽은 장준하가 "철저한 자유민주주의자였고, 철저한 민족주의자였고, 철저한 기독교적 순교자 정신을 가졌었다"[44]고 회고했다. '광복 70년, 분단 70년'을 맞이하는 오늘날 분단된 우리 민족 앞엔 앞서 비교한 두 인물처럼 여전히 두 갈래의 큰 길이 있다. 외부의 강한 힘에 대해서는 기회주의적으로 처신하고 내부에서는 기만적이고 강압적으로 통치했으며 분단체제를 이용하여 권력을 강화했던 '독재자의 길'과, 참된 민주주의를 실현하는 문제와 민족적 모순인 분단체제를 극복하는 과제가 서로 떨어져 있지 않음을 확신하며 큰 시야를 갖고 묵묵히 걸어 나아갔던 '지사의 길'이 그것이다.

장준하의 극적인 삶과 사상적 변화는 그 자체를 읽어가는 것만으로도 부당한 통치 권력과 분단의 상처가 굴절되고 착종되어 온 한국현대사의 오욕을 반추하게 만든다. 오늘날 요동치는 주변 강대국들의 이해관계 속에서 기존의 한반도 분단체제를 더욱 공고하게 만들어 '통일'을 단지 내부통치 수단으로 이용하려는 무리에 대해 장준하가 남긴 격정적인

『한겨레』, 2012년 8월 18일 6면.

43) 서중석,「분단체제 타파에 몸던진 장준하: 여운형 서거 50주년-남북을 함께 고민한 사람들」,『역사비평』 38호, 1997, 63쪽.

44) 장준하선생추모문집간행위원회 편,『민족혼 · 민주혼 · 자유혼-장준하의 생애와 사상』, 나남출판, 1995, 78쪽.

글은 말하고 있다. 남북 분단이 지속되는 한 진정한 민족적 번영은 불가능하며 그 민족사적 과제에 대한 외면이나 책임의 망각은 우리에게 어떤 미래도 확답할 수 없게 만들 것이라고 말이다. 그의 통일론이 전향적으로 전개된 기간은 불과 3년 남짓밖에 안 되었지만, 그 통일에 대한 절절한 열망은 이후 재야 세력 및 학생 주도의 수많은 통일운동으로 승계되어 남북관계의 실질적 진전에 영감을 제공하는 초석이 되었다. 그의 말처럼 언제나 통일 문제에서 중요한 동력은 '민중 스스로'가 참여하여 따져 물으며 밀고 나가려는 의지이다. 2000년의 6·15남북정상회담에서도 우리는 그 미래적 가능성과 역사성 속에서 통일운동의 선각자들이 남긴 유산을 발견할 수 있다. 그것은 "결코 아닌 밤에 홍두깨 격이 아니고 백범 김구에서부터 조봉암, 장준하, 문익환, 문규현과 임수경을 비롯한 수많은 통일일꾼들의 반세기에 걸친 투쟁의 집적물(集積物)이고 김대통령의 각고가 응축된 장기적 결과물"[45]인 것이다. 따라서 오늘날 보다 통합적이며 인간 중심적인 통일담론을 발전시켜 나가기 위해 실질적 민주화의 과제와 분단극복의 과제를 결합시킨 장준하의 통일론이 남긴 그 의의를 수용하고 동시에 그 관점의 한계를 채워가는 일은 우리에게 여전히 중요하게 다가온다. 분단체제의 평화적·자주적·민주적 극복은 여전히 한반도에서 살아가는 사람이 숙명적으로 감당해야 할 사유와 실천의 과제이기 때문이다.

---

45) 강정구, 『민족의 생명권과 통일』, 당대, 2002, 461쪽.

❖ 참고문헌

강만길, 『21세기사의 서론을 어떻게 쓸 것인가』, 삼인, 1999.

강정구, 『민족의 생명권과 통일』, 당대, 2002.

건국대학교 통일인문학연구단, 『통일인문학-인문학으로 분단의 장벽을 넘다』, 알렙, 2015,

고상만, 『장준하, 묻지 못한 진실』, 돌베개, 2012.

김대영, 「장준하의 정치평론 연구(1): 장준하의 정치평론에 나타난 민족주의」, 『한국정치연구』 11집 2호, 한국정치연구소, 2002.

김삼웅, 『장준하 평전』, 시대의 창, 2009.

김종철, 『장준하는 누구인가』, 여민미디어, 2012.

김행선, 『6.25 전쟁과 한국사회 문화변동』, 선인, 2009.

박경수, 『장준하-민족주의자의 길』, 돌베개, 2003.

박찬승, 『민족 · 민족주의』, 소화, 2010.

백낙청, 『분단체제 변혁의 공부길』, 창작과비평사, 1994.

사상계편집부, 『사상계(영인본)』, 사상, 1983.

서중석, 「분단체제 타파에 몸던진 장준하: 여운형 서거 50주년-남북을 함께 고민한 사람들」, 『역사비평』 38호, 역사비평사, 1997.

서중석, 『한국현대민족운동연구 1: 해방후 민족국가 건설운동과 통일전선』, 역사비평사, 1992.

송두율, 『민족은 사라지지 않는다』, 한겨레신문사, 2000.

유광진, 『한국의 민족주의와 통일』, 범학사, 2001.

이유나, 「문익환의 통일론의 형성과 성격」, 『한국기독교와 역사』 27호, 한국기독교역사연구소, 2007.

장문석, 『민족주의』, 책세상, 2011.

장준하, 『돌베개-장준하전집 1』, 세계사, 1992.

장준하, 『민족주의자의 길』, 세계사, 1992.

장준하, 『사상계지 수난사-장준하 문집 3』, 사상, 1985.

장준하기념사업회, 『아, 장준하 구국장정 6천리-10차 장정 완수 기념 백서』, 장준하기념사업회, 2004.

장준하선생추모문집간행위원회 편, 『민족혼 · 민주혼 · 자유혼-장준하의 생애와 사상』, 나남출판, 1995.

정경모,『찢겨진 산하-김구 · 여운형 · 장준하가 말하는 한국 현대사』, 한겨레신
    문사, 2002.
『한겨레신문』
www.peacewave.or.kr (장준하기념사업회 홈페이지)

문익환, 통일운동과 통일사상

······

이승환

시민평화포럼 공동대표

문익환, 통일운동과 통일사상

이승환(시민평화포럼 공동대표)

늦봄 문익환

1994년 늦봄 문익환이 서거한 이후 많은 세월이 흘렀다. 그 적지 않은 세월에도 불구하고 아직도 많은 사람들이 그를 강렬히 기억하는 것은, 살면서 그가 민주화운동과 통일운동의 온갖 구석구석마다 남긴 피할 수 없는 발자취들 때문일 것이다. 그러나 문익환의 공생활은 그가 역사의 간난신고 속에 발을 내디딘 1976년 3·1구국선언에서부터 1994년 1월 18일, 법적으로는 여전히 가석방인 상태로 마석공원에 묻힐 때까지 18년이 채 되지 않는다. 그나마 그 18년의 세월 동안 그는 여섯 차례, 햇수로 12년을 감옥에서 생활해야 했다. 그는 결국 약 8년, 달수로는 102개월, 날수로는 3,102일만을 감옥이 아닌 바깥세상에서 활동했던 것이고, 겨우 100여 달의 길지 않은 시간 동안 사람들 마음속에 잊을 수 없는 기억을 새겨놓았던 것이다.

여섯 차례에 걸친 투옥과 민주통일민중운동연합 의장(1985), 전국민족민주운동연합 상임고문(1989), 조국통일범민족연합 남측본부(준) 위원장(1991), 미국 친우봉사회에 의한 노벨평화상 후보 추천(1992년), '통일맞이칠천만겨레모임' 운동 제창(1993년) 등 셀 수 없이 많은 민주·

통일운동 이력도 이력이지만, 사람들 마음속의 문익환을 더욱 그리워하게 만드는 것은 그 누구도 넘볼 수 없었던 그의 사람됨의 향기였다. 해맑은 순수함과 한결같은 열정, 그리고 결코 좌절하지 않는 치열함을 함께 갖춘 그의 풍모는 그와 접한 모든 사람들에게 깊은 인상을 남겼다. 그는 살아있는 동안 언제나 노동자, 농민, 철거민, 학생 등 민중의 삶 속에 들어가 그들과 함께 싸우고 함께 눈물 흘렸다. 그는 권력과 돈을 가진 그 누구보다 강자였고, 그래서 광오하게도 "사랑은 남아도는 젖처럼 넘치는 생명을 가진 강자에게만 있는 것입니다"라고 포효할 수 있었다. 그는 그가 가진 "생명과 사랑 그 자체만을 사용해서 우리가 끝없이 (…) 돌진하고자 하는 부와 명예, 기타 성취의 영광들을 모두 합해서도 얻을 수 없는 것을 얻어버린"[1] 우리 시대 최고의 강자였다.

기독교 반공지식인에서 민주통일운동가로

공생활에 들어서기 이전의 문익환은 전형적인 반공 기독교지식인이었다.[2] 그런 그가 '김일성과 포옹한' 이남의 대표적 통일운동가로서 삶을 마치리라고는 아마 그 누구도 상상할 수 없었을 것이다.

그는 1918년 북간도 명동에서 문재린과 김신묵의 장남으로 태어나 모태신앙으로서의 기독교와 함께 북간도의 저항적 민족주의의 영향을 동시에 받으며 성장하였고, 성장과정에서 겪은 공산주의로부터의 박해 경험은 그의 청년기 반공주의의 토대가 되었다. 이런 배경 속에서 문익환은 해방정국에서 기독교 반공지하조직인 '임마누엘단'에[3] 참가하였

---

1) 김형수, 『문익환 평전』, 실천문학사, 2004(이하 『평전』으로 약칭), 798쪽.
2) 문익환의 집안은 1920년대 말 중국공산당의 테러를 피해 용정으로 이주하였고, 해방 직후에는 두 차례에 걸친 소련공산당의 박해를 받고 결국 1946년 서울로 이주하게 된다.
3) 임마누엘단은 전택부, 문익환, 문동환, 장하구, 지동식 등이 참가하였으며, 주로 기독교신앙에 기반한 반공 선전활동과 미군철수 반대 활동 등을 전개하였다.

고, 한국전쟁 개시 후에는 유엔군에 자원입대하여 정전협정이 진행되는 기간 동안 유엔군 통역사 역할 등을 수행하였다.

문익환을 한국 민주화운동의 회오리 속에 발을 내딛게 하고 기꺼이 고난의 길을 걷게 한 것은 아이러니하게도 그를 반공주의로 이끌었던 바로 그 기독교사상이었다. 문익환은 1955년 유학을 마치고 귀국한 후 신학연구와 함께 신구약 공동번역작업에 힘을 쏟았는데, 이 과정에서 그는 전후 한국 기독교의 혼란과 분열에 매우 비판적 입장을 가지게 되었고 구약의 예언자사상을 깊이 수용하게 되었다. 문익환은 예언자들이 역사의 해석가가 아니라 '역사를 지어가는 이들(makers of history)'이라고 생각했고, 그 스스로 예언자적 통찰력과 용기를 이어받으려 하였다.

당시 문익환은 이렇게 설교하고 있다. "민족의 문제를 하느님을 통해서 바라보는 예언자적 통찰력이 있어야 하고, 이것이 하느님의 뜻이라고 깨달았으면 주저 없이 외칠 수 있는 예언자적인 용기를 우리는 받아야 하겠습니다."[4]

예언자사상은 이후 문익환으로 하여금 그 어떤 두려움도 없이 역사와 맞부딪쳐갈 수 있게 해준 생명수가 되었다. 1989년 평양을 방문하여 봉수교회에서 부활절 예배를 볼 때 그는 이렇게 설교하였다. "민족통일은 우리 그리스도인에게 있어서 정치적인 일만이 아닙니다. 우리 그리스도인이 하는 통일운동은 부활신앙을 역사 속에서 사는 일입니다."[5]

한국교회 현실에 대한 비판적 인식과 예언자사상이라는 진보적 기독교관이 문익환을 민주화운동으로 이끈 사상적 토대가 되었다면, 그를 역사적 실천의 장으로 뛰어들게 만든 직접적 계기는 바로 장준하의 의문의 죽음이었다.

"1975년 8월 17일 장준하의 목소리는 깊은 산골짜기에서 영원히 다시

4) 문익환, 문익환전집간행위원회 편, 「예언자와 국가」, 『문익환전집 제12권』, 도서출판 사계절, 1999, 257쪽.
5) 문익환, 「상고이유서」, 『문익환전집 제5권』, 129쪽. 이하 「상고이유서」로 약칭.

들을 수 없이 잠들고 맙니다. 저는 그의 시신을 땅속에 내리면서 제가 백범·장준하의 목소리가 되기로 결심하게 됩니다. 그리하여 내게 된 그의 첫 목소리가 1976년 3월 1일 이우정 선생의 떨리는 목소리로 낭독된 「3·1민주구국선언」이었습니다."[6]

그는 장준하를 유신체제 하의 백범 김구로 생각하였고, 통일운동의 자유를 외치는 장준하의 목소리가 곧 '민'의 목소리라고 생각하였다. 그래서 "김구 선생이 가셨던 길, 뜻을 이루지 못하고 분루를 삼키면서 되돌아오셨던 길, 그 길을 누군가 가야 하는데",[7] 그 길을 가야할 장준하가 독재권력의 박해로 죽게 되자 그 자신이 결국 장준하의 뒤를 잇기로 결심하였던 것이다.

처음에는 민족주의자이자 반공주의자였지만, 생의 후반에 들어서 통일운동가로 변화했다는 점에서 장준하와 문익환은 매우 닮은꼴이었다. 문익환은 그 닮은꼴 장준하로부터 '통일은 처음부터 끝까지 민중의 일이다'라는 민중통일론을 이어받았다. 또 '통일운동이란 민주 통일과 인권운동을 중심으로 하는 민주화 운동의 일환'이라는 장준하의 주장은 문익환에 와서는 '민주가 통일이요, 통일이 민주다'라는 '민주·통일 일원론'으로 나타났다. "시간적으로는 분명히 선민주이지만 내용적으로, 또한 실질적으로 둘은 하나다"라는 게 문익환의 입장이었다.[8] 그리고 무엇보다도 장준하와 문익환은 '위대한 희생을 거름으로 민족통일은 이루어지고 통일조국이 새롭게 자란다'는 통일을 향한 순교자적 희생정신을 함께 공유하고 있었다.

---

6) 「상고이유서」, 91쪽.
7) 「상고이유서」, 92쪽.
8) 문익환, 「민주회복과 민족통일」, 『문익환전집 제3권』, 20쪽. 문익환은 1960년대 말 통혁당 사건과 1970년대 초의 인혁당, 민청학련 사건 등을 거치면서 재야민주화운동에서 '선통일'이냐 '선민주'냐 하는 논란이 발생하자 이에 대한 자신의 입장을 정리하게 되는데, 그것이 바로 '민주·통일 일원론'이었다.

'민(民) 주도' 통일사상과 늦봄의 방북[9]

이 땅에서 오늘 역사를 산다는 건 말이야/ 온몸으로 분단을 거부하는 일이라고/ 휴전선은 없다고 소리치는 일이라고/ 서울역이나 부산, 광주 역에 가서/ 평양가는 기차표를 내놓으라고 주장하는 일이라고(문익환, '잠꼬대 아닌 잠꼬대', 1989)

이 시는 늦봄 문익환이 1989년 새해 첫 새벽에 쓴 것이었다. "난 올해 안으로 평양으로 갈 거야/ 기어이 가고 말거야 이건/ 잠꼬대가 아니라고" 썼던 시구 그대로 그는 1989년 3월 25일 정경모, 유원호와 함께 분단의 장벽을 넘어 평양을 방문하였다.

늦봄의 평양 방문은 늦봄 개인사로서도 매우 중요한 의미를 지니지만, 한국 통일운동사에서도 한 시대를 마감하고 새로운 시대를 여는 역사적 사건이었다. 그의 방북은 사회주의 세계체제의 해체와 탈냉전이라는 세계사적 변환기와 한반도와 동아시아의 질서 재편이 교차되는 절묘한 시점에서 이루어진 것이었고, 그의 방북 이후 한국의 통일운동은 사실상 '냉전 하의 통일운동' 시대를 마감하고 비로소 '탈냉전'을 자신의 과제로 맞이하게 되었다.

늦봄이 방북하자, 당시 정권과 대부분의 언론은 그를 '색깔이 의심스러운 위험한 인물'이라거나, 혹은 '소영웅주의적, 감상적 통일주의자' 등의 이미지를 부각시키는데 주력했다. '통일창구 깬 무분별한 행동' '독단적 경거망동, 명성 일거에 먹칠' 등이 당시 신문 1면의 타이틀들이었다. 노태우 정부는 문익환의 방북을 '우리 정부의 협상력을 파탄시키고 북한의 대남통전 논리에 놀아난 것'이라면서 실정법 위반을 명분으로 그를 구속하고 새로운 공안정국을 일으켜 대중운동과 통일운동을 탄압

---

9) 이 절 이후의 내용은 필자가 쓴 "문익환, 김일성 주석을 설득하다"(창작과 비평, 통권143호, 2009년 봄)의 내용을 일부 수정 보완한 것이다.

하는 빌미로 삼았다. 그로 인해 심지어는 운동 진영 일부에서조차 '조급한 통일편향주의' '대중운동을 무시한 행세주의'라는 비판이 있기도 하였다.

당시 언론과 정권이 만들어낸 문익환에 대한 이미지는 여전히 살아있어서 지금까지도 많은 사람들의 인식을 지배하고 있는 것이 사실이다. 그래서 늦봄의 방북을 이해하기 위해서 먼저 그의 통일관을 살펴볼 필요가 있다. 그의 통일관은 그가 왜 방북했는지를 이해하는 기본배경이 된다.

문익환의 통일관은 '3·1민주구국선언'으로 역사의 한복판에 뛰어든 이후 몇 차례 변화를 보이는데, 당시의 다른 모든 사람들이 그랬듯이 그 역시 1980년 광주민중항쟁과 1987년 6월항쟁을 거치면서 통일관에서 큰 변화를 나타내게 된다.

3·1구국선언에 언급된 문익환의 통일관은 매우 소박한 것이었다. 그것은 '통일은 민족적 과업'이라는 당위론에 '민족통일에서 남북 정치가의 역할 중시'라든가 '통일은 승공을 전제로 한 민주역량 강화로'라는 논리가 첨부된 단순한 것이었다. 그런데 이러한 그의 소박한 통일관은 1980년대 격동의 한국현대사 한복판을 관통해가면서 전면적으로 변화하게 된다.

1989년 방북 당시 그의 통일관은 '민주화와 통일은 하나다' '통일은 민족해방의 완성이고 민족자주의 성취이다' '통일의 주인은 민(民)이다'라는 세 마디로 요약된다.[10] 문익환의 이 세 명제는 각각 별개의 것이라기보다 서로 연결된 하나의 논리였고, 이는 반공의 그림자가 짙게 드리운 그의 초기 통일당위론과 비교하면 거의 환골탈태에 가까운 것이었다.

---

10) 일반적으로 문익환 통일론을 이야기하면 흔히 문익환식 3단계 연방제론이나 중립화통일론 등을 언급하지만, 사실 그는 이론가라기보다는 통찰력과 실천으로 이론을 돌파하는 사람이 었기 때문에 3단계통일론 같은 이론보다 훨씬 힘이 있는 것이 바로 그의 이러한 통찰력 있는 통일관이었다.

그는 통일은 민족사의 정통성 회복운동이고 그것은 곧 '민족해방운동의 완성이고, 민족자주의 성취'라고 보고, 그런 의미를 그는 '통일은 민족의 부활'이라고 표현하였다. 그리고 민족의 부활은 민중의 자각과 해방을 향한 노력, 즉 '민중의 부활' 없이 불가능하다고 보았다. "통일은 부활한 한겨레입니다. 그러나 민중의 부활이 없는 겨레의 부활은 없습니다. 민주 없이는 통일이 없다는 말입니다. 민주가 민중의 부활이기 때문입니다."[11] 이어서 그는 "통일이 우리가 실현해야 할 구체적인 민주 과업이라면, 그것을 이루어 가는 절차도 민주적이어야 합니다. (…)이것은 통일도 다른 모든 일과 같이 민 주도로 이루어져야 한다는 말입니다"라고 말하고 있다.[12]

즉 그의 결론은 '통일은 곧 민주'이고 '민주는 민 주도'이므로 '통일 역시 민 주도'라는 것이었다. 그는 '민 주도'의 의미를 이렇게 설명한다. "이것은 결코 관을 밀어내자는 말이 아닙니다. 관은 어디까지나 민의 뜻을 받아 민과 함께 민을 앞세우고 민에 밀리면서 통일의 문을 향해서 걸어 나가야 한다는 말입니다. 민을 배제하고 관이 독점한 관 주도 하의 통일운동이 불통일운동이었다는 것을 지난 45년 민족사가 증명하고 있는 것이 아니겠습니까?"[13] 이렇듯 그의 '민 주도' 사상은 '관 주도'와 대비되는 것임에도 불구하고, '협치(協治)'의 의미를 넘어서는 과도한 해석에 대한 경계를 동시에 포함하고 있다.

이러한 문익환의 통일관에 비추어볼 때, 그의 방북은 '소영웅주의'나

---

11) 「상고이유서」, 234쪽.
12) 「상고이유서」, 236쪽. 한 인터뷰에서 문익환은 이렇게 말하고 있다. "정부는 통일을 독점하겠다고 주장하면서 창구단일화를 주장하고 있는데, 다른 것은 다 민이 주가 되어 민주주의 하여도 좋다고 하면서 통일만은 관이 주도하겠다고 하거든요. 세상에 그런 법이 어디 있어요. 가장 중요한 문제에 대해 민을 배제하면서 관이 주도하겠다고 하고 있어요. 사실 저들은 관 주도, 관 주도 하면서 45년 동안 무엇을 했습니까? 통일을 가로막는 일 이외에 한 일이 없잖아요." 「민주화가 통일이고 통일이 민주화」, 〈평민연회보〉 제 10호(1990. 12. 20), 『전집 제5권』, 422쪽.
13) 「상고이유서」, 236쪽.

'행세주의'가 아니라 '통일논의의 정치사회 독점'을 무너뜨리기 위한 실천적 결단이었고, '민의 통일운동'의 자유를 쟁취하기 위한 '몸을 내던진' 투쟁의 일환이었다. 즉 그의 방북은 통일논의가 정치사회의 전유물일 수 없다는 '민의 독립선언'이었던 것이다.

이러한 문익환의 '민 주도 통일사상'이 방북이라는 구체적 결단으로 이어진 계기는 '분신정국'으로까지 불렸던 당시 수많은 젊은이들의 분신, 투신이었다. 그는 분단, 반공의 깜깜한 절벽 앞에서 몸을 내던지는 젊은이들을 보며, 이 죽음의 행렬을 멈추기 위해 자신이 목숨을 내걸고 방북해야 한다고 생각했다.

그는 또한 자신이 '민'의 대표(정확히는 '전민련'의 대표)이기 때문에 지난 40년간 허송세월만 한 당국자들 간의 대화보다 훨씬 더 많은 성과를 낼 수 있다고 생각했다. "두 당국자들이 만나면 쌍방이 각자의 권익을 유지하고 수호해야 한다는 입장 때문에 줄다리기를 하지 않을 수 없습니다. 남과 북의 집권층은 이 줄다리기를 하다가 40년 세월을 흘려보낸 것이 아닙니까? 적어도 저는 그런 줄다리기를 할 필요가 없었습니다. 김 주석도 저와는 줄다리기를 할 필요가 없었던 것 아닙니까?"[14] 그래서 자신이 앞장서서 남북관계의 새로운 돌파구를 열게 되면 "젊은이들이 죽지 않고 살아서" 민주와 통일을 쟁취해나갈 것이라고 믿었다. 그리고 역사는 그의 믿음대로 전개되었다.

"내가 방북하고 수경이가 방북하면서 분단의 벽이 무너지기 시작하니까 젊은이들이 죽을 필요가 없어진 거예요. 만약 갔다 오지 않았으면 1년 반 동안 얼마나 많은 학생이 죽었을지 모르는 일이예요. 그런 의미에서 '조금 더 기다리다 갔다 왔어야지'라는 지적은 전혀 당치 않은 논리입니다."[15]

---

14) 「상고이유서」, 180쪽.
15) 문익환, 「민주화가 통일이고 통일이 민주화」(인터뷰), 〈평민연회보〉 제10호(1990. 12. 20), 『전집 제5권』, 419쪽.

또한 늦봄은 '통일은 하나가 되어 더욱 커지는 것이고, 커지기 위해서는 사소한 생각의 차이, 제도의 차이, 편견과 고정관념에서 벗어나야 한다'고 생각했고, 이를 위해 남쪽에서 투쟁했듯이 북쪽에 가서도 이 점을 분명히 확인해야 한다고 생각하였다.

평양에 도착했을 때 늦봄은 이렇게 말했다. "나는 이번에 말로 하는 대화가 아니라 가슴과 눈으로 하는 대화를 하러 왔습니다. 어느 한편을 이롭게 하고 한편을 불리하게 하러온 것이 아닙니다. 모두에게 이로운 말이 무엇이겠느냐는 걸 찾아왔습니다. 한편이 이기고 한편이 지는 일이 아니라 우리 모두가 승리자가 되는 길을 찾아왔습니다."[16]

그는 이 말의 의미를 남쪽의 정부와 국민의 마음을 전달해서 남쪽에 대한 북쪽의 신뢰를 이끌어내고, 북쪽의 진의를 알아 남쪽에 전달함으로써 북에 대한 남쪽의 신뢰를 회복시키려는 것이라고 설명하였다. 이런 방북의 취지를 살리기 위해 그는 방북 기간 내내 '남북이 소아와 고집을 버리고 대승적인 입장에서 단합'할 것을 특히 강조하였다. 문익환 스스로 말하듯이 북에 가서 이 말을 하는 것은 결국 '북쪽이 양보하라는 것'이었다.[17]

문익환, 김일성을 설득하다

늦봄은 평양에서 두번에 걸쳐 8시간 동안 김일성 주석과 대화를 나눴다. 주제는 크게 다섯가지로서, ① 한시적·과도적 교차승인 수용 ② 연방제의 점진적·단계적 추진 ③ 정치·군사회담과 경제·문화교류 병행추진 ④ 팀스피리트훈련 등의 정세와 상관없이 남북대화 지속 ⑤ 통일 장애요인으로서의 주체사상에 대한 문제제기 등이었다. 이것들

---

16) 「상고이유서」, 124쪽.
17) 「상고이유서」, 135쪽.

하나하나가 전부 심각한 의미를 내포하고 있었고 늦봄이 생각하기에 대부분 북이 양보하고 이해해야 하는 문제들이었다.[18]

'통일을 지향하는 과도적 교차승인' 문제는 늦봄이 김일성에게 던지려던 최우선 순위의 질문이었다. 그는 교차승인이 영구분단으로 이어지지 않을 수 있다면서, "그 보증은 민중에게 있다. 우리 민중은 역대 정권의 계속되는 탄압을 뿌리치면서 이 역사를 통일의 문 앞에까지 끌고 왔다. 교차승인은 휴전협정(평화협정을 의미-인용자) 체결과 불가침선언을 전제하는 것인데, 그것은 군비축소와 긴장완화에 결정적인 기여를 할 것이다"라며[19] 김일성을 설득하였다. 김일성의 대답은 "교차승인이나 교차접촉은 기본적으로 두 개의 조선을 만들려는 분열주의책동이기 때문에 절대로 허용하지 말아야 한다"는 확고한 거부였다.[20]

문익환의 열정적인 설득은 당시로서는 아무 성과 없는 것처럼 보였다. 그러나 얼마 지나지 않아 북한은 문익환이 강조한 그 '과도적 교차승인'의 방향으로 사실상 노선을 전환하게 된다. 김일성은 1991년 신년사를 통해 "우리는 유엔에 들어가는 문제도 연방제통일이 실현된 다음 단일한 국호를 가지고 가입하는 것이 가장 좋다고 인정하지만 하나의 의석으로 가입하는 조건에서라면 그전에라도 북과 남이 유엔에 들어가는 것을 반대하지 않을 것입니다"라며 사실상 유엔 남북동시가입을 처음으로 인정하는 입장을 밝혔다.[21]

---

18) 이 다섯 가지 주제 외에도 문익환은 김일성과의 두 번째 회담에서 주한미군 문제도 제기했는데, 이 문제는 협의라기보다 확인에 가까운 것이었다. 당시 북한은 국회 예비회담을 전후해서 미군 철수에 대한 입장을 단계적 철수론으로 후퇴하였는데, 이것은 미군 철수가 통일협상의 전제조건이 아니라는 것을 의미하는 것이었다. 문익환은 이것을 다시 한 번 확인하고 싶어서 "북쪽에선 미군의 단계적인 철수 제안에 변동이 없는 겁니까?"라고 물었고, 김일성은 이에 대해 '변동이 없다'고 재차 확인하였다. 이에 대해서는 「상고이유서」, 167~168쪽을 참조할 것.

19) 「상고이유서」, 143쪽.

20) 문익환, 한승헌선생 화갑기념문집간행위원회 편, 「가슴으로 만난 평양」, 『분단시대의 피고들』, 범우사, 1994(이하 「가슴으로 만난 평양」), 577쪽.

21) 「전당, 전군, 전민이 일심단결하여 선군의 위력을 더 높이 떨치자」, 〈로동신문〉, 1991년

이러한 입장 변화를 반영하여 같은 해 9월 북한은 유엔 남북동시가입을 결행하였다. 유엔 동시가입은 북한 스스로 남한정부의 실체를 인정하고 '법적 분단'의 공식화를 수용한 것이었다. 또한 이것은 '하나의 조선'이 아니라 남북의 공존과 국제무대에서의 '교차승인' 추진이라는 방향으로 북한의 정책이 변화하고 있음을 의미하는 것이었다. 결국 늦봄이 뿌린 씨앗은 단지 싹을 늦게 틔웠을 뿐이었다.

늦봄이 김일성과의 협의에서 가장 가시적 성과를 얻은 것은 단계적 연방제 추진 문제와 경제·문화교류 병행 추진 문제였다.

늦봄은 김일성에게 남과 북 사이에는 불신과 적대감이 깊을 대로 깊어졌기 때문에 연방제 통일도 단계적으로 추진하는 것이 불가피하다는 점과 당분간 남과 북의 자치정부가 군사와 외교까지 독립적으로 운영하는 단계를 두고 여건이 성숙한 후 연방정부의 주도 아래 외교와 군사를 점진적으로 통합해나가야 한다고 주장하였다. 그리고 북이 주장하는 외교·군사권을 통합한 연방제 통일방안으로는 분단 50년을 넘기지 않는 통일이 불가능하며, '부지하세월'이 될 것이라고 강조하였다. 이 말에 김일성은 완전히 설득되었고, "좋습니다. (연방제는)한꺼번에 할 수도 있고 협상을 통해서 단계적으로 할 수 있습니다"라고 합의하였다.[22]

늦봄은 이 합의를 북쪽이 남한 정부의 '체제연합' 안이나 김대중의 공화국연방제 안에 동의한 것이라고 판단하였고, 그래서 자신이 한 일이 북한 통일정책을 전환시킨 것이며 궁극적으로는 "남쪽의 통일방안에 북쪽의 동의를 얻어낸 일"이라고 의미 부여하였다.[23] 이것은 틀림없는 사실이었다. 그리고 이 점진적 연방제 추진을 명문화한 문익환-허담의 4·2공동성명은 그것만으로도 한국 통일운동사의 기념비적인 문서가 되었다.

1월 1일자.

22) 「상고이유서」, 144쪽.

23) 「상고이유서」, 145쪽.

한편 정치·군사회담과 경제·문화교류를 병행하자는 늦봄의 주장은 처음에는 예상대로 강하게 거부당했다. 그것은 병행 추진이 항구 분단을 전제로 한 독일식 교류이며, 인민의 통일갈증을 해갈시켜주는 것으로 안하느니만 못하기 때문이라는 반론 때문이었다. 이에 대해 늦봄은 "민중을 믿읍시다," "다방면에 걸친 회담과 교류는 정치군사회담에 좋은 압력이 됩니다"라면서 김일성을 설득하였다. 이 두 마디에 김일성은 "좋습니다. 동시에 추진하도록 합시다"라고 간단히 수긍하였다고 한다.[24]

경제·문화교류 병행추진 역시 늦봄이 남한 정부의 정책적 입장을 크게 의식한 주장이었고, 김일성은 늦봄과의 협의를 통해 남한 정부의 주장에 사실상 동의한 셈이었다. 이와 관련하여 당시 통일원 장관이던 이홍구조차도 국회 통일분과위원회에서 김대중의 질문에 답변하면서 "북한이 모든 문제, 정치·군사를 비롯해서 교류협력에 대한 모든 문제를 논의할 수 있다는 그 하나만으로 남북 고위당국자회담의 전망이 밝아질 수 있다고 볼 수 있겠다"고 긍정적으로 평가하였다.[25]

늦봄은 내친 김에 '팀스피리트훈련이야 하건 말건 남북 간 회담을 중단 없이 추진하는 것이 좋겠다'는 의견을 내놓았지만, 이것은 대북 핵 선제공격을 포함하는 팀스피리트훈련의 성격상 북이 수용하기 어려운 것이었다. 그러나 늦봄이 제기한 '어떠한 정세에도 불구하고 남북대화 지속'이라는 입장은, 합의가 이루어진 '정치·군사회담과 경제·문화교류의 병행추진' 원칙과 더불어 이후 민간과 당국을 막론하고 남북관계의 기본원칙이 되었다. 그런 점에서 그는 '남한 민중의 입장을 바탕으로 하고 동시에 북한의 입장을 존중하는 방향에서' 남북관계의 기본틀을 처음으로 제시한 선구자이기도 했던 것이다.

마지막으로 늦봄은 북한의 주체사상과 관련된 문제를 제기하였다. 이것은 사실상 북한의 '역린'을 건드리는 것이었다.

---

24) 「상고이유서」, 146쪽.
25) 〈국회 외무·통일상임위원회 속기록〉, 1989년 5월 23일자.

"남쪽에도 통일 장애요인들이 있어서 이걸 제거하려고 우리는 있는 힘을 다합니다. 그것이 곧 민주화운동입니다. 그것은 남쪽에 사는 우리 책임입니다. 그런데 북쪽에 있는 통일 장애요인은 북에서 책임지고 제거해주어야 하겠습니다. 남쪽에서 북쪽을 바라보면서 통일의 저해요인으로 심각하게 문제되는 것은 주체사상입니다. 이제 주체사상도 그 강조점이 인민에게로 옮아져야 하지 않겠습니까?"[26]

수령 중심의 유일지배체제, 개인숭배이데올로기가 통일의 저해요인이니 인민을 중시하는 주체사상으로 돌아가라는 늦봄의 '행간'은 즉각 읽혀졌다. 김일성은 무거운 분위기 속에서 "그렇지요. 주체사상도 인민에게서 온 거지요"라고 응답했다고 한다.[27]

김일성과의 두 번째 만남에서도 주체사상에 대한 이야기는 계속되었다. 문익환은 주체사상이 "어느 나라에도 있지만, 우리가 약소국가이기 때문에 그것을 특히 강조한다"는 김일성의 대답을 매우 유쾌하게 받아들였다. 물론 그것은 주체사상에 대한 문익환 자신의 평가와 무관한 것이었다. 그러나 그 후 문익환은 1992년의 헌법 개정을 통해 주체사상과 관련된 자신의 주장을 북한이 사실상 수용하였다고 판단하였다. "지난번 방북 때 (…) 수령 중심의 주체사상을 인민 중심의 주체사상으로 바꿔달라고 했어요. 그 후 (북한) 헌법이 그렇게 바뀌었지요."[28]

---

26) 「상고이유서」, 148쪽.
27) 당시의 분위기를 문익환은 이렇게 쓰고 있다. "그때까지 가만히 앉아 기록이나 하고 있던 비서가 벌떡 일어나 '목사님이 주체사상이 무엇인지 몰라서 그런 말을 하신 겁니다'라고 거의 외치는 목소리로 흥분해서 말하는 것이었습니다. 비서로서는 예를 잃은 행동이었습니다. 그런데 김 주석은 그것이 아니었습니다. 이때만은 김 주석도 아주 무거운 분위기가 되었습니다. 잠깐 눈을 아래로 깔고 생각에 잠겼다가 무겁게 입을 여는 것이었습니다. '그렇지요, 주체사상도 인민에게서 온 거지요.' 제 어깨에서 무거운 맷돌이 내려지는 것 같은 홀가분한 심정이 되었습니다."(「상고이유서」, 149쪽)
28) 문익환, 「민족운동과 민중운동도 하나이지요」(인터뷰), 〈사회평론〉 93년 4월호, 『전집 제5권』, 455쪽. 문익환은 북한의 1992년 헌법 개정에 대해 또 다른 한 인터뷰에서도 비슷한 의견을 밝히고 있다. "개정된 북한의 헌법에서는 우선 마르크스-레닌주의가 삭제되었습니다. 보다 눈에 띄는 변화는 수령 중심의 주체사상이 인민을 중심으로 하는 주체사상으로 바뀌었다는 점입니다. 저는 방북 당시 김 주석에게 주체사상도 그 강조점이 인민에게로

실제로 북한의 1992년 헌법 개정이 늦봄의 주체사상에 대한 '충고'를 염두에 두고 이루어진 것인지는 확인할 수가 없다. 그러나 1992년 헌법 에서 북한은 '사람 중심의 세계관이며 인민대중의 자주성을 실현하기 위한 혁명사상인 주체사상을 자기 활동의 지도적 지침으로 삼는다'(제3 조)라며 마르크스-레닌주의를 삭제하였으며, 제17조의 '마르크스-레닌 주의와 프롤레타리아국제주의 원칙'을 주체사상의 핵심개념인 '자주성 의 옹호'로 대체하였다. 또한 1992년 헌법은 권력구조의 분산을 통해 수령 중심의 유일지도체계에 일정 정도 수정을 가하고 있다. 국가주석 의 위상이 대폭 약화되어, 중앙인민위원회의 국방 관련 조항들은 모두 국방위원회로 이관되고, 최고인민회의에 의한 주석 소환규정(제120조 9항)도 추가되었다.[29]

김일성은 문익환과의 두 번에 걸친 긴 시간의 회담과정에서 단 하나의 질문만을 던졌다. 그것은 "남한은 정말 통일을 원하는 겁니까"라는 질문 이었다.

"대한민국 정부는 통일을 원치 않는다고 부정적으로만 볼 것이 아닙니 다. 지금 대한민국 정부가 구상하고 있는 '체제연합'은 실질적으로 북이 제안하고 있는 연방제 통일방안에 매우 가까이 접근되어 있습니다."[30]

문익환의 이 대답은 김일성의 마음을 흔들어놓았다. 김일성은 즉각 비서에게 명령을 내렸다. "노태우 대통령, 김대중 총재, 김영삼 총재, 김종필 총재, 김수환 추기경, 백기완 선생 등 누구나 집단적으로든 개인 적으로든 오면 만날 용의가 있다는 것을 오늘 밤으로 방송하시오."[31]

옮아져야 한다고 충고한 일이 있습니다. 어쨌든 주석의 절대적 권한이 폐지되고 인민을 중심으로 하는 것으로 헌법이 개정되었다는 것은 (…) 북쪽 사회의 상당한 변화를 가늠할 수 있게 하는 것입니다." 문익환, 「이제 민(民)의 힘으로 민족을 하나로 만들어야 합니다」, 민족민주운동연구소, 〈정세연구〉 93년 4월호, 『전집 제5권』, 463쪽.
29) 이종석, 『현대북한의 이해』, 역사비평사, 2000, 289쪽.
30) 「상고이유서」, 170~171쪽.
31) 「가슴으로 만난 평양」, 586쪽.

늦봄은 당시 상황을 이렇게 기록하고 있다. "김 주석은 상당히 흥분해 있었습니다. 그때는 김 주석이 노 대통령에게 대통령 칭호를 처음 붙여서 불렀다는 것을 미처 몰랐습니다. 다만 우리 정부가 그리도 강하게 요청하던 정상회담이 이루어지나 보다 하는 생각만이 들었습니다."[32]

이것으로 '남쪽의 정부와 국민의 마음을 전달해서 남쪽에 대한 북쪽의 신뢰를 이끌어내고, 북쪽의 진의를 알아 남쪽에 전달함으로써 북에 대한 남쪽의 신뢰를 회복시키려' 했던 문익환의 방북 목표는 최소한 절반은 이루어진 셈이었다. 즉 그는 진정을 가지고 남쪽의 정부와 국민의 마음을 전달함으로써 김일성의 정상회담 추진 결심을 이끌어낸 것이다. 한국 정치사회에서 이 김일성과의 면담 결과가 가지고 있는 역사적 의미를 가장 정확히 이해한 것은 야당 총재 김대중이었다.

"다음 김일성과의 면담 얘기를 살펴보자. 남북정상회담은 이유가 어찌 되었건 우리 남한 정부가 더 적극적이었다. 그런데 이번에 문 목사가 갔을 때, 김일성이 처음 '노태우 대통령과 만나고 싶다'고 대통령 호칭을 붙였고, 또 조자양에게 같은 얘기를 했다. 이것은 굉장한 변화이다. 그러면 이를 재빨리 잡아서 언제 판문점에서 예비회담을 하자고 제안해야 하지 않는가?"[33]

이런 김대중의 지적에 대해서 이홍구 통일원 장관은 "정상회담의 중요성에 대한 정부의 입장은 전혀 바뀐 것이 없다. 따라서 정상회담의 가능성이 생긴 것을 절대 정부가 가볍게 생각해온 것은 아니라는 것을 다시 밝힌다"라고 답변하였다.[34] 당시 노태우 정부는 '북한의 지령에 의한 적지 잠입'이라는 공식 발표에도 불구하고 문익환의 방북이 정상회담의 가능성을 열어놓은 것에 대해 상당히 중시하는 입장을 보였던 것이다.

---

32) 「상고이유서」, 171쪽.
33) 〈국회 외무·통일상임위원회 속기록〉, 1989년 5월 23일자.
34) 위의 글.

역사적인 '4 · 2공동성명'

1989년 3월 25일 방북하여 4월 3일까지 평양에 체류하였던 문익환은 김일성과의 두 차례 회담의 결과를 문서화하여 이를 북한 조국평화통일위원회와의 공동성명 형식으로 발표하였다. 그것이 바로 문익환-허담의 '4 · 2공동성명'이다.

이 공동성명은 문익환과 김일성 사이의 논의 내용을 중심으로 북의 조평통과 문익환 목사의 입장을 각각 병렬한 장문의 전문과 9개 항의 합의로 구성되어 있다. 9개 항의 합의 중에서 주목할 부분은 7 · 4공동성명을 재확인한 제1항, 그리고 문익환과 김일성 사이의 정치군사회담과 다방면의 교류 병행추진 합의와 점진적 연방제 추진 합의를 담은 제3항, 제4항이다.

4 · 2공동성명 제1항은 7 · 4남북공동성명에서 천명된 자주, 평화, 민족대단결의 3대원칙을 재확인하는 것이었다. 이것은 내용의 새로움이 아니라, 남북 당국 사이에서 체결된 7 · 4공동성명을 남한의 시민사회가 재확인하였다는 점에서 매우 의미심장한 것이었다. 문익환이 말하듯이, 7 · 4공동성명은 국민들의 의사와 무관하게 남북 집권층의 합의만으로 서명, 공식화된 것이었지만, 4 · 2공동성명은 조평통을 대표해서 허담 위원장이 서명하고 전민련을 대표해서 그가 서명함으로써 7 · 4공동성명을 실질적인 국민 동의기반 위에 올려놓은 것이었다.[35]

4 · 2공동성명 제3항은 '정치군사회담 추진과 (…)동시에 이산가족문제와 다방면에 걸친 교류와 접촉을 실현하도록 적극 노력한다'라고 되어 있는데, 이는 정치 · 군사회담과 경제 · 문화교류 병행추진의 합의를 담은 것이다. 이 3항의 합의는 문서만이 아니라 구체적으로 실행에 옮겨졌다. 북한은 1990년에 남측 음악인 17명 초청과 남북통일축구대회 추진

---

35) 「상고이유서」, 180쪽.

등 기존의 '정치군사문제 우선'의 입장에서 물러나 그야말로 다방면의 교류에 적극 나섰다.

4·2공동성명에 담긴 이 '다방면의 교류 병행 추진'의 내용은 2000년 6·15공동선언에 그대로 반영되었다. 6·15공동선언 제3항은 "남과 북은 2000년 8월15일에 즈음하여 흩어진 가족, 친척 방문단을 교환하며"로 되어 있고, 제4항은 "남과 북은 경제협력을 통하여 민족경제를 균형적으로 발전시키고 사회, 문화, 체육, 보건, 환경 등 제반 분야의 협력과 교류를 활성화하여 서로 신뢰를 도모한다"라고 되어 있다. 이 두 조항은 결국 4·2공동성명의 제3항과 같은 내용인 셈이다.

4·2공동성명의 제4항은 문익환, 김일성 사이에 합의된 점진적 연방제 추진문제에 관한 것인데, 이 항은 "누가 누구를 먹거나 누가 누구에게 먹히우지 않고 (…) 공존의 원칙에서 연방제 방식으로 통일하는 것이 (…) 합리적인 통일방도가 되며 그 구체적인 실현방도로서 단꺼번에 할 수도 있고 점차적으로 할 수도 있다"는 내용으로 되어 있다.

이 제4항은 남과 북이 통일의 기본원칙에서 '공존', 그리고 추진방도에서 '점차성'에 처음으로 합의한 역사적 조항이었다. 이 공동성명 이후 남과 북의 통일방안은 모두 '공존'과 '점차성'의 원칙을 강조하는 방향으로 변화하였다. 남의 민족공동체통일방안과 북의 '느슨한 연방제'가 바로 그것이다.

북한은 1991년 신년사에서 "잠정적으로 지역자치정부에 더 많은 권한을 부여하며 점차 중앙정부의 기능을 높여나가는 방향에서 연방제통일을 점차적으로 완성하는 문제도 협의할 용의가 있다"고 밝힌 이래,[36] '느슨한 연방제' 혹은 '연방제 일반'으로 '점차성'의 원칙을 점점 더 확대하는 방향으로 자신의 입장을 변화시켜 왔다. 그리고 남과 북의 이런 변화는 결국 6·15공동선언의 제2항 "남과 북은 남측의 연합제안과 북측

---

36) 「전당, 전군, 전민이 일심단결하여 선군의 위력을 더 높이 떨치자」, 〈로동신문〉, 1991년 1월 1일자.

의 낮은 단계의 연방제안이 서로 공통성이 있다고 인정하고 앞으로 이 방향에서 통일을 지향시켜 나가기로 하였다"는 합의로 이어졌다.

이 6·15공동선언 2항에서 특히 주목할 점은 '남의 연합제와 북의 낮은 단계의 연방제 사이에 공통점이 존재'한다는 것을 인정했다는 대목이다. 이는 '국가연합'을 두 개의 조선을 인정하는 '분단고착론'이라고 비판하던 북한의 입장 변화를 의미하는 것이었고, 그 변화는 바로 4·2공동성명으로부터 시작된 것이었다. 즉 6·15공동선언 2항은 4·2공동성명 이후 북한의 통일방안이 '느슨한 연방제'에서 '낮은 단계의 연방제'안으로 더욱 발전해나갔으며, 나아가 남의 '연합제' 안과의 공통성을 살려 보다 현실적인 통일방안을 모색하겠다는 뜻을 내포하고 있는 것이었다. "쌍방의 합의의 결과는 나라의 통일을 염원하는 남과 북의 그 어느 누구에게도 긍정적으로 받아들여지리라는 확신을 표명한다"라는 4·2공동성명의 마지막 문장은 6·15공동선언에 대한 하나의 예언이었던 셈이다.[37)]

4·2공동성명은 7·4남북공동성명의 계승이며 동시에 6·15공동선언의 전편이라는 역사적 지위를 가지고 있다. 특히 내용적 수준에서 보면 6·15공동선언은 사실상 4·2공동성명을 기반으로 완성되었다고 해도 과언이 아닐 정도로, 두 문서는 역사적 맥락을 같이 하고 있다. 이것이 의미하는 것은 분명하다. 그것은 광주항쟁과 6월항쟁 등 수많은 투쟁을 거치면서 축적되어 온 한국 시민사회의 통일에 대한 구상과 꿈이 남과 북의 양 당국을 통일의 문턱까지 끌고 왔다는 것을 의미한다.

4·2공동성명은 기본적으로 남한의 정치사회가 아니라 시민사회가

---

37) 김형수가 인용하고 있는 4·2공동성명의 마지막 부분은 조금 다르다. "쌍방은 이상 여러 가지 문제에 대한 합의가 금후 남북 사이의 다각적인 공식 대화에서 협의의 기초가 될 수 있고, 가교의 역할을 할 수 있다고 인정하고 그 실천대책을 남북 당국과 제 정당, 단체들에 건의한다."『평전』, 776쪽. 아마 그가 인용한 부분은 늦봄의 의견이 강하게 반영된 늦봄의 초안이었을 것이다. 이런 초안이 쌍방의 협의과정에서 본문과 같이 정리된 것으로 보인다.

전면에 나서서 만들어낸 남북합의문이다. 즉 4·2공동성명에 반영된 문익환의 입장은 남한 시민사회가 축적해온 통일구상의 정화였고, 이것이 남과 북의 당국을 움직여 결국 6·15공동선언을 이끌어낸 것이다. 4·2공동성명에 천명된 '공존과 점진성'의 원칙은, 비록 남에서는 일시적으로 거부되었지만, 김대중 정부의 등장과 함께 '사실상의 통일 추구'라는 이름으로 남한 정부의 기본 정책기조가 되었다. 이로써 남한 시민사회의 통일구상은 문익환의 방북이 만들어낸 4·2공동성명의 성과를 바탕으로 남과 북 양 당국의 '차이를 좁히고 공통성을 확대하여' 이들을 통일의 문턱으로 더욱 가까이 끌어왔던 것이다.

탈냉전기 통일운동에 대한 새로운 성찰

늦봄은 자신의 방북이 갖는 역사적 의미를 깊이 자각하고 있었다. 그래서 그는 무엇보다 자신의 방북 성과를 남쪽 정부가 잘 활용해주기를 희망하였다. 그는 귀국 직전 동경에서 가진 고별회견에서 "결코 작다고만 볼 수 없는 이 같은 성과를 정부가 긍정적으로 받아들여 남북대화를 더욱 활발하게 발전시키기를 바란다"고 기자들에게 토로하였다.[38] 그리고 그는 진심으로 자신이 구속되지 않기를 희망하였다. 그것은 자신의 구속보다 자신의 구속으로 인해 방북 성과가 무위로 돌아가고 남북 사이에 긴장이 더욱 격화되는 것을 더 걱정했기 때문이었다. 그러나 늦봄의 희망은 무위로 돌아갔다. 그는 세계 언론의 주시 하에 '민족적 치욕을 흠뻑 뒤집어쓰며 무자비하게 끌려갔고' 그것이 그의 다섯 번째 감옥살이가 되었다.

늦봄 스스로 말하듯, 그는 방북을 통해 새 통찰, 새 깨달음과 확신을

---

38) 〈조선일보〉, 1989년 4월 13일자.

얻었고 이를 여야 정계와 국민들에게 널리 알리고 싶어 했다.[39] 확실히 방북 이후 늦봄의 통일운동 인식에는 약간의 변화가 생겨났다. 그것은 냉전 시기 통일운동의 종언과 함께 탈냉전 시기에 부합하는 새로운 통일운동 전개의 필요성에 대한 자각이었다.

이러한 자각은 우선 자신이 반(半)국이 아니라 한반도의 차원에서 통일운동을 전개해야 한다는 '역사적 책임감'으로 나타났다. 그는 "남쪽의 대한민국에서 되어지는 모든 일에 한 시민으로서 책임 있는 생을 살아가는 동시에, 북쪽의 모든 민족(문제)도 나 자신의 문제라고 생각"하게 되었다.[40] 이런 자각은 당연히 민 주도에 대한 그의 시야도 한반도 차원으로 변모하게 만들었다. "북쪽의 민의를 키우는 데도 주력해야 돼. 북의 하향적이고 다소 획일적인 사고를 임수경 대표가 얼마나 많이 바꾸어 놓았는지를 보면 북의 민의를 키우는데 남쪽의 민이 얼마나 큰 역할을 하는지 알 수 있지."[41]

변화의 또 다른 한 축은 냉전기 통일운동에 대한 성찰이었다. 이 성찰의 결과로서 그는 탈냉전기 통일운동에서는 '중립성의 원칙'과 '합법성의 원칙'이 중요하다고 강조하기 시작했다. 문익환이 이런 원칙을 강조하게 된 것은 명망가 중심으로 구성되고 북의 논리와 사상에 경도되어 있는 과거의 통일운동으로는 탈냉전기 남한의 시민사회와 정치사회를 이끌어나갈 수 없다고 판단했기 때문이었다.

그는 지난 시기의 통일운동이 남한 정부만을 상대로 했기 때문에 투쟁적일 수밖에 없었다면서, 이제는 남과 북의 두 정부를 동등하게 중재하면서 끌고 가고 밀고 가는 일을 해야 한다고 생각하였다.[42] 그래

39) 「가슴으로 만난 평양」, 592쪽.
40) 「상고이유서」, 177쪽.
41) 문익환, 「신앙과 운동이 하나 되는 기독교운동 전개」, 『한국외국어대 학보』, 93년 3월 23일자, 『전집 제5권』, 450쪽.
42) 문익환, 「분단 50년은 우리 민족의 수치입니다」(대담), 〈민주화의길〉 통권 29호(91년 3~4월호), 『전집 제5권』, 435~436쪽.

서 그는 통일운동은 기본적으로 "남북한 당국에 대해 중립적이어야 합니다. 북쪽과 해외가 남한 정부를 비난, 공격할 때, 우리도 덩달아 하게 되면 한쪽으로 기울게 됩니다. 그건 안됩니다"라며 중립성의 원칙을 강조했다.[43]

그는 또 통일운동에서 합법성의 쟁취가 중요하다고 강조하면서, 합법성을 쟁취해야 북쪽이나 해외 대표와 자유롭게 만날 수 있고, 대정부 비판도 힘을 얻게 된다고 주장하였다. 합법성 쟁취와 함께 그는 통일운동의 대중화에서 여론의 중요성을 인식하기 시작하였다. "앞으로 통일운동에서 가장 중요한 것은 여론입니다. 김영삼 정권도 여론에 민감합니다. 여론 확산노력이 모든 사회운동의 밑바탕이 되어야 할 것입니다."[44]

이런 입장은 당연히 '민-관 관계'에 대한 강조점의 변화를 불러왔다. 그는 통일운동은 관의 한계가 분명하므로 '민 주도'라는 입장을 확고히 견지해야 한다고 주장하면서도, 통일운동에서 민과 관은 상호관계에 있다는 점을 강조하였다. 민이 관을 배제해서도 안되지만, 관이 민을 배제해서도 안된다는 것이 그의 입장이었다. 그는 정부와의 일정한 협력, 즉 "종교단체, 시민운동 단체와 우리 재야통일운동, 나아가서는 정부까지 하나의 운동으로 묶어서 발전시켜야" 한다고 주장하였다.[45] 이런 입장에 따라 그는 범민련을[46] 발전적으로 해체하고 '민의 운동을 광범위하게 실천하고 이를 정부가 받아들일 수 있는 새로운 전기를 마련하기 위해' 새로운 통일운동체의 결성을 제안하였다.

43) 문익환, 「통일을 맞이하는 민의 철저한 준비가 있어야 합니다」(인터뷰), 〈정세연구〉 94년 2월호, 『전집 제5권』, 503쪽.
44) 위의 글, 506쪽.
45) 문익환, 「전교조신문과의 대담」, 〈전교조신문〉 93년 8월 31일자, 『전집 제5권』, 480쪽.
46) 조국통일 실현을 목적으로 남한과 북한, 해외동포들이 결성한 통일운동 단체로, 1990년 11월 20일 독일 베를린에서 결성되었다. 정식명칭은 '조국통일범민족연합'이다. 범민련은 남·북·해외 3자 조직이 하나의 강령과 규약을 가지고 활동하는 통일운동 연합체이다. 범민련 북측본부(초대의장 윤기복)는 1991년 1월 25일에 결성되었으며, 남측 본부(초대의장 문익환)는 1995년 2월 25일 결성되었다. 1997년 대한민국 대법원은 이 단체에 대해 '이적단체' 판결을 내렸다.

그런데 문익환이 제기한 '새로운 통일운동체'는 사실 그 중심점이 '정부와의 관계'에 있는 것이 아니라 북과의 연대방식 변화에 있었다. 그는 '새로운 통일운동체'는 범민련과 같이 남북해외의 3자연합적인 성격을 탈피해서 사안에 따라 연대하는 좀 더 유연하고 느슨한 연대체가 되어야 한다고 생각하였다. "북쪽이 고려연방제에서 느슨한 연방제로 전진했듯이 통일운동체도 형식적인 연합체에서 실질적인 연대체로 새롭게 발전하는 것이 필요합니다."[47] 문익환의 이 '새로운 성찰적 통일운동론'은 무엇보다도 당시 '북의 논리와 사상에 지나치게 경도되어 스스로 고립을 자초하고 있는' 전통적 통일운동의 일부 흐름에 대한 근본적인 문제제기였다. 동시에 그는 남의 민이 북, 해외와 관계맺는 방식이 교조와 형식주의에 빠질 것이 아니라, 느슨하다 하더라도 '실질적 연대'가 되는 것이 더 중요하다고 보았고, 그 점에서 그의 새로운 성찰적 통일운동론은 교조와 형식을 강조하는 북이나 남의 일부 통일운동에 대한 문제제기이기도 하였다.[48]

방북 이후 문익환이 새롭게 강조하기 시작한 또 하나의 문제는 바로 '통일을 위한 시급한 준비'의 필요성이었다. 그는 지금까지의 통일운동이 통일운동의 자유를 쟁취하는 운동으로서의 성격이 강했다면 이제는 정말 통일을 구체적으로 준비하는 운동을 시작해야 된다고 주장하였다.

그는 통일을 사건이 아니라 '민족을 통합하는 지속적인 과정'으로 인식하고 그 과정을 시작하는 것이 곧 통일이라고 보았다. 즉 그가 말하는 통일은 완성이 아니라 시작의 의미였다. 그런 점에서 그는 통일이 임박했다고 생각했고, 통일의 임박성에도 불구하고 7천만 겨레에게 통일 이후의 대비가 전혀 없다는 사실에 '몸서리치지' 않을 수 없었다.

---

47) 문익환, 「통일을 맞이하는 민의 철저한 준비가 있어야 합니다」, 『전집 제5권』, 502쪽.
48) 이러한 주장으로 인해 문익환은 일부의 혹독한 비난에 시달려야 했다. 그들은 한국전쟁 당시 미군 통역관으로 일했던 늦봄의 전력을 거론하며 늦봄을 미국 CIA의 간첩이라 주장하기도 하였다. 문익환은 죽는 순간까지 동지들의 이러한 비판에 매우 고통스러워했다.

준비 없이 맞이한 해방이 분단으로 귀결되었듯이, 준비 없는 통일은 심각한 혼란을 불러일으킬 것이기 때문이었다. 그래서 문익환은 그 생애의 마지막 옥살이에서 풀려나자마자 '통일맞이 7천만겨레운동'을 제창했던 것이지만, 불행하게도 이 운동을 시작한 지 얼마 되지 않아 그는 세상을 떠나고 말았다.

늦봄 통일사상의 생명력

늦봄의 통일사상과 그가 제기한 통일운동에 대한 새로운 성찰은 과거가 아니라 여전히 지속되고 있는 '현재'다.

그는 무엇보다 통일의 기본원칙(공존)과 방도(점차성)를 제시하여 6·15공동선언의 기초를 마련하였다. 그는 분단체제 극복의 전략적 설계에 해당하는 '한반도 통일과정'의 특징을 처음으로 원칙으로서의 '공존'과 방도로서의 '점진적 추진'으로 명확히 정리하였고, 북한 김일성 주석을 설득하여 이를 4·2공동성명이라는 남북 간 합의로 발전시켰다. '과정으로서의 통일'에 대한 이 역사적 합의는 바로 '남측의 연합제안과 북측의 낮은 단계의 연방제안이 서로 공통성이 있다고 인정한' 6·15공동선언 제2항의 전사(前史)였다. 이와 더불어 그는 남쪽 민중의 마음을 전달하여 북의 정상회담 결심을 이끌어냈으며, 유엔 동시가입과 교차승인, 다방면의 교류 추진, 헌법개정과 권력집중 완화 등 북한의 엄청난 변화를 추동했다.

그는 통일운동에서 민의 주도성을 선언하고, 남의 민이 걸어야 할 통일운동 기본방향을 제시했다. 그것은 중립성과 합법성 그리고 형식과 교조를 벗어난 '실질적 연대'였다. 또한 그는 민주화운동을 통해 성장한 남쪽 민의 시야에서 북과 어떻게 관계 맺을 것인가를 가장 치열하게 탐구한 사람이었다. 그는 남의 민주화운동으로 얻어낸 사상·실천적 성과를 어떻게 통일운동에 접목할 것인가를 끊임없이 질문했다. 그것은 동시에 북의 민을 강화하기 위해 남의 민이 어떻게 기여할 것인가 하는 문제이기도 했다. 왜냐하면 통일은 민주이고 민주는 통일이기 때문에.

그는 통일운동을 '압도적 다수의 대중운동'으로 발전시키려 했으며, 그런 맥락에서 초지일관 노력했다. 그는 탈냉전기 한반도 정세의 변화를 정확히 꿰뚫어보고 있었으며, 이 세계적 탈냉전을 기회로 삼아 남측 당국을 최대한 유연화하고 그를 바탕으로 명실상부한 '압도적 다수의 대중적 통일운동'을 실천하려 했다.

늦봄의 통일사상은 이와 같이 ① 민 주도 통일사상, ② 공존과 점진성에 기초한 한반도 통일과정론(과정으로서의 통일론), ③ 한국 민주화운동 성과의 통일운동 접목(즉 전국적 시야로의 발전), ④ 탈냉전과 '통일맞이'를 위한 실천적 준비 등 통일운동의 모든 방면에 걸쳐 있다.

이런 것들은 우리 통일운동이 현재 여전히 마주한 문제들이다. 중요한 것은 그가 이룩한 이 모든 것이 그 자신의 통찰력과 '섬김'의 실천을 통해 얻어졌다는 점이다. 그는 어떤 사상이나 이론에 경도되지 않았고, 교조에 기울어지지 않았으며, 자신이 직접 뛰어다니면서 만난 민중의 현실을 바탕으로 반공주의와 분단국가주의를 극복하고 마침내 한국 통일운동의 사상·실천적 정점에 우뚝 섰던 것이다.

📌 참고문헌

「가슴으로 만난 평양」, 586쪽.

「가슴으로 만난 평양」, 592쪽.

「민주화가 통일이고 통일이 민주화」, 〈평민연회보〉 제 10호(1990. 12. 20), 『전집 제5권』, 422쪽.

문익환, 「상고이유서」, 『문익환전집 제5권』, 129쪽. 이하 「상고이유서」로 약칭.

「상고이유서」, 91쪽.

「상고이유서」, 92쪽.

「상고이유서」, 124쪽.

「상고이유서」, 135쪽.

「상고이유서」, 143쪽.

「상고이유서」, 144쪽.

「상고이유서」, 145쪽.

「상고이유서」, 146쪽.

「상고이유서」, 148쪽.

「상고이유서」, 149쪽

「상고이유서」, 167~168쪽.

「상고이유서」, 170~171쪽.

「상고이유서」, 171쪽.

「상고이유서」, 177쪽.

「상고이유서」, 180쪽.

「상고이유서」, 234쪽.

「상고이유서」, 236쪽.

「전당, 전군, 전민이 일심단결하여 선군의 위력을 더 높이 떨치자」, 〈로동신문〉, 1991년 1월 1일자.

〈국회 외무·통일상임위원회 속기록〉, 1989년 5월 23일자.

〈국회 외무·통일상임위원회 속기록〉, 1989년 5월 23일자.

『조선일보』, 1989년 4월 13일자.

김형수, 『문익환 평전』, 실천문학사, 2004, 776쪽.

김형수, 『문익환 평전』, 실천문학사, 2004, 798쪽.

문익환, 「가슴으로 만난 평양」, 한승헌선생 화갑기념문집간행위원회 편, 『분단시대의 피고들』, 범우사, 1994, 이하「가슴으로 만난 평양」, 577쪽.

문익환,「민족운동과 민중운동도 하나이지요」(인터뷰), 〈사회평론〉 93년 4월호, 『전집 제5권』, 455쪽.

문익환,「민주화가 통일이고 통일이 민주화」(인터뷰), 〈평민연회보〉 제10호 (1990. 12. 20), 『전집 제5권』, 419쪽.

문익환,「민주회복과 민족통일」, 『문익환전집 제3권』, 20쪽.

문익환,「분단 50년은 우리 민족의 수치입니다」(대담), 〈민주화의길〉 통권 29호 (91년 3-4월호), 『전집 제5권』, 435~436쪽.

문익환,「신앙과 운동이 하나 되는 기독교운동 전개」, 〈한국외국어대 학보〉 93년 3월 23일자, 『전집 제5권』, 450쪽.

문익환,「예언자와 국가」, 문익환전집간행위원회 편, 『문익환전집 제12권』, 도서출판 사계절, 1999, 257쪽.

문익환,「이제 민(民)의 힘으로 민족을 하나로 만들어야 합니다」, 민족민주운동연구소, 〈정세연구〉 93년 4월호, 『전집 제5권』, 463쪽.

문익환,「전교조신문과의 대담」, 〈전교조신문〉 93년 8월 31일자, 『전집 제5권』, 480쪽.

문익환,「통일을 맞이하는 민의 철저한 준비가 있어야 합니다」(인터뷰), 〈정세연구〉 94년 2월호, 『전집 제5권』, 503쪽.

문익환,「통일을 맞이하는 민의 철저한 준비가 있어야 합니다」, 『전집 제5권』, 502쪽.

이종석, 『현대북한의 이해』, 역사비평사, 2000, 289쪽.

리영희, 수평적·중립화 통일론

······

이순웅
서울시립대학교 강사

리영희, 수평적·중립화 통일론

이순웅(서울시립대학교 강사)

1. 서론

리영희(1929.12.2~2010.12.5)는 통일문제에 관심을 갖게 된 동기를 묻는 질문에 "해방 직후 사회 혁신을 반대하고 자신의 이권을 위해 분단 상태를 미화하고 그 방법으로 '반공'이라는 이념을 내세운 자들의 정체가 지극히 반민족적인 인사들이라는 것을 확인하면서부터"[1]라고 대답한다.

이 대답은 많은 것을 함축한다. 일제강점기를 겪으면서 조국의 독립과 이상 사회를 꿈꾸었던 많은 인사들의 꿈이 좌절되었다는 것, 그리고 한반도의 분단을 통해서 이득을 챙기려 했던 미국과 이승만 등의 반공주의에 대한 고발[2] 등이 그것이다.

리영희가 특히 주목하는 것은 미국이다. 그가 보기에 미국은 한반도 통일의 가장 큰 걸림돌이다. 미국은 남북한 사이에 어떤 평화적 합의가

---

[1] 「민족적 의지가 통일을 좌우한다」(1988.8), 『말』, 1988년 8월호, 『21세기 아침의 사색』(리영희 저작집 12권), 2006, 135쪽. 글 제목 앞에 필자 이름을 쓰지 않은 이유는 모두 '저작집'에 있는 리영희의 글 또는 대담이기 때문이다.

[2] "남북 민족의 평화와 통일의 싹을 뭉개버리는 미국 제국주의 흉계가 날로 교활해지고, 그들에 동조하는 국내 기득권 세력의 지배욕도 날로 노골화되고 있다." 저작집 12권, 16쪽.

이루어지더라도 미군을 철수시킬 계획이 없다고 공언한 바 있다.[3] 미군의 존재 근거 또는 명분은 한미상호방위조약이다. 이 조약에 의거하여 미군은 북한이든 다른 나라든, 이들 외부 세력이 남한에 어떤 군사적 공격을 가할 경우 이를 막기 위해 존재할 뿐만 아니라 남한이 북한 등을 군사적으로 공격하지 못하도록 하는 역할도 하고 있다. 이렇듯 미군의 존재 이유는 이중적인데, 어떤 것이든 전쟁 방지·평화 유지를 목적으로 존재하는 것처럼 보인다. 하지만 명분과 실질적인 이유를 혼동해서는 안 된다.

남북한이 진정으로 화해하거나 통일을 이룬다면 미군의 존재 이유가 사라짐에도 불구하고 미군을 계속 남한에 주둔시키려는 이유는 동북아시아에서의 패권을 계속해서 유지하려 하기 때문이다.[4] 미국의 패권적 계산은 한반도를 넘어서 있다. 그런데 이러한 미국이 팀스프리트 훈련 등 핵무기까지 포함한 군사훈련을 남한에서 정기적으로 하고 있다. '방어훈련'이라고는 하지만 정전협정을 평화협정으로 바꾸지도 않고 북한과의 수교도 거부한 채 진행하고 있기 때문에 북한으로서는 언제든지 핵공격을 받을 수 있다는 불안감에 휩싸일 수 있다.

이러한 정황은 '미국이 한반도 통일을 원하지 않는다'는 인식을 낳을 뿐만 아니라 전쟁을 통한 통일, 북한붕괴론, 흡수통일론 등의 통일방법론에 힘을 실어주는 역할을 한다. 그러나 리영희는 이것들은 모두 잘못된 통일방법론이라고 한다. 어느 한쪽이 다른 한쪽의 우위에 서는 통일 방식이 아니라 시간이 오래 걸리겠지만 우리 민족끼리 힘을 모아 서로 상생하는 통일방법론을 모색해야 한다고 주장한다. 그의 통일론은 수평적 통일이며 좀 더 구체적으로는 중립화 통일이라고 할 수 있다.

---

3) 「남북 긴장완화와 통일논리」(1985), 『역설의 변증』(리영희 저작집 5권), 2006, 25쪽; 「버리지 못하는 이기주의와 버릴 수 없는 사회주의적 휴머니즘」(1993.4), 『사회평론』 1993년 4월호, 『새는 '좌·우'의 날개로 난다』(리영희 저작집 8권), 2006, 291쪽.
4) 이런 점에서 보면 제주도 강정 마을에 건설하는 해군기지는 단순한 환경 파괴 문제가 아니라 중국까지 겨냥한 미국의 패권적 군사정책의 일환으로 봐야 한다.

2. 통일을 가능하게 하는 조건

1) 민족 내부의 의지와 7.4남북공동성명 정신의 회복

리영희는 통일을 가능하게 조건 중 하나로서 민족내부의 의지를 강조한다. 그는 의지가 특별히 중요한 이유를 독일과 한반도의 차이를 통해 설명한다. 독일의 경우에는 통일 독일을 허용하지 않으려는 미·소 강대국의 확고한 정책과 의지가 있고, 주변국들도 통일된 독일을 두려워하고 있기 때문에 통일될 수 없는 구조가 독일에 있다는 것이다. 그는 그 예로 분단을 전제로 해서 조인된 다국적 조약들을 말한다. 런던조약, 동유럽조약, 헬싱키조약 등이 그것이다.[5]

반면에 한반도의 경우는 통일을 두려워할 주변국들이 없다. 분단을 고착화하는 열강 간의 조약이라는 것이 없다. 그러므로 외적 구속력보다 민족 내부의 의지가 통일을 이루는 데 결정적이고 우위에 선다.[6] 이때 민족 내부의 의지란 다음과 같은 것이다. 예를 들어 분단의 고착화·국제화·합법화를 주장하는 자의 논리는 '상호 다른 제도는 상용(相容)될 수 없다'는 것이다. 그렇지만 통일을 향한 민족 내부의 의지는 '상용할 수 있다'는 주장을 포용하는 것이다. 극단적인 사유재산제도와 사회주의적 방식은 지양되어야 하며 각각 장단점을 가지고 있기 때문에 장점을 서로 받아들여야 한다는 것이다. 그리고 민족 내부의 의지는 사회적 정의와 평형을 실현한다는 측면에서 정치·군사·사회·문화·사상적 영역에서 민주화가 정착되는 내용을 포함한다.[7]

남북한 모두가 독자적으로 전쟁을 일으킬 능력이 없기 때문에라도 상용은 중요하다. 리영희에 따르면 "강력한 상위 동맹국의 승인과 지원

---

5) 「민족적 의지가 통일을 좌우한다」(1988.8), 『말』, 1988년 8월호, 저작집 12권, 138쪽.
6) 위의 글, 138쪽.
7) 위의 글, 138~139쪽.

없이 독자적으로, 단독으로 전쟁행위를 감행할 종합적 능력이 없는 남·북한 각각에 대해서 미국과 중국·소련이 각기 그 하위 동맹국에 행사하는 정치적 억제는 조약상의 기능보다도 더욱 효과적이다."[8] 여기서 '조약상의 기능'이란 한반도에서 전쟁이 발발할 경우 '참전해서 돕는' 경우를 말한다.

통일문제와 관련하여 리영희가 강조하는 것은 7.4남북공동성명(1974.7.4) 정신이다. 민족의 정치적 성숙과 민족적 단합을 세계에 과시했던 '7·4 남북공동성명'의 정신과 원칙으로 돌아가야 한다는 것이다.[9] 수세에 몰린 박정희 정권이 급하게 임시방편으로 응한 것이긴 하지만[10] 이 성명으로 남북한 쌍방은 각기 상대방의 국가적 존재를 승인했다는 점이 중요하다. 그리고 이 성명은 외세에 의존하거나 외세의 간섭을 받지 않고 자주적으로 통일을 이루어야 한다고 천명함으로써 한민족의 의지를 세계에 알렸다는 데 큰 의의가 있다.

2) 미국으로부터 자주권 회복 그리고 휴전협정을 평화협정으로

(1) 주한미군 주둔 문제

1984년 미국의 슐츠 국무장관은 서울을 방문했을 때, 한국 정부와 협의 끝에 "남·북한 사이에 어떤 평화적 합의가 이루어지더라도 주한미군을 철수할 생각이 없다"고 공언한 바 있다. 당시 레이건 정권은 대소(對蘇) 전면 대결의 기본정책과 전략으로 한국(남한)을 동북아시아와 북태평양에서의 미·일·한 3각 군사동맹으로 편입한다는 구상이었

---

8) 「남북 긴장완화와 통일논리」(1985), 저작집 5권, 40쪽.
9) 위의 글, 41쪽. '7·4 남북공동성명'의 요지는 외세의 의존하지 않고 자주적으로 통일을 해야 한다는 것, 무력행사가 아닌 평화적 방법으로 통일...서로에 대한 중상이나 비방 금지, 무력도발을 하지 않음 등이다. 보다 자세한 내용은 저작집 5권, 48쪽 참고할 것.
10) 국무총리 김종필이 바로 다음날인 7월 5일, 공동성명의 내용을 상당부분 부정하는 듯한 입장을 밝힌 것도 이와 같은 맥락이다. 자세한 건 저작집 5권, 95쪽 참고할 것.

다.[11] 리영희는 남북한 경제의 우열관계가 1970년대 중반부터 남한에 유리하게 역전되었고 남한의 정치적 안정이 이루어진다면 북한을 고려하여 미군을 남한에 묶어둘 필요가 없다고 예상한[12] 바 있으나, 소련이 무너진(1991년 말) 지 23년이 지난 오늘날까지도 미군은 여전히 남한에 주둔해 있다.

1953년 7월 27일 조인된 정전협정(휴전협정)에서는 선거와 같은 통일 방법론과 외국군대 철수문제 등이 다루어졌다. 그리고 이 협정의 유효기간은 강화조약(평화조약, 평화협정)이 체결될 때까지 유효하다는 조건부 조약이기 때문에(제5조 부칙 제 62항)[13]이기 때문에 평화협정이 맺어진다면 미군철수 문제는 자연스럽게 해결된다. 다시 말하면 미군이 주둔할 명분이 사라질 뿐만 아니라 주둔한다 해도 전쟁을 염려할 이유가 없게 된다. 미국 주둔 문제는 평화협정 체결 여부와 밀접하게 연관된 문제인 것이다.

정전협정 제4조 제60항은 "조선 문제의 평화적 해결을 보장하기 위하여 쌍방 군사령관은 쌍방의 당사 정부에 정전협정이 조인되고 발효한 후 3개월 이내에, 각기의 대표를 파견하여 쌍방의 한 급 높은 정치회담을 소집하고 조선으로부터의 모든 외국군대의 철수와 조선 문제의 평화적 해결 등의 문제들을 협의할 것을 건의한다."로 되어 있다.[14]

의제의 중심은 한반도의 통일 방식과 외국군대의 철수였다. '통일 방식'에 대해서 유엔군 국가 측은 유엔 감시하에 남북한 인구비례에 따른 남북한 동시 선거를 주장했고, 공산 측은 유엔이 전쟁 당사자이므로 선거 감시 자격이 없다 하여 중립국 감시하에 제네바 정치회의 종료 후 6개월

---

11) 위의 글, 25쪽.
12) 위의 글, 27쪽.
13) 위의 글, 28쪽.
14) '대한민국'이 아니라 '조선'으로 표기한 이유는 대한민국이 협정문 조인 당사자가 아니기 때문이다. 조인 대표는 유엔군(미군) 대표와 북한 대표였다. 그래서 'Korea'가 한글본에서는 '조선'으로 되어 있다. 위의 글, 28~29쪽.

이내에 남북한 인구비례에 따른 비밀보통선거 실시를 주장했다. '외국군대의 철수' 문제에서는 한국과 유엔군 국가들 측은 통일 정부 수립 후에 '유엔군'을 철수하도록 주장했고, 공산 측은 총선거 실시 전에 모든 외국군대의 한반도 철수를 주장했다. 이와 같이 쌍방의 주장이 맞서 타협을 이루지 못한 채 회의는 실패로 막을 내렸다. 북한 측은 그 후 줄곧 이 정치회담의 재개와 평화조약의 체결을 요구하고 있다. 미국과 한국은 북한 측의 협정 위반15)을 이유로 그것을 거부해왔다. 북한 측은 이에 대해, 미국의 강화조약 체결 거부를, 정전협정이 규정한 한반도에서 외국군대 철수를 거부하기 위한 구실이라고 비난하고 있다.16)

따지고 보면 남한에 주둔하고 있는 미군은 주둔 명분이 별로 없다. 중공군(정전협정상 지위는 '중국인민지원군')은 휴전 후 5년 후인, 1958년 10월 26일까지 북한에서 완전 철수했다. 이때부터 국제적 관심은 남한에 주둔하는 유엔군(주체는 미국군대)의 존재에 집중되었다. 이 유엔군은 북한의 침략으로부터 남한을 보호하는 보호자적 관계와 관련되어 있다. 다시 말하면 유엔군의 주둔 목적은 북한이 남한을 침략할 가능성과 연관되어 있다. 그런데 리영희에 따르면 이제 북한은 그럴 능력도 없고 중국과 소련이 북한의 그런 행동을 돕지도 않을 거라고 한다.

여러 논란 끝에 1978년 1월 주한미군은 유엔 결의에 근거해서가 아니라 한미 상호방위조약에 근거해서 '한미 연합군'으로 개편되고, 작전명

---

15) 정전협정을 상대편이 위반했다고 주장하는 것과 실제로 위반한 것 간에는 매우 큰 차이가 있다. 리영희가 소개한 한 논문에 따르면 이 논문의 필자는 북한이 정전협정을 위반했다고 신랄하게 비판하고 있는데, 이 필자가 제시한 통계에 따르면 유엔군(한국군)이 위반한 건수가 더 많다. 북한이 42만 4000건인데 반해, 1991년까지 유엔군(한국군) 측의 협정 위반한 건수는 45만 4,605건이라고 말하면서 유엔군 측 실제 위반 수는 16건으로 알려졌다고 말한다. 그런 이 필자는 북한이 인정한 협정 위반건수는 단 2건이라고 말하고 있다.(「학생들에게 남북문제와 통일을 어떻게 가르칠 것인가」(1998), 『반세기의 신화』(리영희 저작집 10권), 2006, 309쪽).
16) 「남북 긴장완화와 통일논리」(1985), 저작집 5권, 29쪽.

령권도 유엔에서 '한미연합사령부'로 이전되었다. 그리고 1983년 1월 23일 미국 육군참모총장 에드워드 마이어 대장은 서울 기자회견에서, 미국은 남·북한 사이에 한반도의 장래에 관해 어떤 합의가 이루어지더라도 주한미군을 철수할 의사가 없음을 밝혔다.[17] 한미상호방위조약에 근거한 주한미군의 주둔은 유엔결의에 근거한 주둔보다 주둔 명분이 약한 것이다. 북한 측이 줄곧 외국군대(주한미군) 철수 문제를 제기한 것은 이와 같은 주둔 명분 하락과도 관련이 있다고 할 수 있다.

리영희는 미군의 주둔 명분 내지는 이유가 별로 없다는 것을 여러 가지 이유를 들어 말하는데, 가장 주목할 만한 이유는 "북한이 단독적으로 공격 행동을 취할 군사적·경제적 능력도 없고, 중·소 양 동맹국도 그 같은 군사행동을 승인하거나 지원할 의사가 전무하다는 것...6·25 이후 얼마 동안 통용되었던 주한미군의 전쟁 억지 역할론 이론이 상당히 설득력을 상실하고 있다"[18]는 데 있다. 나아가 미국의 핵무기와 휴전선에 배치되어 있는 것으로 공인된 핵지뢰 등은 북한으로 하여금 대규모 군사행동을 생각지도 못하게 하는 것이다.[19]

흥미로운 것은 한미 방위조약이 "외부로부터의 무력공격"에 한정된다고 규정하고 있기 때문에 남한이 북한을 무력 공격했을 때에는 미국이 의무를 지지 않는다는 뜻을 담고 있다[20]는 점이다. 이는 휴전 당시 한국 정부(이승만 대통령)가 "무력에 의한 북진통일" 노선을 버리지 않았기 때문에 그것을 억제하려는 의도이며 정전협정 당시의 영토 변경을 인정하지 않는다는 강력한 위기관리 조치이다.[21] 한미조약은 북쪽의 군사위협으로부터 남쪽을 방위하는 목적과 '북진통일'을 주장하는 이승만 정권의 군사행동을 방지하는 이중 목적으로 체결된 것이다. 어쨌든

---

17) 위의 글, 29~31쪽.
18) 위의 글, 32쪽.
19) 위의 글, 32~33쪽.
20) 위의 글, 38~39쪽.
21) 위의 글, 39쪽.

이 군사조약으로 미군은 남쪽의 영토와 영해에 주둔하는 권리를 장악하고 있다.22) 이렇게 보면 미군은 한반도에서의 전쟁 방지 · 평화 유지를 위해 존재하는 것처럼 보인다. 하지만 북한이 전쟁을 일으킬 능력이 없고 중국이나 소련(러시아)이 한반도에서의 전쟁을 원하지 않고, 남한이 미국의 생각을 무시하고 단독으로 전쟁을 일으킬 가능성이 없다면 미군 주둔 명분은 거의 없는 거나 마찬가지가 된다.

한미 방위조약의 또 하나의 특징은 '작전지휘권' 문제이다. 휴전협정의 일방 당사자가 주한 미국군 사령관에 의해서 대표되고 있고,23) 한국군의 작전지휘권이 같은 미국군사령관의 수중에 있으므로 휴전상태, 휴전협정의 수정 · 변경 또는 심지어 존속 · 폐기 여부도 그 권한이 대한민국 정부와 대통령에게 있지 않다. 리영희에 따르면 한 국가의, 그것도 주권 · 자주 · 독립을 표방하는 국가의 독립과 영토적 보전을 보장하는 최후의 물리적 힘인 군대의 작전권이 그 나라 헌법상 원수에 있지 않고 다른 나라의 현지 사령관에게 장악돼 있는 것이 문제다. 이는 서독 군대가 다른 서유럽 가맹국가들과 마찬가지로 NATO 동맹기구에 편입돼 있지만 평상(평화)시에는 그 작전 지휘권이 서독에 있고, 전시에는 NATO 최고사령관에게 있는 것과 대조적이다. 그리고 서독 각 군의 장성 · 제독은 평상시에도 다른 동맹국들(미국 포함)의 혼성 육 · 해 · 공군, 또는 지역군의 사령관이 되고 있다. 이 점이 대한민국의 군사적 지위와 다르다.24)

따지고 보면 북한이 소련, 중국과 맺은 '조소 상호원조조약'과 '조중

---

22) 동 조약 제3조: "상호합의에 의하여 미합중국의 육 · 해 · 공군을 대한민국의 영토 내와 그 부근에 배치하는 권리를 대한민국은 이를 허여(許與)하고 미합중국은 이를 수락한다." 저작집 5권, 100쪽 미주 20).
23) 북진통일을 주장했던 남한(이승만 정부)은 휴전협정 당사자가 아니다.
24) 「독일식」 한반도 통일방안 비판」(1986~), 저작집 5권, 100~101쪽. 「독일식」 한반도 통일방안 비판」은 글을 쓴 날짜가 명기되지 않아 정확히 언제 썼는지는 알 기 어렵다. 다만 1986년 자신이 독일에서 겪은 경험을 말하는 대목이 있으므로 1986년 이후, 독일 통일(1990.10.3) 전(前)이라고 할 수 있다.

상호원조조약은 다 같이 남쪽에서 박정희 장군의 쿠데타로 문민정권이 전복되고 '반공을 국시로 하는' 군사정권이 수립(1961.5.16)된 직후인 1961년 7월 6일과 7월 11일에 급히 체결된 것이다. 휴전성립 후 그때까지 북쪽과 중·소 사이에는 군사동맹적 조약이 없었다.[25] 중국군대가 북한에서 철수(1958년)한 것까지 감안한다면 주한미군의 주둔 명분은 대단히 미약한 것이라고 할 수 있다. 더욱이 한국과 소련의 수교(1990년 9월 30일), 한국과 중국의 수교(1992년 8월 24일) 이후에는 소련·중국이 북한과 맺은 군사동맹이 사실상 폐기되었기 때문에 주한미군의 주둔 명분은 더욱더 미약해질 수밖에 없다.

(2) 휴전협정을 평화조약으로

리영희에 따르면 통일 문제와 관련해서는 휴전협정을 평화조약으로 바꾸는 게 중요하다. 북쪽은 모든 남북관계 개선과 한반도상의 민족문제 해결을 위한 선행조치로서 현존 휴전협정(체제)을 평화조약(체제)으로 대치할 것을 요구했다. 그러나 남쪽은 시종일관 휴전체제의 유지가 긴장완화의 길이라고 주장한다.

리영희에 따르면 평화조약을 반대하는 국가는 미국이다. 소련이나 중국은 한반도 북쪽에 군사기지를 두고 있지 않으므로 평화조약 체결에서 불이익을 받을 것이 없지만 미국은 군대와 군사기지를 철수해야 하기 때문에 불이익을 본다는 것이다. 미국으로서는 소련과의 동북서 및 북서태평양 지역에서의 군사적 대결 전략에서 남한의 군사기지와 군사력 주둔이 미국 군사전략의 사활적 요소다.[26] 평화체제의 수립 여부는 민족의 희망과 능력보다는 미국의 군사 이익과 결부되어 있는

---

25) 「'독일식' 한반도 통일방안 비판」(1986~), 저작집 5권, 101~102쪽.
26) 위의 글, 93~94쪽. 오늘날에는 러시아(구소련)가 아니라 중국을 겨냥하는 것이 미군 철수 불가의 중요 이유라고 할 수 있다.

셈이다.

리영희에 따르면 남북관계 정상화의 핵심은 평화조약 체결 여부에 달려 있다.[27] 리영희가 1994년 1월 1일『한겨레신문』신문과의 인터뷰(「민주적 문민정부만이 통일과업의 담당자가 될 수 있다 - 대미(對美) 예속 탈피 민주화 철저 실현이 과제」)에서 통일의 날짜를 앞당기기 위해서는 미국의 예속에서 벗어나는 것을 중요하고도 핵심적인 일로 여겨야 한다고 강조한 것은 우연이 아니다. 이것이야말로 자주적 평화통일의 전제조건이다.[28]

좀 더 구체적으로 말하자면, 남한이 북한과의 진정한 통일협상에서 주체가 되려면 미국에 양도한 군사적 주권을 회복해야 한다. 남북 분단의 주요 모순이 군사적 성격인 만큼, 한국이 영구분단을 목적으로 조성된 미국의 한반도 군사전략과 구조에 예속되어 있는 한, 한국은 통일문제에서 미국의 국가이익에 봉사할 뿐이다.[29]

3. 한반도 통일을 둘러싼 국제 환경 분석

1) 독일 통일에서 배울 것

독일의 경우는 주변국들이 동서독의 통일을 위협으로 생각하고 통일을 막는 조약들을 만들어놓았다. 그럼에도 불구하고 독일은 통일을 이루었다. 독일과는 달리 한반도 주변 국가들은 한반도의 통일을 위협으로 생각하지 않는다. 한반도 통일에서 가장 큰 걸림돌은 미국(미군)이라고 할 수 있는데, 이 걸림돌은 미국이 남북한 통일을 두려워해서가

---

27) 「'독일식' 한반도 통일방안 비판」(1986~), 저작집 5권, 98쪽 참고.
28) 「민주적 문민정부만이 통일과업의 담당자가 될 수 있다」(1994.1.1), 『한겨레신문』, 저작집 8권, 119~120쪽.
29) 위의 글, 121~122쪽.

아니라 자신의 패권을 계속해서 유지하려는 데서 오는 걸림돌이다. 만일 독일 통일에서 남북한 통일에 관한 교훈을 얻고자 한다면 동서독이 각각 자신과 상대를 어떻게 봤는지 연구해야 한다. 동서독은 남북한이 자신과 서로를 이해한 방식과는 다르게 자신과 서로를 이해했다. 그러한 이해방식이 통일을 이루게 한 중요한 요소다.

리영희에 따르면 통일과 관련해서 남북한이 각각 독일에게 배울 것은 남한이 서독처럼, 북한이 동독처럼 바뀌어야 하는 것이다.[30] 동서독은 이미 남북한과는 달리 서로 왕래하면서 서로의 실체를 인정하는 등 통일의 조건을 상당부분 갖추어 놓고 있었다. 이런 측면을 간과하는 사람들은 독일 통일을 한반도에 기계적으로 적용한다. 우월한 서독이 열등한 동독을 흡수 통일했다고 보고 우월한 남한이 열등한 북한을 흡수 통일하는 것이 유일한 통일방법론인 것처럼 말하는 것이다. 리영희에 따르면 이러한 통일은 한반도에 불행을 자초할 뿐이다. 동서독이 통일을 이룰 수 있었던 조건이 무엇이었는지 면밀히 검토하고 그들을 닮으려고 노력할 때에만 바람직한 통일의 길이 열린다.

리영희는 1994년 10월 8일 「한겨레논단」[31]에서 남북한 통일을 말하는 사람들이 독일통일의 예를 한반도에 단순하게 적용시키는 관점을 비판한다. 리영희가 보기에 북한을 남한식으로 만드는 것은 적합한 통일방법이 아니며 북한이 동독 같기를 원한다면 남한도 서독 같아야 한다는 점을 배워야 한다.

독일은 분단의 책임이 외부에 있다는 점에서 한반도와 유사한 측면이 있다. 독일이 남북한과 다른 점은 동독이나 서독이 각각 헌법을 만들면

---

30) 리영희는 한국 사람들이 '서독이 자본주의 국가이고 반공정책을 취했지만 사회주의 국가인 동독보다도 더 사회주의적 복지국가임'을 깨닫지 못하는 것 같다고 말한다. 서독의 국가 기본법(헌법)은 서독이 "민주주의이면서 사회주의적 연방국가"라고 규정하고 있다. 「남북 문제에 대한 한국 언론의 문제」, 『스핑크스의 코』(리영희 저작집 9권), 2006, 195쪽.
31) 「북한의 남한화가 통일인가?」(1994.10.8), 『한겨레 신문』, 『반세기의 신화』(리영희 저작집 10권), 2006년, 65~68쪽.

서 나라를 만들 때 자신들을 부분국가로 보았다는 점이다.[32) 남북한이 각각 자신을 한반도에서의 유일한 합법정부라고 주장한 것과는 대조적이다.[33) 독일에서의 유일합법정부론은 1967년에 포기되었다.[34)

독일이 통일의 길로 갔던 것과 관련하여 고무적으로 보아야 할 것은, 1960년대에 동서독 간 경제·통신·인적 관계의 향상을 요구하는 여론이 높아지면서, 정치적 통일보다는 민족적 통일을 우선으로 해야 한다는 인식이 나타났다는 것이다. 즉 '선국가통일'주의에서 '선민족통일'주의로의 중대한 정책 변경을 정부에 요구하는 압력이 가중된 것이다.[35)

리영희는 1985년에 쓴 글 「남북 긴장완화와 통일논리」에서 1972년 동서독이 합의로 사회주의 국가와 자본주의 국가로 공존하는 두 개의 독일의 길을 선택했다는 것에 주목한다.[36)

리영희가 「'독일식' 한반도 통일방안 비판」이란 글에서 1982년 1월 남한이 북한에 제의[37)한 '남북기본관계잠정협정'을 동서독 기본조약 (1972년 11월 8일 조인)과 비교한 글은 몇 가지 주목할 만한 내용이 있다. 동서독 기본조약에 따르면 동서독은 "국가권력이 각자의 영토

---

32) 「독일 통일문제를 보는 눈」(1973), 『우상과 이성』(저작집 2권), 369쪽. 물론 리영희가 말하고 있고, 대부분의 사람들이 잘 알고 있듯이 양자는 부분국가에서 독립주권국가로의 길로 가면서 서로 대립하기도 했다. 다만 이 글은 1973년에 쓴 글이라는 점에 주목해야 할 것 같다. 독일은 1990년 10월 3일에 통일되었는데, 통일을 고민했던 리영희는 일치감치 한반도와 독일의 다른 점, 통일과 관련하여 독일에서 배워야 할 점은 무엇인지에 관해 주목하고 있었다.
33) 「남북 긴장완화와 통일논리」(1985), 저작집 5권, 43~44쪽 참고.
34) 「독일 통일문제를 보는 눈」(1973), 저작집 2권, 374~375쪽 참고.
35) 위의 글, 379~380쪽.
36) 「남북 긴장완화와 통일논리」(1985), 저작집 5권, 19쪽. 오스트리아가 1947년 중립주의의 통일국가로 재생했다는 점도 리영희가 통일과 관련하여 중요하게 여기는 것 중 하나다. 리영희는 한반도 통일과 관련하여 중립화 통일방안도 중요한 고려대상으로 본다.
37) 조약이나 조인이 아니고 제의, 제안이기 때문에 정치적 무게나 법적 구속력의 차원에서 그대로 비교할 성질의 것은 아니라는 점은 리영희도 알고 있다. 하지만 남북한 문제 해결에 서독정부 대표들의 자문과 협의가 빈번했고, 독일 방식에 한반도적 특성을 가미하여 수정한 것이므로 비교 검토할 가치가 있다는 것이다. 「'독일식' 한반도 통일방안 비판」(1986~), 저작집 5권, 62쪽.

내에서만 행사될 수 있다는 원칙을 고수한다. 양국은 국내 및 대외문제에서 상대방 국가의 독립과 자주성을 존중한다."[38]는 것이 그것이다. 사실상 이러한 조약은 독일통일을 바라지 않는 소련, 미국이나 주변국들의 바람이 반영된 결과다.[39] 하지만 주변국들의 바람보다 더 중요한 것은 민족 내부의 의지이다. 동서독 기본조약의 문구는 「남북 긴장완화와 통일논리」에서도 언급한 것처럼 두 개의 국가를 서로가 인정한다는 내용을 담고 있다. 근본적으로는 이러한 조약이 분단을 영구화하는 것처럼 보인다. 하지만 독일이 통일을 이루었다(1990.10.3)는 점이 중요하다. 해당 민족이 어떤 의지를 갖느냐에 따라 분단은 고착화될 수도 있고 통일로 이어질 수도 있다. 두 개의 국가를 상호 인정하는 것은 평화적 공존과 교류의 조건을 만드는 것이기도 하기 때문에 통일의 걸림돌이라고 볼 수만은 없는 측면이 있다.

리영희가 '남북기본관계잠정협정'를 중요시한 이유는 이 제의가 동서독 기본조약(1972년 11월 8일 조인)과는 달리 민족통일 지향적이기 때문이다. 동서독 기본조약은 '독일통일은 불가능하다'는 합의를 천명한 것이고, '독일 영구분단 합법화'를 서약한 것이다.[40]

독일통일은 리영희의 예상에서 벗어난 것이긴 하다. 하지만 결과적으로 보면 분단을 영구화하는 조약을 맺었던 양 당사자도 통일을 이루는 마당에 통일을 지향하는 조약을 맺는 양 당사자가 통일을 이루지 못할 이유는 없다고 할 수 있다. 그만큼 한반도 통일의 문제는 민족 내부의 의지가 중요한 변수로 작용한다고 할 수 있다.

독일 통일에서 배울 것이 있다면 그들은 사회주의와 자본주의의 장점을 서로 인정하면서 협상하고 교류했다는 것이다. 리영희는 1986년 초

---

38) 동서독 기본조약 제6조의 내용이다. 「'독일식' 한반도 통일방안 비판」(1986~), 저작집 5권, 58쪽.
39) 「'독일식' 한반도 통일방안 비판」(1986~), 저작집 5권, 63~64쪽 참고.
40) 위의 글, 71쪽.

서독의 텔레비전이 동독 당 21차 대회 광경을 뉴스시간에 30분 가까이 아무런 논평 없이 방영했다는 소개하면서 동서독 매스컴은 비방 없이 타방사회 내에서 일어나는 사실을 객관적으로 대중에게 소개하고 있다고 말한다.[41] 한반도에서는 상상하기 힘든 장면이다.

2) 유엔(UN) 동시가입 그리고 남북교차승인 문제

1991년 9월 18일 남북한은 유엔에 동시 가입한 바 있다. 이미 남한은 1981년에 유엔 동시가입을 제안한 바 있는데, 당시에 북한은 분단을 고착화한다는 이유로 반대했었다. 그런데 유엔 동시가입은 '교차승인' 문제와도 연동되어 있다. 현재 중국과 러시아(舊소련)는 남한과 수교한 상태이나 미국과 일본은 북한과 수교하지 않고 있기 때문에 교차승인 문제는 통일문제를 다룰 때 빼놓을 수 없는 문제가 되었다.

1981년 남한이 제안한 것은 다음과 같다. ① 남·북한이 각기 상대방을 "합법적인 국가로 승인"하여 '독립주권국가' 간의 관계를 수립하고 ② 관계 열강이 두 국가를 모두 외교적으로 승인하고 ③ 남·북이 주권 독립국가로 동시에 유엔에 가입한다는 것이다. 즉 '상호승인·교차승인·유엔 동시가입'안이다(1981.1.12, 1981.6.5 제의). 리영희에 따르면 이 방식은, 남·북한의 어느 쪽에 의한 병합 또는 흡수통일도 불가능하다는 상황적 결론이 내려진 1970년대 초부터 미국 정부를 비롯한 세계의 여러 정부 또는 공식·비공식 기관 및 개인들에 의해서 대안으로 제창되기 시작했다. 1972년 남·북한 정부 사이의 7·4남북공동성명이 그 계기가 되었다.[42]

리영희에 따르면 교차승인은 전쟁발생 가능성을 제거하고 한반도

---

41) 「'독일식' 한반도 통일방안 비판」(1986~), 저작집 5권, 85쪽.
42) 「남북 긴장완화와 통일논리」(1985), 저작집 5권, 49쪽.

어느 쪽에도 외국군대와 군사기지가 없는 민족자주적 생존양식을 구축할 수 있는 길이 될 수 있다.[43] 그렇지만 냉전구조가 해체되었고, 주변 강대국 특히 소련·중국의 경우 한반도통일을 두려워하거나 거부할 이유가 없는 상태가 되었음에도 불구하고 미국·일본은 과거와 별 다를 바 없이 냉전시대의 대북한정책을 고수하고 있는데, 이 점이 바뀌어야 한다고 리영희는 지적한다.[44]

본래 남북한의 화해를 구조화하기 위해서는 소련·중국이 남한과 관계를 정상화한 것에 대한 상응조치로 미국·일본이 북한과 관계 정상화를 도모해야 한다는 것이 오랜 양해사항이었다. 그런데 미국은 구소련 구성국들을 미국의 패권주의 아래 확실히 굴복시킬 때까지는 냉전시대적 정책에 변화를 보이지 않을 것이고 북한을 이라크처럼 취급함으로써 미국 경제 활성화와 전 세계에 대한 군사패권체제 유지의 희생양으로 삼으려 하고 있다.[45] 미국은 남한을 계속 군사적 거점으로 삼아 동북아 패권구조를 유지하려는 의도를 갖고 있기 때문에 북한과의 수교를 거부하고 있다는 것이 리영희의 생각이다.[46]

북한이 미국에 요구하는 것은 국가 승인이다. 원래 이것은 7.4 공동성명을 발표한 즈음에 미 국무장관 키신저가 유엔 총회에서 "남한에 대해서 소련과 중국이 경제교류를 하고 국가승인을 한다면 미국은 일본과 함께 북한과 문화·경제·사회적으로 또 외교·군사·정치적으로도 정상관계를 하겠노라"고 처음으로 제안했던 것이다. 미국이 북한을 국가로 승인한다면 팀스피리트 같은 위협이나 여러 가지 북이 두려워하는 상황이 동시에 사라지는 것이다.[47] 중국으로서는 미국의 영향력이 북한에까지 미치는 어떤 상태가 생기면 중국의 턱밑에 미국이 강하게 들어와

---

43) 위의 글, 53쪽.
44) 「현 상태로 통일되면 불행한 사태 초래」(1993.6.12), 『새누리 신문』, 저작집 8권, 112쪽.
45) 위의 글, 115쪽.
46) 위의 글, 112쪽.
47) 「통일은 어느 만큼 와 있는가?」(1994.3) 『경제정의』, 1994, 봄호, 저작집 8권, 141쪽.

앉아 있는 셈이 되기 때문에 북한과 미국이 수교하기를 원한다.[48]

그런데 리영희에 따르면 남북한 동시에 유엔에 가입한 것은 국가 승인과는 관련이 없다. 국제 정치판에서 위상이 높아졌다는 정도의 의미일 뿐이다. 북한을 국가로 승인하는 나라도 있고 그렇지 않은 나라도 있듯이 미국이 승인을 안 해도 다른 나라들이 승인하면 국가가 되는 것이다.[49] 결국 국가 승인 문제는 나라와 나라 사이의 문제이고 북한으로서는 남북한 유엔 동시가입보다 미국에게 국가 승인을 얻는 게 중요한 것이다.

리영희에 따르면 미국이 북한과 수교를 하지 않는 이유는 1990, 1991, 1992, 1993, 1994년에 걸쳐서 해마다 미국 군부가 의회에 제출하는 정책 보고서에 잘 나타나 있다. 미국의 말을 고분고분 듣지 않는 국가는 단시일 내에 없애야 한다는 정책이 그것이다. 일차적으로 이라크를 쳤고, 그 다음 리비아, 북한 순으로 치려고 했다는 것이다.[50] 그렇다면 북한이 전쟁을 방지하고 미국의 무력 위협으로부터도 벗어날 수 있는 길을 평화협정에서 찾으려는 이유도 여기에 있다고 할 수 있다.

약자는 평화를 원하고 강자는 폭력(전쟁)을 통한 더 큰 패권을 원한다. 남한에 비해 경제적, 군사적으로 열세이고 미국으로부터는 핵공격의 위협까지 받고 있는 북한으로서는 미국과의 수교가 사활을 건 문제가 될 수 있다. 상대를 적대시한다면 수교는 불가능하다. 북·미 수교는 교차승인을 의미하고 교차승인은 평화협정에 버금가는 효과를 발휘할 수 있다.

---

48) 위의 글, 142쪽.
49) 위의 글, 143쪽.
50) 위의 글, 143~144쪽.

4. 북핵문제

아마도 통일문제와 관련하여 각종 언론, 특히 보수 언론에 노출되어 있는 사람들은 북한의 핵(무기)개발이 통일로 가는 길에 놓여있는 가장 큰 걸림돌이라고 생각할 것이다. 그러나 리영희에 따르면 북한의 핵개발은 자신들의 체제를 외부(미국, 남한)로부터 지키기 위한 최후의 몸부림에 가깝다.

핵무기 개발과 관련해서는 박정희 정부나 전두환 정부 때도 핵무기를 개발하려 했다는 것을 모르는 사람들이 많은 것 같다. 북한과 비교해서 열세일수록 그리고 체제가 안정적이지 않을수록 위기의식을 느낀 권력은 위기 탈출 또는 체제 안정 내지는 보장을 위하여 핵무기 개발을 시도했다.

예를 들면 1970년대 초 미국은 베트남 전쟁에서 사실상 패했는데, 이때 닉슨 대통령은 아시아 대륙의 미국 동맹국가들에서 군사적 분쟁이 발생할 경우 미국 군대가 직접 참전하지 않을 것이며 후방에서의 지원과 간접적 역할에 머물 것이라고 선언하였다. 1971년에는 한국 주둔 미국 지상군 보병 제7사단을 철수하기도 했다.[51] 그러자 박정희 대통령은 군사력에서 우월한 북한의 군사적 통일노선을 전환시키기 위해 북한의 통일 슬로건인 '자주적 · 평화적 · 이념초월 · 외세 간섭 배제 · 민족 대단결' 원칙을 수락했다. 그렇게 해서 탄생한 것이 '7.4남북공동성명'이다. 이는 이 성명이 '닉슨 독트린'에 자극받아 다급하게 취한 임기응변적 자위책이었음을 말해준다.[52] 박정희 정권은 북한과의 대결체제를 굳히기 시작했고 군사력증강의 핵심은 독자적 핵무기 생산 계획이었다.[53] 이 계획은 미국의 반대와 압력으로 무산되기는 했지만 핵무기 개발은

---

51) 「한반도의 비핵화 · 군축 그리고 통일」(1993.3), 저작집 8권, 82~83쪽.
52) 위의 글, 83쪽.
53) 위의 글, 84쪽.

전두환 정권 기간인 1982~84년에도 추진되었다고 한다.54)

리영희는 남한(대통령)이 핵무기 제조를 추진한 이유를 다음과 같이 말한다. ① 미국의 핵무기 사용(보호)을 기대할 수 없다. ② 남한의 재래식 군사력(전쟁 능력)이 북한보다 열세다. ③ 남한의 경제력이 북한보다 열등하다. ④ 정권 안정기반이 취약하다. ⑤ 국제적 고립상태와 (1970년대) 안보상의 위기감. ⑥ 북한의 흡수적 군사적 통일노선(불신감) 등이 그것이다.55)

이와 같은 이유를 북한에 적용하면 북한이 왜 핵개발을 추진하는지 알 수 있다. ① 북한에는 구소련이나 현 러시아, 중국의 핵무기가 애당초 없었다. 구소련 붕괴 후 러시아는 북한과 1960년에 체결한 군사동맹조약에서 군사적 의무를 해제할 것을 일방적으로 통고했다. 중국군은 한국전쟁이 끝난 지 5년 뒤인 1958년 10월 1일을 기해서 북한에서 철수한 반면에 미국정부와 군은 남한에 핵무기가 있다고도 없다고도 말할 수 없다고 말했는데(1986년) 유력한 통신에 따르면 남한에는 핵무기가 있다는 것이다.56)

역대 군사정권은 정권을 유지하는 방패막이로 '북한의 군사적 우위'를 말했는데, 리영희는 1988년 논문 「남북한 전쟁능력 비교연구」에서 사실은 그렇지 않음을 밝혔다.57) 총체적으로 볼 때 남한의 '전쟁능력'은 북한을 앞지른다는 것이다. 따라서 '북한 군사적 우위론'을 볼모로 국민을 우롱하는 행위는 진정한 남북한 관계 정상화 노력을 위해서도 바람직하지 않다는 것이 리영희의 결론이었다.58)

---

54) 위의 글, 84~85쪽 참고. 리영희가 근거로 삼고 있는 피터 헤이스의 저서(Peter Hayes, *The Republic of Korea and the Nuclear Issue*, 1992)에 따르면 당시 한국은 9개월 이내에 핵무기를 생산할 수 있는 경제적, 기술적 수준을 갖추고 있었다고 한다. 위의 글, 85쪽 참고.

55) 위의 글, 85~86쪽.

56) 위의 글, 86쪽 참고.

57) 리영희, 「남북한 전쟁능력 비교연구」, 『사회와 사상』 9월호, 1988.

58) 「한반도의 비핵화 · 군축 그리고 통일」(1993.3), 저작집 8권, 87쪽.

군사력이란 GNP 등의 경제력에서 나오는 것이고 GNP 대비 군사비 지출 비율이라는 것도 경제력 또는 경제규모를 기준으로 할 때 그 의미가 제대로 드러난다. 리영희에 따르면 1992년을 기준으로 볼 때 북한의 군사비는 크게 잡아도 남한의 2.5분이 1이며, 남북한 경제력은 10대 1이고 북한의 경제 사회적 상황은 대체로 '위험수위'로 평가되고 있다고 한다.[59]

리영희에 따르면 북한이 핵확산금지조약에서 탈퇴하려는 이유는 미국의 군사적 위협 때문이다. '핵금조약' 10조는 "자국의 지고(至高)한 이익에 위협이 된다고 인정되는 이상사태가 발생했을 때는 국가주권의 행사로서 이 조약에서 탈퇴할 권리를 갖는다."고 규정하고 있다.[60] 말하자면 핵무기를 가진 나라가 핵무기가 없는 나라를 공격하려 할 때는 '핵금조약'에서 탈퇴하여 핵무기를 개발할 수 있다는 뜻인데, 이는 지극히 상식적이고 타당한 규정이다. 전쟁에서 불리하면 핵무기를 가진 나라가 그 무기를 사용하지 않는다는 보장이 없지 않은가? 미국의 조지 W. 부시 대통령은 2002년 1월 29일 연두교서에서 이라크, 이란, 북한을 '악의 축(axis of evil)'으로 지목한 바 있다. 그리고 2003년에는 이라크를 공격하여 후세인을 축출하고 새로운 정권을 세웠다. 북한뿐만 아니라 이란의 핵무기를 개발도 미국의 군사적 위협과 분리해서 사고하면 지극히 편협한 시각을 낳을 수밖에 없다. 그리고 리영희가 「한반도의 비핵화·군축 그리고 통일」을 1993년에 썼다는 걸 감안하면 그 혜안이 놀라울 정도다.

북한에 대한 미국의 핵공격 위협은 차치하고라도 남한과 북한의 핵능

---

59) 자세한 것은 위의 글, 88~89쪽 참고할 것.
60) 위의 글, 90~91쪽. 「통일은 어느 만큼 와 있는가?」(1994.3), 저작집 8권, 144쪽에서도 이를 언급하고 있다. 『경제정의』 1994년 봄호에 게재된 리영희 대담에 따르면 미국은 야포에 넣어서 쏠 수 있는 소형핵무기를 개발했는데, 이를 핵무기에 포함시키지 않는 쪽으로 핵확산금지조약을 개정하려는 음흉한 짓을 한다. 「통일은 어느 만큼 와 있는가?」(1994.3), 저작집 8권, 138~139쪽 참고.

력을 비교하면 남한이 훨씬 월등하다고 한다. 미국은 핵에너지 기술과 시설을 남한에게 거의 강제적으로 판매 지원하고 있는데, 한국의 핵관계 전문가인 피터 헤이스(Peter Hayes)에 의하면 남한은 핵무기의 직접원료가 되는 플루토늄239를 현재 약 10톤 정도 비축했고, 2000년까지는 약 24톤이 될 것이라고 한다. 북한은 연간 약 70킬로그램의 플루토늄을 생산하는 것으로 평가되는데, 남한의 20분의 1이다.[61]

이상과 같은 측면에서 볼 때 미국과 남한에 대한 북한의 불안감, 차라리 '공포감'은 진실이거나 적어도 진실에 가깝다. 1991년 북한은 이라크(후세인), 리비아(카다피), 쿠바(카스트로)와 함께 미국 군부가 앞으로 처치해야 할 4개국(정권·지도자) 중의 하나로 거론됐다. 그리고 앞으로 수년간의 미국 군사계획의 활동목표(1993년 9월 1일 발표)는 이라크와 북한만을 유달리 선명하게 부각시키고 있다.[62] 리영희의 진단에 따르면 남한 측의 '인도적' 교류나 '평화적' 경제협력 제안들이 실제로는 평화적 '공영관계'의 추구가 아니라 북한의 국가적 파탄과 '붕괴통합' 전략의 겉치레에 불과한 것으로 보일 수도 있다고 한다. 실제로 북한은 그렇게 생각한다는 것이다.[63]

리영희가 김영삼 정부의 통일정책 평가위원회 위원으로 위촉된 것이 계기가 되어 『서울신문』과 인터뷰를 했을 때(1993.4.13), 남북한 신뢰구축을 위해 필요한 것으로 이산가족 재회 등 인도적 접근이 아니라 군축을 우선적으로 꼽은 데에도 위와 같은 이유가 있다고 할 수 있다. 군사적으로 상대방을 압도하겠다는 의사가 없음을 서로 확인하지 않고서는 신뢰회복이 불가능하다는 것이 리영희의 생각이다.[64]

그렇지만 리영희가 북한의 핵무기 개발을 지지하는 것은 아니다.

---

61) 「한반도의 비핵화·군축 그리고 통일」(1993.3), 저작집 8권, 93쪽.
62) 위의 글, 95쪽.
63) 위의 글, 97쪽.
64) 위의 글, 110쪽.

북한으로서는 남북한 전쟁능력에서 격차가 커지자 재래식 무기에 의한 대응에 한계를 느껴 핵개발을 진지하게 검토한 것으로 생각되는데, 미국과 남한의 군사력에 대한 북한의 공포감을 덜어주는 것이 전제가 되어야겠지만, 북한은 이를 백지화해야 한다고 말하기 때문이다. 아울러 혹시라도 핵무기 개발을 통해 체제의 약점을 보완할 수 있다고 생각한다면 그것은 오해라고 지적하기도 한다.[65]

5. 통일방법론 – 병합 · 흡수통일이 아니라 수평적 · 중립화 통일

리영희의 진단에 따르면 이제 북한은 과거 남한이 그랬던 것처럼 통일정책을 수동적 · 소극적 · 지연적 · 평화적 · 비군사적 · 자체보위 우선적으로 바꾸었다. 적극적 통일보다는 체제와 국가의 보존이 시급한 과제가 된 것이다. 반면에 1960~70년대와는 달리 남한은 동 · 서 독일 통합형식인 국력의 우열에 기초한 '흡수통합'을 사실상의 정책기조로 추진하고 있다.[66] 그렇지만 남북한 각각은 각자가 가지고 있는 문제점을 극복하려 노력하고 상대편의 장점을 인정 · 수용함으로써 수평적 관계를 만들려고 해야 한다. 그리고 대외적으로는 자주적인 중립화 통일의 길을 가야 민족의 이익을 도모할 뿐만 아니라 세계 평화에도 기여할 수 있다는 것이 리영희의 생각이다.

리영희는 「남북긴장 완화와 통일논리」(1985)라는 글에서 통일문제를 병합통일, 흡수통일, 수평적 통일 등으로 설명한 적이 있다.

병합통일은 한 편이 다른 편을 무력이나 기타 방법으로 정복하여

---

65) 「현 상태로 통일되면 불행한 사태 초래」(1993.6.12), 저작집 8권, 114쪽.
66) 「한반도의 비핵화 · 군축 그리고 통일」(1993.3), 저작집 8권, 90쪽.

한쪽의 주권하에 통일하는 방식인데, 1970년대의 베트남 통일이 이것이다. 이 방식은 남·북한이 각기 과거에 원했던 바이나 실제로 불가능했고 또 현재는 서로 통일 방식으로서는 포기했을 뿐만 아니라 부정하고 있다. 흡수통일은 국가적 역량에 차등이 있는 두 주체 중 우월한 일방이 열등한 일방을 통합하는 형식으로서, 중국이 대만과의 통합에서 채택하고 있는 통일정책이다. 남한은 인구·경제력의 우월로 이 방식을 주장하고, 북한은 대등한 자격으로서의 통합을 주장하고 있다. 위의 두 형식(병합통일, 흡수통일)은 수직적 통일인데 반해서, 제2차 대전 종결의 결과로 소련 점령지역과 서방 연합국 점령지역으로 분할했던 오스트리아가 1947년에 단일주권하에서 통일을 했는데, 이것은 수평적 통일이다.[67]

리영희가 주목하는 통일론은 중립화 통일이다. 한민족이 자주독립적이어야 하고 주변국들과의 관계에서는 완충적 역할과 기능을 수행해야 하는데, 이를 국제화하는 것이 중립화 통일이다. 그것은 '무장' 중립화일 수도 있고, '비무장' 중립화일 수도 있는데, 어디까지나 반도 민족의 자주적 판단에 따라야 할 문제다.[68] 리영희에 따르면 주변 열강으로서는 그것을 반대할 '장기적' 이유는 없어 보인다. 미국 외교정책에 중요한 영향력을 미치고 있던 상원 외교위원회의 마이크 맨스필드 의원도 오스트리아형 중립화 통일방안을 제시한 적이 있다고 한다.[69] 1955년에 이룩된 오스트리아의 통일방식을 따라 미·소·중 3개국에 의해서 보장되는 중립화로 남북을 통일시킨다는 것, 그리고 제1단계 조치로 남·북

---

67) 「남북 긴장완화와 통일논리」(1985), 저작집 5권, 42~43쪽.

68) 북한은 연방제와 관련된 통일방안에서 남북의 군사력을 각기 10만 이하로 축소할 것(1959.10.25. 1960.8.14, 1960.11.24)을 거듭 제의했고, 63년 12월 9일 제안에서는 1만 명 이하로의 감축을 제의하고 있다. 이것은 사실상의 '비무장화'안으로 볼 수 있다. 「독일식' 한반도 통일방안 비판」(1986~), 저작집 5권, 66쪽 각주 4) 재인용.

69) 미국 국방성 아시아·태평양지역 정책자문위원장 에드윈 라이샤워Edwin Reischauer씨도 1966년 12월 16일, 한반도 통일 문제에 관한 기자회견에서 '주변 강대국 보장하의 중립화 통일'안을 제시했다. 『민족과 통일』 자료편, 사계절, 1985, 452쪽 참조. 「독일식' 한반도 통일방안 비판」(1986~), 저작집 5권, 66~67쪽 각주 5)에서 재인용.

전역에 걸쳐 자유롭고 공정한 선거를 실시하기 위한 상호 합의의 기초를 형성하기 위해 직접 관계되는 당사자, 즉 남·북 코리아의 관계자들의 회담을 열도록 돕는 것 등이 주요 내용이다.[70] 이후, 1971년 미국 하원 외교위원회 극동분과위원회에서도 한반도 중립화가 검토된 바 있고, 드골 프랑스 대통령이나(1964.1.31), 아놀드 토인비 교수, 로버트 케네디 (전 미국 법무장관)도 중립화 통일방안에 관해 말했다고 한다.[71]

리영희는 1997년 4월 5일 경제정의실천시민연합 주체 강연에서 여러 나라의 통일을 분석·소개한다. 그중 오스트리아는 1945년 대전 직후에 미, 영, 소, 불 4대 연합국이 분할 관리했는데, 1955년 4대국 분할관리체제가 종식되자, 국민투표에 의해서 '영세중립'과 비동맹을 선언하고 통일정부국가를 수립함으로써 통일을 이루었다. 우리와 다른 여러 조건이 있지만 사회의 구조는 자본주의 체제이지만 사회주의적 요소가 가미된 체제였기 때문에 4대 연합국 관리가 철수하면서 그대로 중립화 통일이 이루어질 수 있었던 것이다. 오스트리아의 영세중립 헌법에는 주변 국가에 위협이 되는 핵무기, 대량살상 무기, 장거리포 등을 가지지 않는다는 조항이 있다. 주변의 어느 국가와도 적대적 군사동맹을 맺지 않음으로써 어느 국가도 적대시하지 않기 때문에 막대한 군사비를 감면하게 되어 경제적 사회적 발전에 전념할 수 있고 주변 국가들은 물론 강대국들과의 협약으로 오스트리아에 대한 공동안보도 보장받을 수 있다. 리영희는 오스트리아와 같은 영세중립화 통일 방식이 한반도에도 적용될 수는 없을지 생각해본다고 한다.[72]

리영희에 따르면 위와 같은 중립화 통일론은 어떠한 형식과 형태이든, 독일민족의 통합된 단일국가화에 반대하는 유럽국가들의 태도와는 다

---

70) 「'독일식' 한반도 통일방안 비판」(1986~), 저작집 5권, 66~67쪽.
71) 위의 글, 67쪽 참고.
72) 「민족통일의 세계사적 인식」(1997.4.5), 경제정의실천시민연합 주최 강연, 저작집 9권 258~259쪽.

른 것이다. 통일독일은 주변 국가들에 대한 불안과 공포의 대상이 되지만, 우리의 경우는 '주로' 우리들 자신의 의지에 달려 있기 때문이다.[73] 이는 중립화 통일 방안이 실현가능성이 높은 통일방안이라는 것을 말해주는 정황이기도 하다.

리영희는 병합통일은 물론이고 흡수통일에 반대하는 입장도 분명히 밝힌다. 1993년 4월 13일 『서울신문』과의 인터뷰에서 통일이 이루어지려면 우선 남북한 간의 동질화가 우선되어야 하는데, 이를 위해서는 경제·사회·문화 등 다방면에 걸쳐 활발한 교류가 20년 정도는 계속되어야 한다고 말한다. 이는 당장 통일을 서둘러서는 안 된다는 의미이기도 하다. 그리고 사회 일각에서 흡수통일론이 운운되고 있는데, 이는 상대편 민중에게 고통을 강요할 수 있기 때문에 경계해야 한다고 말한다. 이때는 리영희가 김영삼 정부의 '통일정책 평가위원회'의 위원으로 위촉된 상태여서 더욱더 의미가 있다고 할 수 있다.[74] 그만큼 통일문제와 관련해서 자신의 생각을 현실화할 수 있는 가능성이 높아졌기 때문이다.

리영희는 1993년 6월 12일 『새누리 신문』과의 인터뷰에서 앞으로 약 5년 이내에 남북연합(연방)이 이루어지리라 예상하고 흡수통일론에 대해 우려를 표시했다.[75] 그에 따르면 일방적 점령·흡수가 아닌 바에야 정치적으로 무슨 용어를 쓰건 두 개의 국가가 연립하는 단계를 어떤 형식으로든 거치지 않을 수 없다. 양 체제가 단일화되는 완전한 통일에 대해서는 그 시기를 단정할 수 없다. 다만 중요한 것은 어떤 형태의 통일이냐 하는 것인데, 만약 지금같이 부패타락하고 인간을 소외시키는 현재의 남한 자본주의가 민중에게 희망을 주는 체질개선이 이루어지지 않은 채 경제력과 군사력으로 북한을 삼켜버리는 식의 통일이 된다면 이는 7천만 민족의 불행[76]이라는 것이다.

---

73) 「'독일식' 한반도 통일방안 비판」(1986~), 저작집 5권, 67~68쪽.
74) 「흡수통일론은 위험한 발상」(1993.4.13), 『서울신문』 인터뷰, 저작집 8권, 107쪽.
75) 「현 상태로 통일되면 불행한 사태 초래」(1993.6.12), 저작집 8권, 111~116쪽.

6. 결론 – 통일을 위한 실천 방향

리영희가 말하는 수평적 통일이란 분단 당사자의 통일이 수직적(병합·흡수)이지 않아야 한다는 것인데, 이러한 통일은 남북한의 수평적 관계를 전제로 한 것이기도 하다. 이때 수평적 관계란 힘의 대등함만을 의미하는 것이 아니다. 각자가 자신의 단점을 극복하되, 상대의 장점은 닮으려는 통일의 과정이기도 하다. 중립화 통일이란 분단 당사자가 대외적 관계에서 자주적 위치에 있어야 한다는 의미이다. 그리고 이런 통일방법론을 실천하려 할 때 무엇보다도 중요한 것은 당사자들의 의지이므로 남북한은 서로를 이해하려고 노력하는 것은 물론이고 미국 등 한반도를 둘러싼 주변국들과 군사적·물리적 충돌을 방지하면서 평화적인 방법으로 통일을 이룰 수 있는 길을 모색해야 한다.

좀 더 구체적으로 말하면 남은 북으로부터 민족자주성, 민족적 긍지, 평등성과 사회주의적 정책을 수용할 수 있어야 한다. 북은 남으로부터 개인의 권리와 자유, 기회추구의 확대, 시장경제의 장점 등을 받아들여 김일성 유일사상과 경제적 낙후에서 벗어나야 한다.[77]

독일을 예로 들자면, 남한이 서독 수준으로 민주화되고 북한도 동독 정도로 자유화되어야 한다. 통일운동도 군비축소, 남북한쌍방의 민주화,

---

76) 위의 글, 115~116쪽.
77) 「사회주의는 끝난 것인가? 자본주의는 이긴 것인가?」(1991.6.25), 『한국일보』 인터뷰, 저작집 8권, 235쪽; "북한의 '개인숭배' 체제와 사회 폐쇄 정책은 중국 인민의 비웃음의 대상이 되고 있다." 「한·중 수교를 어떻게 볼 것인가」, 저작집 8권, 244쪽; 리영희는 현재의 가장 이상적인 사회를 북유럽의 사회민주주의 사회로 꼽은 적이 있다. 이때 사회민주주의란 인간의 얼굴을 한 자본주의이기도 하다. 그를 인간주의적 사회주의자로 본다면 강조점은 '사회주의'에 있는 것이 아니라 '인간주의'에 있다. 그가 사회주의에 주목하는 이유는 체제 때문이 아니라 도덕적 우월성 때문이다. 따라서 리영희를 친북주의자로 보거나 사회주의자로 보는 것은 그에 대한 편견이며 오해다. 그에 따르면 기존의 사회주의는 사회주의의 실패를 보여주었다. 따라서 과거의 사회주의를 (진정한) 사회주의로 보지 않으려는 태도, 또는 사회주의는 아직 오지 않았다는 관점을 그는 받아들이지 않는다. 자세한 논의는 이순웅, 「리영희의 '인간주의적' 사회주의에 관한 비판적 연구」, 『시대와 철학』, 제19권 3호(통권 44호), 2008년 가을, 193~230쪽 참고.

핵의 위협성에 대한 자각과 남북한 쌍방의 핵무기정책 포기, 미국의 패권주의에 대한 항거 등 통일을 가로막고 있는 현실적·구체적 장애요소들을 동시에 해결해나가는 현실적 운동으로 관점을 돌려야 한다. 남한의 재야 운동은 남북한 쌍방이 변화할 수 있도록 남한에 대한 변화 요구만큼이나 북한 현실에 대해서도 냉정한 객관적 태도를 가져야 한다.[78]

북한은 이미 자신들이 변화해야 한다는 것을 감지하고 있다. 중국의 경제방식을 연구하기 시작한 것인데, 리영희는 북한의 민중도 저러한 긴장상태로는 오래 지속을 못할 것이고 민중이 배를 곯는 상황에서는 정권이나 체제가 아무리 훌륭한 이론을 내세워도 한계가 있다는 것을 권력을 장악한 사람들이 이해 못할 까닭이 없다고 말한다.[79] 그러나 북한이 변화의 단계에 들어섰지만 변화의 시간을 상당히 길게 잡을 것이라는 게 리영희의 예측이다. 왜냐하면 북한은 개방을 자본주의의 세균들이 침투하는 것으로 표현했고, 경제교류는 자본주의의 세균들이 들어가는 과정이라고 생각했기 때문이다.[80]

리영희 예측에 따르면 북한은 통일을 서두르지 않을 것이다. 1985~6년까지만 해도 북한은 김일성 주석 당대에 통일을 하겠다고 주장했다. 하지만 1990년대 전후로는 급속한 통일을 바라지 않게 되었고, 통일이나

---

78) 「현 상태로 통일되면 불행한 사태 초래」(1993.6.12), 저작집 8권, 115~116쪽. 미국의 패권주의와 관련한 리영희의 다음과 같은 말은 평화통일을 이루는 데 미국이 얼마나 큰 걸림돌이 되는지 보여준다. "미국은 자신들이 없애고 싶어 하는 국가가 핵무기를 갖는 것을 용납하지 않는다. 그러므로 북한을 지구상의 마지막 공산주의로 생각해서 말살하려고 하는 미국의 정책을 문제 삼을 필요가 있다." 「통일은 어느 만큼 와 있는가?」(1994.3), 저작집 8권, 144쪽.
79) 「통일은 어느 만큼 와 있는가?」(1994.3) 저작집 8권, 148쪽. "북한의 수해 난민 구호식량 문제를 놓고 벌어진 지난 2년간의 남북한 사회의 작태는 세계의 비웃음거리였다. 북쪽의 권력집단은 인민대중이 굶어 죽어가는데도 정권의 체면 유지에만 급급했다. 이제는 인민의 믿음이 떠나간 지 오래인 '우리식 사회주의'라는 허황한 정신주의적 구호로 세상의 눈과 귀를 가리려고 했다. 그들도 마침내 인민을 볼모로 한 권력의 체면 유지에 한계가 왔음을 깨달은 것 같다." 리영희, 「독일 통일의 재상' 콜의 교훈」(1997.4.9), 『법보신문』, 저작집 9권, 233쪽.
80) 「통일은 어느 만큼 와 있는가?」(1994.3) 저작집 8권, 149~150쪽 참고.

사회형태, 정치체제 등을 다음 세대에게 넘겼다고 한다. 조급하게 했다가는 사회가 붕괴된다는 것을 알기 때문에 그랬을 거라는 게 리영희의 예측이다. 북한으로서는 개방을 길게, 10년, 20년 단위로 잡을 것이고 자기들 사회가 서서히 달라질 수밖에 없는 그런 전제하에서만 변화를 받아들일 것이다. 따라서 북한을 대할 때는 너무 급속하게 변화를 기대하거나 강요하거나 또는 그것에 입각해서 우리의 행동을 주장하지 말아야 한다는 게 리영희의 입장이다.[81]

그러나 '~이다'와 '~이어야 한다'가 다르듯이 남북한 현실에 관한 사실적 판단에 입각하면 미래가 그리 낙관적이지만은 않다. 리영희도 이 점을 알고 있다.

리영희는 남북한 장기공존이 아니라 남한에 의한 단기 흡수통일이 될 가능성을 배제하지는 않는다. 그렇지만 그 가능성보다는 서서히 바뀌는 쪽의 가능성이 조금 더 크다고 본다. 북한의 경우, 순간적인 붕괴보다는 지속적인 변화 쪽으로 한참 갈 가능성이 크다고 본다.[82] 그런데 1999년으로 가면 북한 집권세력의 현명함 여부가 관건인 것처럼 말한다. 김대중 정부의 햇볕 정책은 원칙으로 타당하고 남한 정권의 대북정책으로는 거의 질적 전환인데, 무엇보다도 현재는 남북 민족 간의 '전쟁'을 회피하는 노선이 가장 중요하다고 말한다. 그리고 흡수통일 여부는 북한 집권세력의 현명성 여부에도 크게 달려 있는 문제라고 말한다.[83]

김대중, 노무현 정부의 통일정책에 대한 리영희의 가장 큰 불만은 주한 미군 주둔 문제이다. 김대중은 통일 후에도 미군이 주둔해야 한다고 말했으며, 노무현도 미군은 전략적으로 배치돼야 한다고 말했다.

---

81) 「통일은 어느 만큼 와 있는가?」(1994.3) 저작집 8권, 150~151쪽. 북한이 자본주의의 초보 익히는 데는 수십 년 걸릴 것이라는 게 리영희의 판단이다. 「통일은 어느 만큼 와 있는가?」 (1994.3) 저작집 8권, 155~161쪽 참고.
82) 위의 글, 159쪽.
83) 「젊은이들과 나눈 편지」(1999), 저작집 12권, 59쪽.

당장 철수하라는 것도 소아병적인 얘기지만, 더 이상 외국 군대가 잔류할 필요는 없다. 그런 점에서 보면 우리는 지금 미국의 반(半)식민지와 같으며 주한 미군은 다국적군대로 바꿔서 남북관계를 개선해야 한다. 그렇지만 리영희는 앞으로 15년(2017년)이면 미군 지배에서 벗어날 수 있을 거라고 예상한다.[84]

미국의 패권주의, 미군 주둔이 통일의 가장 큰 걸림돌이라고 보는 데에는 여전히 변함이 없다. 그리고 리영희는 남한의 개혁과 민주화도 이를 거부하는 세력과의 긴 투쟁을 요구한다고 말한다. 서두르지 말고 천천히 남북한 간에 수평적 관계를 만들면서 자주적, 중립화·통일 노선을 걸어야 한다는 것이 리영희의 일관적 통일론이다.

---

84) 「DJ한테 정 떨어졌어!」(2002.5), 『사회참여』 대담, 저작집 12권, 242~243쪽.

✪ 참고문헌

리영희 저작집, 한길사, 2006.

: 「독일 통일문제를 보는 눈」(1973), 『우상과 이성』(저작집 2권).

: 「남북 긴장완화와 통일논리」(1985), 『역설의 변증』(저작집 5권).

: 「'독일식' 한반도 통일방안 비판」(1986~), 저작집 5권.

: 「버리지 못하는 이기주의와 버릴 수 없는 사회주의적 휴머니즘」(1993), 『새는 '좌·우'의 날개로 난다』(저작집 8권).

: 「민주적 문민정부만이 통일과업의 담당자가 될 수 있다」(1994), 저작집 8권.

: 「현 상태로 통일되면 불행한 사태 초래」(1993), 저작집 8권.

: 「통일은 어느 만큼 와 있는가?」(1994), 저작집 8권.

: 「한반도의 비핵화·군축 그리고 통일」(1993), 저작집 8권.

: 「흡수통일론은 위험한 발상」(1993), 저작집 8권.

: 「사회주의는 끝난 것인가? 자본주의는 이긴 것인가?」(1991), 저작집 8권.

: 「남북문제에 대한 한국 언론의 문제」, 『스핑크스의 코』(저작집 9권).

: 「민족통일의 세계사적 인식」(1997), 저작집 9권.

: 「'독일 통일의 재상' 콜의 교훈」(1997), 저작집 9권.

: 「학생들에게 남북문제와 통일을 어떻게 가르칠 것인가」(1998), 『반세기의 신화』 (리영희 저작집 10권).

: 「북한의 남한화가 통일인가?」(1994), 저작집 10권.

: 「민족적 의지가 통일을 좌우한다」(1988), 『21세기 아침의 사색』(저작집 12권).

: 「젊은이들과 나눈 편지」(1999), 저작집 12권.

: 「DJ한테 정 떨어졌어!」(2002), 저작집 12권.

리영희, 「남북한 전쟁능력 비교연구」, 『사회와 사상』 9월호, 1988.

이순웅, 「리영희의 '인간주의적' 사회주의에 관한 비판적 연구」, 『시대와 철학』, 제19권 3호(통권 44호), 2008년 가을.

강만길, 통일민족주의와 대등통일론

......

박민철

건국대학교 통일인문학연구단 HK연구교수

강만길, 통일민족주의와 대등통일론

박민철(건국대학교 통일인문학연구단 HK연구교수)

강만길의 문제의식: 역사학의 현재성과 실천성

일본 제국주의는 자신들의 조선 지배를 정당화하기 위해 식민사관(植民史觀)을 주장했다. 특히 '정체성(停滯性)론'과 '타율성(他律性)론'은 한국의 역사가 자율적으로 이루어지지 못하고 외세의 간섭과 영향에 의해서 진행되었으며, 근대로의 이행에 필요한 사회발전이 전혀 이루어지지 못했기 때문에, 조선의 근대화를 위해서는 일본의 식민지배가 불가피하다는 논리였다. 반면 내재적 발전론은 이런 관점에 대항하여 한국사는 자율적·내재적으로 움직여 온 역사이며, 정체된 역사가 아니라 꾸준히 발전해온 역사라는 입장이다. 이를테면 조선사회의 내부적으로는 자체적인 근대화의 발전 동력이 이미 존재하고 있었으며, 따라서 한국 근현대사는 서구 자본주의의 영향이 없었다 하더라도 자주적 근대화를 달성할 수 있었다는 것이다. 이러한 내재적 발전론은 '식민극복사관'이라고 규정되었으며 1960년대 중후반을 기점으로 한국 근대사 인식의 주류적 경향이 되었다. 하지만 내재적 발전에 입각하여 한국사를 연구하려는 흐름 역시 곧이어 분화되기 시작했다.

강만길은 내재적 발전론으로서 식민극복사관이 박정희 정권의 '주체적 민족사관'으로 흡수되어버렸다고 비판한다. 강만길에 의하면 주체적 민족사관은 박정희 정권이 자신들의 빈약한 정통성을 채우기 위해 북한을 민족 분열을 획책하는 집단으로 간주하고 민족사적 관점에서 남한에 역사적 정통성이 있다는 분열적인 역사인식이다. 이러한 역사인식은 민족 내 계급·계층적 대립을 역사의 시야 밖으로 부차화했으며 추상적이고 대립적인 구호로서 '하나의 민족'임을 적극 내세웠다. 요컨대, 박정희 정권의 '주체적 민족사관'과 결합한 식민극복사관은 남북의 분단현실을 추상시키고 분단국가에 대한 절대적인 단결만을 주장하는 관(官)주도의 역사관으로 전락해버렸다는 것이다.[1]

강만길의 문제의식은 이렇게 이데올로기적으로 변형된 식민극복사관이 당대의 분단현실을 외면하고 있다는 것이다. 그리고 그 핵심은 '역사학의 현재성'에 대한 망각이었다. 강만길은 당대의 현실적 요구와 연관이 없는 '과거'의 사실만을 실증적 연구대상으로 삼고, '현재'에 대한 평가와 비판을 기피하는 당시의 역사학을 비판했다. 예컨대, 한국근대사학의 주요 흐름이었던 민족사학, 사회경제사학, 실증사학 모두 당대의 현실적 요구에 무관심한 '일종의 순수사학'으로 전락해버렸다는 것이다.[2] 이런 점에서 강만길은 현실에 유리되거나 매몰되어 버린 역사학이 아니라, 당대의 현실적 요구에 기반한 '현재성' 있는 사관의 정립을 주장한다.

그렇다면 강만길이 역사학의 출발점이 되어야 한다고 규정한 이 '당대의 현실적 요구'는 무엇을 의미하는가? 그는 '분단시대극복'의 문제를 제기한다.[3] 강만길에 의하면 역사학의 진정한 의미는 역사학이 무엇보다 당대의 현실을 '분단시대'로 파악하고, 이 분단시대가 요구하는 분단

---

1) 1950년대부터 태동한 '내재적 발전론'와 양상과 분화과정에 대해서는 신주백, 「관점과 태도로서 '내재적 발전'의 분화와 민중적 민족주의 역사학의 등장」, 『동방학지』 제165집, 연세대학교 국학연구원, 2014, 222쪽 이하.
2) 강만길, 『분단시대의 역사인식』, 창작과 비평사, 1978, 38~41쪽.
3) 위의 책, 43쪽.

된 민족의 통일열망을 반영할 때만 찾을 수 있다. 특히 강만길이 보기에 당시의 실증사학이 내세웠던 역사학의 가치중립신화는 학문의 '실천성'을 담보할 수 없다. 왜냐하면 역사학자의 주관성은 결코 피할 수 없으며, 오히려 중요한 것은 주관성을 배제한 객관성에 대한 신화가 아니라 역사학자가 균형감각을 가지려고 하는 끊임없는 노력과 인식적 태도이기 때문이다. 마치 E. H. Carr가 말하듯 역사학의 의미는 당대의 현실에 대한 진단과 평가가 아니라, 그것을 바탕으로 당대의 현실적 문제를 극복하려는 학문적 노력에 있다. 그래서 강만길은 역사학이야말로 현실을 개혁하고 더 나은 미래를 창조하는, "어느 학문보다도 진보적이지 않을 수 없는 학문"[4]이라 규정한다.

이러한 의미에서 강만길의 역사관은 분단현실에 있어서 역사학의 사명을 주장하는, '분단극복사학'이라고 불리기도 한다. 강만길은 한반도의 분단극복과 통일을 가장 중요한 학문적 대상으로 위치시킨 최초의 역사학자였다. 그에 의하면 역사학이 짊어진 책무는 당대의 현실을 분단의 감옥으로 파악하고 이를 해방시켜 '통일민족국가'를 건설하는 것이다. 이렇게 볼 때, 강만길의 통일담론의 두 축은 첫째, '분단시대에 대한 통철한 역사인식 구축' 그리고 둘째, 그러한 '분단체제를 극복할 수 있는 새로운 역사관의 수립'으로 구성되어 있다. 강만길의 분단극복사관은 1978년대『분단시대의 역사인식』에서 처음 제기되었고 1985년『한국민족운동사론』과 1990년『통일운동시대의 역사인식』를 거쳐 2002년『역사는 이상의 현실화 과정이다』에 이르기까지 지속적으로 구체화되고 있다.

따라서 본 논문은 세 가지 내용을 수행하고자 한다. 첫째, 그의 통일담론을 구성하는 기본적인 태도와 관점을 확인할 것이다. 여기에는 분단시대 속 역사학(자)의 태도와 과제, 그리고 분단극복의 사상적 기초인 '통일민족주의'에 대한 논의가 포함된다. 둘째, 이를 통해 구체화되는

---

4) 강만길,『분단고통과 통일전망의 역사』, 선인, 2013, 329쪽.

강만길의 통일담론을 몇 가지 핵심테제로 정리할 것이다. 이것과 함께 강만길의 통일사유의 의의와 한계를 동시에 지적하고자 한다. 마지막으로, 그의 통일담론이 갖는 긍정적 의의를 지속적으로 발전시킬 수 있는 몇 가지 제안을 제시해볼 것이다.

2. '분단시대론'과 한국 근대사의 재해석

강만길은 시대적 현실과 유리되거나 반대로 그것에 매몰되지 않는 구체적인 현재성을 담보한 실천적 의미의 역사학을 주장한다. '현재성'과 '실천성'은 강만길의 역사관을 형성하는 기본적인 관점이자 태도이다. 강만길에 의하면 역사학자의 관점과 태도에는 지금 한반도의 현재의 모습인 '분단문제'가 전제되어야만 한다. 이러한 강만길의 사론(史論)이 최초로 제기된 『분단시대의 역사인식』은 역사학이 당대의 현실인 '반역사적 민족분단의 시대'를 망각하는 데에 대한 역사학 내부의 반론이었다. 강만길은 "우리 시대가 반드시 청산되어야 할 반민족적 · 반역사적 분단시대임을 정확히 인식하고 나아가서 그 인식 폭을 최대한으로 넓혀가는 일"5)을 넓게는 역사학의 책무, 좁게는 『분단시대의 역사인식』의 주제로 설정했다.

『분단시대의 역사인식』의 주제의식은 '분단시대'란 용어로 집약된다. 강만길은 당시 학계에서 널리 사용되고 있던 '해방 후 시대' 대신에 '분단시대'란 용어를 사용한다. 그에 의하면 '분단시대'는 객관적 규정에 있어서 "민족분열이 본격화하여 동족상잔을 겪고도 사상 · 군사 · 외교 등 모든 분야에서 지구상의 어디에서도 볼 수 없는 극한적인 대립을 나타내어 통일민족 국가 수립은 요원하고 반대로 분단체제가 굳어져만

---

5) 강만길, 「『분단시대의 역사인식』 이후의 나의 연구관심사」, 『사회평론 길』 제91권 제6호, 사회평론, 1991, 71~72쪽.

가는 시기"6)이다. 하지만 분단시대론의 핵심은 어떤 시대의 역사적 특징을 단순히 규정하고 기술하는데 그치지 않는다. 그러한 규정의 바탕에는 그 시대의 한계를 극복하기 위한 '역사의식'이 전제되어 있다. 따라서 분단시대론은 객관적 규정으로서 '분단시대'와 이를 극복하기 위한 '역사의식'의 결합으로 이해되어야 한다.

강만길이 규정한 '역사의식'은 역사에 대한 냉철한 분석 및 반성을 통해 올바른 역사발전 방향을 설정하고 그것을 추구하는 역사주체의 의지로 정리될 수 있다. 그래서 강만길은 역사적으로 극복되어야 할 대상의 의미를 부각시키기 위한 실천적 의도로서 지금 이 시대를 '분단시대'로 규정했다. "20세기 전반기의 민족사가 식민지 통치에서 벗어나는 일을 그 최고 차원의 목적으로 삼은 시대라면, 20세기 후반기 즉 해방 후의 시대는 민족 분단의 역사를 청산하고 통일 민족국가의 수립을 민족사의 일차적 과제로 삼는 시대로 보지 않을 수 없으며, 이와 같은 역사의식을 바탕으로 하는 경우 이 시기는 〈분단시대〉, 〈통일운동의 시대〉로 이름 하지 않을 수 없는 것이다."7) 이와 같은 시대규정은 분단체제를 기정사실화하여 그 속에 안주하는 것을 경계하고, 그것이 청산되어야 할 시대임을 객관적으로 인식하면서 그 구체적인 방향성을 모색하려는 강한 역사의식에 따른 것이다. 결국 분단시대론의 핵심은 다름 아닌 역사학의 현재성과 실천성에 대한 강조였다.

하지만 역사학의 현재성과 실천성에 대한 강만길의 강조는 일종의 '과도한 집착'으로 비판받기도 했다.8) 그러나 강만길의 분단시대론은 1972년 7.4공동성명과 3개월 후 '유신체제'가 선포된 당대의 분단 현실에

---

6) 강만길, 『분단시대의 역사인식』, 창작과 비평사, 1978, 14쪽.
7) 위의 책, 14~15쪽.
8) 특히 노태돈은 강만길의 '현재적 관심'이 과거의 어떤 특정한 사건(이를테면 민족해방운동)에 대한 강조를 낳고 그로부터 교훈을 얻으려는 시도로 나아갈 때, 과연 그러한 역사적 사건에 대한 의도적 이해가 과연 역사학적으로 정당성을 얻을 수 있는가라는 의문을 제기한다. 노태돈, 「해방 후 민족주의사학론의 전개」, 『현대한국사학과 사관』, 일조각, 1991, 26쪽.

대한 역사학자로서의 절실한 고민을 담고 있었다. 오히려 분단시대론은 인문학 내부에서 내면화된 분단 인문학을 넘어서 분단과 통일을 역사학의 대상으로 초점화했다는 점에서 그 의의를 찾을 수 있다.[9] 그런데 분단시대의 역사학이 시대적 상황을 역사학의 대상으로 초점화하고, 그러한 상황이 제기하는 현실적 요구를 반영해야만 한다면, 결국 '분단시대의 역사학'은 '분단극복의 역사학'일 수밖에 없다. 그렇다면 분단극복의 역사학의 구체적인 방법론은 어떻게 마련될 수 있을까? 강만길이 제시하는 방향은 두 가지이다.

강만길에 의하면 분단극복의 역사학은 통일민족국가 수립에 공헌할 수 있는 역사적 사실을 재발견하고, 이를 기반으로 보다 높은 차원에서의 통일지향적 역사관을 재구성하는 것으로 마련된다. 이때 전자의 방법은 식민지 시기의 민족해방운동이 좌우 노선으로 분리되어 있는 것만 아니라 하나의 통일전선을 형성하기 위한 끊임없는 과정이기도 했다는 역사적 사실을 실증하는 것이다. 동시에 후자의 방법은 이러한 식민지 시기의 통일전선운동이 식민지 시기를 넘어 분단시대 이후에도 지속되었다는 입증함으로써 분열된 민족해방운동사를 좌우합작의 통일민족국가수립운동으로 이론화하는 것이다.[10] 요컨대 식민지시대의 민족해방운동을 좌·우익의 분열이 아니라 좌우합작의 통일전선으로서의 민족해방운동사라는 복원된 흐름 속에 긍정적으로 위치시키고, 이러한 흐름은 분단시대에도 '통일민족국가 수립운동'이라는 모습으로 면면히 계승되고 있다는 '통일지향 역사인식'을 마련하는 것이 그의 역사학의 과제였다.

따라서 강만길이 주장하는 분단극복사관에는 분단을 야기한 일차적

---

9) 김성민·박영균, 「인문학적 통일담론에 대한 비판적 성찰: 강만길, 백낙청, 송두율의 통일담론에 대한 비판적 검토」, 『범한철학』 제59집, 범한철학회, 2010, 511쪽.
10) 강만길, 「『분단시대의 역사인식』 이후의 나의 연구관심사」, 『사회평론 길』 제91권 제6호, 사회평론, 1991, 73쪽.

원인인 일제강점기에 대한 탐구가 필수적으로 요청된다. 그러나 강만길이 보기에 남한의 역사학에서 일제강점기의 사회주의운동은 한국 근대사의 일부나 민족운동사의 일부가 아니라, 사회주의운동사의 그 자체로 축소되어 규정되었다. 여기에서는 식민지 시대의 민족해방운동은 좌·우익으로 분열되었다는 인식이 전제되어 있다. 이는 남한의 역사학뿐만 아니라, 김일성 중심의 항일무장투쟁 외의 모든 사회주의운동을 배제한 북한의 역사학도 마찬가지였다. 사회주의운동을 배제하고 적대적인 태도를 보인 건 남북 모두의 공통점이었으며, 이는 자신들의 정통성을 위해 일제강점기의 역사를 취사선택한 남북 체제 경쟁의 또 다른 모습이었다. 이때 강만길은 일제강점기 사회주의 운동을 식민지 시기를 극복하기 위한 피식민지인들의 치열한 '민족해방운동사'로 복원하고자 노력한다. 민족해방운동은 단순히 좌우익의 분열적 모습이 아니라, 끊임없는 좌우합작의 통일전선의 모습으로 전개되었다는 것이다.

예를 들어 강만길은 상해임시정부는 '처음 출발할 때부터 좌우합작정부'이며 신간회 운동도 '해외전선에서 일어난 민족유일당 운동의 국내판'이며, '한국통일전선동맹운동'과 '조선민족혁명당' 역시 끊임없는 좌우합작의 통일운동전선이라고 주장하면서[11] 식민지 시대 민족통일전선의 과정을 실증적으로 보여주는 연구를 수행한다. 나아가 강만길은 통일전선운동이 식민지 시대에 국한된 것이 아니라 해방 3년의 좌우합작운동과 남북협상운동으로 이어졌다고 보았다. 강만길이 통일전선운동을 부각시킨 데에는 민족해방운동이 분열적 모습이 아니라, 좌우합작의 민족통일전선운동으로 면면히 계승되고 있다는 새로운 분단극복의 역사인식을 마련하기 위해서였다. 요컨대, 이것은 분단체제 속에서 익숙해져버린 대립과 갈등, 분열의 민족해방운동사가 아니라 통합과 단결, 통일전선 지향의 새로운 역사전통과 역사의식을 발견하기 위해서였

---

11) 강만길, 『조선민족혁명당과 통일전선』, 역사비평사, 2003, 19~25쪽.

다.[12] 궁극적으로 강만길이 주장하는 분단극복의 역사학은 곧 '통일민족주의'라는 구체적인 형태로 나타나게 된다.

3. '분단국가주의'와 '통일민족주의'

윤해동에 의하면 민족주의 역사학은 대부분 근대적인 민족국가 수립을 향한 도정으로 한국근대사를 해석하며, 이러한 근대 민족국가의 수립 과정으로서 한국근대사를 분단국가의 통일에 의해서 완성되는 것으로 간주한다.[13] 윤해동의 지적대로 강만길은 이러한 통일지향의 민족주의 역사학을 대표한다. 그리고 그러한 통일지향 민족주의 역사학은 강만길이 주장하는 '통일민족주의'로 구체화된다. 그는 식민지 해방을 위해 노력한 일제강점기 민족통일전선운동은 해방 이후 통일민족국가 수립운동으로 이어졌으며, 한국전쟁 이후 현재까지 남북의 분단을 극복하고 통일민족국가를 건설하기 위한 평화통일운동으로 계승되고 있다고 본다.[14] 식민지 시대의 민족해방운동이 그러했듯이 분단시대의 통일운동의 밑바탕에도 민족주의 이념이 전제되어 있다는 것이다. 강만길에 의하면 민족주의는 식민지 극복과 해방, 분단 극복과 통일이라는 과정에 있어서 지도적 이념에 속한다.

일반적으로 '민족'은 오래전부터 하나의 언어, 문화, 풍습, 역사, 혈연 등을 공유하는 원초적 집단 내지 실체로 설정되며, 이러한 전제들로부터

---

12) 하지만 강만길이 부각시킨 통일전선론에 대해서는 단순히 헤게모니 투쟁 속에서 파생된 절충주의적인 좌우합작이라는 비판도 제기된다. 이에 강만길은 당시 조선의 상황은 헤게모니 싸움이 진행될 객관적인 사회 조건이 성숙하지 못했으며, 실제로도 헤게모니는 중요한 것이 아니라 민족해방운동에 있어서 좌우익 운동가의 진영싸움은 거의 영향을 주지 못했다고 주장한다. 조광·강만길, 「나의 학문 나의 인생: 강만길 분단 극복을 위한 실천적 역사학」, 『역사비평』 통권 23호, 역사비평사, 1993, 333쪽.

13) 윤해동, 『식민지의 회색지대: 한국의 근대성과 식민주의 비판』, 역사비평사, 2007, 24쪽.

14) 강만길 외, 『통일지향 우리 민족해방운동사』, 역사비평사, 2010, 16쪽.

자신의 고유한 국가를 가질 권리를 갖는다고 말해진다.[15] 이렇듯 민족을 고정적인 하나의 실체로서 규정하는 입장은 '원초론'이라 불린다. "민족은 단순한 정치적·경제적 통일체에 그치지 않고 그 밑바닥에 인종이나 국토 등 자연풍토적 조건과 언어 및 문화적 전통 등 사회풍토적 조건을 깔고 형성된 공동체이다. 그것은 국민보다 자연적이고 제1차적인 집단"[16]이라고 주장하는 점에서 강만길 역시 민족에 대한 원초론적인 입장에 가깝다는 사실을 부인할 수 없다. 나아가 강만길 역시 21세기의 한반도 역사는 통일민족국가의 수립을 목표로 해야 한다고 주장한다는 점에서 전통적 민족주의적 입장에 서있다.

전통적 민족주의가 갖는 역사적 기능의 한계와 부작용은 굳이 여기서 설명하지 않아도 분명하다. 특히 민족주의가 국가주의와 결합하게 될 때 나타났던 역사적 참상은 이미 실제적으로도 충분히 증명되었다. 그 결과 오늘날 급속하게 진행되고 있는 세계화 속에서 탈민족 주의는 더욱 각광받고 있으며, 민족주의는 곧 사라져야 할 사상이라는 인식이 광범위하게 퍼지고 있다. 이런 점에서 윤해동은 강만길의 분단극복사관과 같이 통일과 민족주의를 결합시키는 방식을 비판하는데, 이는 궁극적으로 종족주의, 국가주의, 집단주의가 총체적으로 결합된 모습으로 전개되기 때문이라는 것이다.[17]

하지만 전통적 민족주의에 대한 비판을 강만길의 통일담론에 그대로 적용하기엔 무리가 따른다. 강만길 역시 민족주의의 위험성을 자각하고 있었으며, 그는 그의 저작 곳곳에서 민족주의의 역기능에 대한 설명을 상세하게 부연하고 있기 때문이다. 그가 동의하듯 민족주의는 외부적으로는 침략주의와 연결될 위험과 내부적으로는 사회구성원의 억압과 착취의 가능성을 갖는다. 또한 민족주의는 복고주의·국수주의·영웅

---

15) 한스 울리히 벨러, 이용일, 『허구의 민족주의』, 푸른역사, 2009, 67쪽.

15) 한스 울리히 벨러, 이용일, 『허구의 민족주의』, 푸른역사, 2009, 67쪽.
16) 강만길, 『분단시대의 역사인식』, 창작과 비평사, 1978, 35~36쪽.
17) 윤해동, 『식민지의 회색지대: 한국의 근대성과 식민주의 비판』, 역사비평사, 2007, 271~272쪽.

주의적 역사관·국가주의·대립주의로 흐를 가능성이 매우 크다.[18]

그러나 동시에 강만길은 민족주의의가 갖는 현실적 규정력을 결코 소홀히 할 수 없다는 입장을 취한다. 강한 민족적 의식이 오랫동안 유지될 수밖에 없었던 사회역사적 조건을 갖는 한반도는 특히 그러하다는 것이다. 나아가 분단된 민족에게 그 필요성이 가장 절실해지는 것이 민족주의라는 것이다. 이렇듯 분단극복 역사관 정립이라는 문제의식 속에서 통일민족주의를 내세운 것에는 분단 극복에서 민족주의가 갖는 실천적 힘을 경시해서는 안 된다는 의도가 존재한다. 그래서 강만길은 분단시대에서 요구되는 민족주의, 즉 '통일민족주의'를 주장한다. 그렇다면 강만길의 통일담론인 '통일민족주의론'에서 '통일'과 '민족주의'의 결합은 어떠한 방식으로 나타나고 있는가?

강만길은 이러한 결합을 위해 민족주의의 규정을 풍부하게 하는 방식으로서 '열린 민족주의'를 지향한다. 강만길이 주장하는 열린 민족주의로서 '통일민족주의'는 대체적으로 다음과 같이 정리될 수 있다.

첫째, 통일민족주의는 통일민족국가를 만드는 과정에서 남북한 전체를 아우르는 온전한 민족주의여야 한다. 강만길은 민족주의를 단순히 이데올로기적 측면에만 국한시키지 않고 그것이 갖는 구체적인 역사적 기능까지 중요시한다. 요컨대 식민지 시대의 민족주의의 최대과제는 '해방'과 '해방 이후 국가건설'이었으며, 분단시대의 민족주의의 과제는 그것의 연장선상에서 '통일된 민족국가건설'이라는 것이다. 하지만 강만길이 보기에 해방 후 남과 북 각자 모두는 나름의 국민국가의 건설이라는 '분단국민국가'에 도달하였을 뿐, '통일된 민족국가' 건설로 나아가지는 못했다. 이런 점에서 강만길은 민족주의 자체가 어떤 의미에서는 분단이 되어 버렸다고 규정한다.

강만길이 보기에 분단국가는 민족주의의 개념을 각자의 정통성 확보

---

18) 강만길, 『한국민족운동사론』, 서해문집, 2008, 17쪽.

를 위한 일종의 이념적 헤게모니 확보전략으로 전유하면서 이를 휴전선 이남과 이북으로만 한정시킨다. 식민지 시대의 민족주의가 좌우 이념을 극복하고 일제 식민지에 대항하는 통일전선을 이루는 이른바 '저항적 민족주의'의 모습이었다고 한다면, 분단시대의 민족주의는 자신의 통치 권을 보장하기 위해 서로에 대한 배타적 태도만을 생산하는 '국가주의적 민족주의'로 전락해버렸다.[19] 이것이 그가 말하는 '분단국가주의'이다. 따라서 분단국가주의는 "분단 국가 권력이 다른 한쪽의 권력에 대해 적용하는 적대성·배타성과 제 권력의 최고성 강조를 인정하고 동조하 지 않을 수 없는 역사인식"[20]이다. 또한 더 나아가서 "은연중에 분단 불가피론이나 나아가서 분단 당연론을 바탕으로 한 역사인식이라고 할 수 있다."[21] 강만길은 통일을 위해선 이러한 분단국가주의를 극복하 고 한반도 전체를 사유하는 온전한 민족주의로 탈바꿈되어야만 한다고 주장한다.[22] 그리고 그러한 방식으로 새롭게 태어난 민족주의가 남북의 사상적 차이를 극복하고 민족의 공통된 이해와 요구를 담은 통일 국가 수립에 기여할 수 있다고 믿었다.

둘째, 통일민족주의는 민족주의에 바탕을 두면서도 다양한 가치와 결합가능한 열린 민족주의이어야 한다. 강만길은 민족주의가 어떤 다른 이데올로기와 결합해야만 하는 이차적인 이데올로기라는 입장을 취한 다. 예를 들어 일제강점기부터 해방 후 까지 민족주의운동은 단일한 이념 내지 원리로서 추진되어 온 것이 아니라, '항일운동'·'민족통일운 동'·'민주주의운동'과 결합되어 추진되었다는 것이다. 그래서 한국 민

---

19) 위의 책, 33~34쪽.
20) 강만길, 『21세기사의 서론을 어떻게 쓸 것인가』, 삼인, 2002, 215쪽.
21) 강만길, 『통일운동시대의 역사인식』, 서해문집, 2008, 15쪽.
22) 하지만 윤해동은 통일민족주의를 분단국가주의와 대립시키는 발상은 '논리적으로 혼란을 피하기 어려울뿐더러', 종족적 민족주의보다 민주주의를 통일의 원칙으로 삼아야 한다고 주장한다. 윤해동, 『식민지의 회색지대: 한국의 근대성과 식민주의 비판』, 역사비평사, 2007, 173쪽.

족주의를 단순히 종족적 민족주의로 축소시키는 것에 반대했다. 물론 민족주의가 민족국가건설을 목적으로 한다고 할 때, 인종적·종족적 요소의 역사성을 전적으로 거부할 순 없다. 그래서 강만길은 한국 근대 민족주의 전통의 기반을 이루어온 원초론적이고 객관주의적 민족주의에 대한 냉철한 자기반성을 촉구한다.

그에 의하면 한국의 전통적 민족주의의 기반은 크게 두 가지 문제를 갖는다. 우선 전통적 민족주의는 민족 안의 첨예한 모순을 사상시킨 민족주의이다. 하지만 민족주의의 역사적 기능은 '민족 안의 모순을 호도하던 기능'이 아니라 '민족구성원 전체의 권익을 옹호하는 기능'일 때야 비로소 참다운 민족주의로서 가능하다. 나아가 한국 근현대사의 민족주의는 종족적 민족주의에 바탕을 두면서 외국의 침략에 저항하는 논리로서 국수성과 배타성이 강하게 결합되어 있다. 하지만 강만길은 통일민족주의가 국민주권주의와 민주주의에 기반한 시민적 민족주의의 형태가 되어야 함을 주장한다.23)

셋째, 통일민족주의는 과거지향적이거나 복고주의적 방식을 통해 '과거'에 특정 지위를 부여하는 것이 아니라, 미래지향적 민족주의여야 한다. 일반적으로 민족주의는 과거의 특정한 시점을 마치 이상향으로 설정하고 그것으로 되돌아가길 주장한다. 하지만 강만길은 이러한 복고주의를 강하게 반대한다. 이러한 복고주의는 역사학에 있어서의 과학적 인식 태도를 흐리게 할 뿐만 아니라 더 나아가서 정치·사회·문화현실에 있어서 반시대적·반역사적 현상을 초래할 우려가 크기 때문이다. 그래서 강만길은 민족사의 영광은 흘러간 역사 속에서 아니라, 현재와 미래 속에서 구하려는 적극적인 자세를 통하여 얻을 수 있다고 말한다.24)

이러한 미래지향적 민족주의의 예는 그가 말한 평화지향적 민족주의에 대한 언급에서 발견할 수 있다. 강만길은 21세기 한반도의 역사는

---

23) 강만길, 『한국민족운동사론』, 서해문집, 2008, 7쪽.
24) 강만길, 『분단시대의 역사인식』, 창작과 비평사, 1978, 60쪽.

근대 국민국가 형성의 완성단계로서 통일민족국가의 수립을 목표로 해야 한다고 주장했다. 하지만 동시에 그는 21세기 세계사는 자본주의적 세계화의 흐름 속에서 국민국가의 권한과 이에 대한 요구가 약화되는 추세에 있음을 인정한다. 그는 이러한 세계사적 현실과 민족사적 요청 사이의 불일치를 과거지향적 민족주의로서 아니라, 민족사적 특수성과 세계사적 보편성의 변증법적 전개과정으로 파악함으로써 극복하려고 하였다. 즉, 두 개의 분단국가가 하나의 통일 민족국가로 되는 일은 결국 전쟁의 위협을 없앰으로써 좁게는 동아시아의 평화에 넓게는 세계 평화에 공헌하는 일이 된다는 것이다.[25]

4. 강만길 통일담론의 핵심 테제

1) '한반도 지정학적 위치론'와 '대등통일론'

앞서 언급한 통일민족주의의 세 가지 방향성은 강만길은 구체적인 통일담론과 연결된다. 즉 강만길의 통일담론은 통일민족주의의 내용적 구체화라고 할 수 있다. 그런데 어떤 문제의 해결을 위한 특정인의 이론적 체계가 항상 동일하게 유지될 수는 없다. 강만길의 통일사유 역시 마찬가지이다. 그런데 그의 통일사유는 시대적 상황과 개인적 경험에 따라 변화해왔다. 예컨대 1990년대 강만길이 제시한 통일담론에는 '통일주체로서 제3정치세력 확대론'[26]과 '한반도의 지정학적 위치론'

---

25) 강만길 외, 『통일 지향 우리 민족해방운동사』, 역사비평사, 2000, 363~364쪽.
26) 당시 통일의 주체가 통치이데올로기 속에서 왜곡되어 생산된 '민족'이었던 데 반해, 강만길은 통일의 주체를 민중으로 설정한다. 이때 민중 개념은 민주주의를 매개로 민족과 연결된 '일종의 광범위한 민중' 개념이다. 강만길에 의하면 "우리 역사에서 식민지 시기부터 형성되기 시작한 반봉건주의 · 반제국주의 그리고 비타협주의 노선에 선 민족적 · 진보적 지식인, 노동자, 농민, 도시빈민 등의 사회계층으로 구성된 이 민중은 계속해서 반식민투쟁 · 반독재투쟁 · 반분단투쟁을 수행해온 민족운동의 주체세력"인 것이다. 강만길, 『통일운동시대

이 동시에 등장하지만, 2000년대 들어서 후자의 내용만이 핵심주제로 자리잡게 되었다. 결과적으로 강만길에게 있어서 한반도의 지정학적 위치 문제는 '분단의 원인'이자 '통일의 방법론'이 된다.

강만길에 의하면 분단의 원인은 내부적 요인과 외부적 요인에서 찾을 수 있다. 내부적 요인은 식민지 시대 민족해방운동의 방법론적·사상적 대립이 해방 후에도 제대로 아물지 않았다는 점 그리고 그로 인해 미소 양군의 분할점령에 편승한 좌우대립이 격심해졌다는 점이다. 다른 한편 외부적 요인은 한반도의 지정학적 위치 및 미소 냉전의 직접적인 영향력에 따른 결과라는 점이다.[27] 특히 한반도는 중국·소련 등 대륙세력과 일본·미국 등 해양세력이 충돌하는 중심지에 놓여 있어서 어느 한쪽으로 수렴되는 통일은 결코 이뤄질 수 없다. 뿐만 아니라, 한반도의 분단의 지속 역시 한·미·일 공조체제와 조·중·소 공조체제 지속의 결과였다. 이것이 '한반도의 지정학적 위치론'의 내용이다. 그래서 강만길은 "반도라는 지정학적 위치를 이점으로 살린 국제정치상의 완충지대 내지 중립지대로서의 통일민족국가 수립을 위한 민족적 지혜가 어느 때보다 절실히 요청되는 시기"[28]임을 주장한다.

한반도 지정학적 위치론의 핵심은 한반도 통일이 결코 전쟁통일과 흡수통일의 방식으로 전개 될 수는 없다는 점에 있다. 강만길이 보기에 지정학적 위치에 따른 국제정치적 관계 속에서 한반도가 취할 수 있는 유일한 통일방법론은 어느 한쪽의 편에 편입되는 방식일 수 없으며, 이 대립적 공조체제와 협력을 유지하는 동시에 남과 북의 신뢰있는 공조체제를 만들고 유지하는 것일 뿐이다. 그리고 어느 정도 남북의 신뢰 공조체제가 이뤄진 후에는 주변열강과의 공조체제 강도를 낮추어

의 역사인식』, 서해문집, 2008, 55~56쪽. 강만길은 민중을 역사변혁의 주체이자 통일의 주체로 설정하고 이를 확장시키고 했다.

27) 강만길, 『한국민족운동사론』, 서해문집, 2008, 109쪽.

28) 강만길, 『고쳐 쓴 한국현대사』, 창비, 2009, 256쪽.

가는 방식이 요구된다. 따라서 중요한 것은 오랜 기간 동안 지속되는 인내와 양보를 통해 평화공존의 과정을 정착시키는 것이다. 이때 한반도 지정학적 위치론에 기반한 통일론이 곧 '대등통일론'이다.

강만길의 통일방안은 '대등적', '호혜적', '주체적', '점진적', '체제상승적', '중화적', '평화적', '협상적' 통일 등과 같은 다양한 표현으로 제시되지만, 명시적으로는 '대등통일론'으로 집약될 수 있다. 강만길에 의하면 대등통일은 전쟁통일도, 흡수통일도 아닌 평화통일의 모습으로서 '대등통일'이다. '대등'은 '통일의 큰 원칙'이요, '협상'은 '그것을 실현하기 위한 구체적인 방법과 과정'인 셈이다.[29] 대등통일론의 문제의식은 한반도 통일의 고유한 방식이 모색되어야 한다는 점에서 출발한다. 이를테면 강만길이 스스로 밝히고 있듯 좌우익 통일전선 민족해방운동을 연구하고 그것을 근거로 민족해방운동사를 새롭게 작성하려는 그의 문제의식은 궁극적으로 분단시대적 역사인식을 극복하고 남북의 평화통일·대등통일·협상통일을 가능하게 만들기 위해서이다.

강만길은 독일통일의 과정을 살펴보면서 한반도에는 흡수통일방식이 적용될 수 없다고 판단한다. 무엇보다 독일통일의 과정 속에서는 '정복과 피정복의 불균형 관계'와 같은 현상을 발견할 수 있기 때문이다.[30] 이러한 불균형 관계는 전쟁을 겪은 한반도가 독일의 경우보다 더 크게 나타날 수밖에 없다. 만약 이러한 방식으로 통일이 이뤄진다면 결국 남북 사이의 정치·경제·사회·문화면에서 상당한 기간까지 차등이 존속하게 하며, 처절한 민족상잔을 겪은 역사적 조건은 통일 후유증을 지속시킬 것이기 때문이다. 그래서 가장 중요한 것은 서로의 적대감과 증오심을 청산하고 중화적이고 대등하며 호혜적인 통일방안이 마련되어야 한다는 것이다. 이런 점에서 대등통일론의 핵심은 전쟁통일 내지 흡수통일과 같이 한쪽의 생활방식과 사고방식, 체제와 이데올로기

---

29) 강만길, 『우리 통일, 어떻게 할까요?』, 당대, 2006, 164~168쪽.
30) 강만길, 『통일운동시대의 역사인식』, 서해문집, 2008, 77쪽.

를 강요하지 않는 동시에, 주체적이고 점진적인 방식으로 평화통일로 나아가는 것이다.

강만길이 주장하는 대등통일론의 의미는 1972년 〈7.4 남북공동성명〉, 1991년 〈남북기본합의서〉, 2000년 〈남북공동선언〉에 대한 그의 평가를 통해 보다 구체적으로 확인할 수 있다. 강만길에 의하면 우선 〈7.4 남북공동성명〉은 남북의 분단국가들이 처음으로 '주체적 통일'과 '평화통일'의 원칙에 합의했다는 점에서 의의를 찾을 수 있다. 하지만 한계도 분명했다. 이는 무엇보다 통일의 문제가 쌍방의 집권세력의 정치적 판단을 배경으로 논의되고 교섭된 데서 빚어진 필연적인 한계이기도 했다. 결국 이 공동성명은 결국 박정희 정권에 의해 '유신체제'로 전환하는 하나의 계기로 활용되었으며, 김일성 정권의 경우 유일체제 강화를 위한 '사회주의헌법 제정'의 계기로 활용될 수밖에 없었다. 즉, 강만길이 보기에 "남북 정권 당국에 의해 합의된 최초의 평화 통일안은 이렇게 한 때의 정치적 이용물이 되고 말았다."[31]

하지만 1980년대로 접어들면서 1970년대의 그것과는 달리, 남북에 현존하는 두 정권을 서로 인정하고 상당한 기간 그대로 두면서 평화적으로 통일해 가려는 방안들이 강구되기 시작했다. 1991년의 〈남북기본합의서〉는 탈냉전 시대의 역사적 상황과 시대적 조건이 반영된 통일방안이었다. 강만길은 이 합의서에 대해 '민족통일의 대헌장'으로서 "7.4 공동성명의 정신에 입각해 있으면서도, 그것보다 훨씬 더 구체적이고 실질적이며 전진적인 주체적·평화적 민족통일의 실천방안"[32]이라고 평가한다. 즉, 무력통일도 아니고 흡수통일도 아닌 한반도식 제3의 통일방안을 마련한 획기적인 합의서라는 것이다. 또한 이 합의서는 그 각론에 있어서 독일식의 흡수통일이 아니라, 남북 대등통일임을 분명히 한 합의라는 것이다. 요컨대 이 합의서의 가장 큰 의의는 "남북 정권이 서로 상대방 정권의

---

31) 강만길, 『21세기사의 서론을 어떻게 쓸 것인가』, 삼인, 2002, 162쪽.
32) 강만길, 『강만길 선생과 함께 생각하는 통일』, 지영사, 2000, 167쪽.

존재를 이정하면서 화해하고 침략하지 않으며, 교류하고 협력하면서 서서히 통일해 가겠다는 방안을 합의"33)했다는 점이다.

그런데 이러한 대등통일론은 한반도 지정학적 위치라는 구체적인 환경과 조건에 대한 합리적 인식을 통해서만 구성되지 않는다. 강만길은 한반도의 지정학적 위치에 대한 고려뿐만 아니라, 윤리적 태도의 변화까지도 주장한다. 그에 의하면 한반도 분단은 다른 곳과는 달리 처참함 민족내전을 겪고 50년이 넘도록 그 앙금이 가시지 않고 있다는 점이 중요하게 작동한다. 따라서 중요한 것은 "내전의 앙금을 청산하는 길이다. 그것은 적개심과 증오심을 버리고 이해하고 사랑하고 양보하고 용납함으로써만 가능하며 희생마저 아끼지 않는 용기가 필요하다."34) 통일이 화해적 · 중화적 · 양보적 · 자기희생적 자세에서 나오지 않았다면, 결국 흡수통일과 다를 바 없기 때문이다. 하지만 이러한 윤리적 태도의 변화가 대등통일론의 핵심은 아니다. 인간의 양심이나 윤리성도 중요하기 하나, 통일문제에 있어서 지리적 위치와 국제정세적 상황이 무엇보다 중요하다는 것이다.35)

이렇듯 강만길의 대등통일론은 '분단을 넘어 한반도 전체를 민족사적 대상으로 삼았던 역사적 인식'이라는 점에서 인문학적 통일담론의 기본적인 시각을 보여준다. 그는 구체적 · 기술적 · 제도적 방법론을 연구하고 수립하는 사회과학과는 달리, 인문학은 보편적이고 거시적인 관점에서 통일에 이바지 할 수 있는 새로운 역사인식의 수립을 위한, 이른바 '인문학의 역할론'을 주장했다. 하지만 강만길의 대등통일론의 한계를 바로 이 지점에서 발견할 수 있다.

---

33) 강만길, 『21세기사의 서론을 어떻게 쓸 것인가』, 삼인, 2002, 104쪽.
34) 강만길, 『통일운동시대의 역사인식』, 서해문집, 2008, 84쪽.
35) 강만길은 윤리적 태도로서 북에 대한 남의 인식변화가 아닌, 지정학적 위치에 기인한 국제정서 속에서 통일의 방향성 속에서 설정된 북에 대한 인식변화를 말한다. 강만길, 「특별좌담: 분단 극복 없이는 새천년의 문이 열리지 않는다.」, 『기독교사상』 통권 제486호, 대한기독교서회, 1999, 26쪽.

첫번째는 강만길이 한국근대의 객관적 상황으로서 대륙세력과 해양세력의 충돌이라는 지정학적 요인을 중시할 뿐 식민지배와 분단상황이 우리에게 남긴 역사적 상처를 심도 있게 거론하지 않는다는 점을 들 수 있다. 물론 강만길은 분단의 직접적인 원인을 일본의 식민통치에서 찾고 있긴 하나, 단순히 역사적 결과와 원인의 관계로서만 다가갈 뿐이다. 그래서 일제 식민통치가 낳은 직접적인 결과물로서 분단이 발생했으며, 그것과 더불어 일제 식민통치가 낳은 여러 가지 상처와 문제점이 분단지속을 낳고 있다는 점을 중요하게 다루고 있지 않다. 오히려 분단 발생과 지속의 원인을 모두 한반도의 지정학적 위치로만 귀속시킨 느낌이 강하게 나타나고 있다. 실제로 2000년 이후의 강만길의 통일담론 중 분단의 이유와 고착의 원인은 지정학적 위치론이 대부분을 차지한다.36) 그가 지정학적 위치론을 강조하면 결국 숙명론에 빠질 수밖에 없으며 따라서 이를 극복하고자 한다고 말하였지만, 우리의 삶 속에 내면화된 식민과 적대의 상처를 충분히 고려하기 않음으로써 그의 의도와 달리 숙명론적 견해를 뒷받침할 공산이 크다.

두 번째는 대등통일론이 한편으로 단순히 남북 동질성 회복이라는 당위적이고 추상적인 요청에 머물고 있다는 것이다. 강만길은 남북한의 이질성과 차이성을 객관적으로 인지하고, 그러한 이질성과 차이성을 대등하고 객관적으로 좁히는 민족적 동질성 회복과정으로서 통일을 통일담론의 핵심내용으로 삼는다. 그에 의하면 대등통일은 정치·경제·사회·문화면의 남북 이질화를 극복하고 민족동질성을 회복하는 노력이다.37) 하지만 민족의 전통적 동질성을 주장하는 통일담론의 위험성은 분명하다. 동질성을 주장하는 것은 다른 한편으로 고정적인 자기

---

36) 대표적으로 분단극복과 통일의 전망을 다루는『통일시대의 역사인식』,『강만길 선생과 함께 생각하는 통일』,『우리 통일, 어떻게 할까요?』,『분단고통과 통일전망의 역사』에서는 해양세력과 대륙세력의 긴장과 충동을 '분단-6.25전쟁-분단고착'의 역사적 과정의 핵심 원인으로서 다뤄지고 있다.
37) 강만길,『21세기사의 서론을 어떻게 쓸 것인가』, 삼인, 2002, 292쪽.

정체성을 형성하기 위한 하나의 장치이긴 하나, 동질성의 강조는 나와는 다른 차이를 배제하는 '독단의 논리'를 동반하기 때문이다. 원초주의적인 동질성 요구는 가치관, 심성, 행동방식 등의 차이를 단일한 틀에 용해시키는 획일주의와 타자에게 자신의 기준을 강요하는 배타적인 자기중심주의적 관점으로 나아갈 우려가 있다. 이런 점에서 동질성의 강조는 강만길이 주장하는 열린 민족주의와 가장 극명하게 대치될 우려가 있으며, 통일을 위한 실천적 요구와도 거리가 있다.

2) '근대화의 완성'으로서 한반도 통일: '근대성' 개념의 확장과 진보적·낙관적·목적론적 역사관의 결합

강만길에 의하면 한국 근대사의 핵심과제는 주권의 독립과 근대화이며, 이러한 '근대의 완성'은 분단을 넘어 통일에서 이뤄진다. 이런 점에서 '근대화'는 강만길의 통일담론의 출발점이자 목적이기도 하다. 하지만 강만길의 '근대화의 완성으로서 한반도 통일론'은 곧 근대화 논리로 포섭되는 '근대화중심주의'로 비판받아왔다. 비판의 요점은 국민국가의 건설과 국민의 탄생으로 특징지워질 수 있는 서구적 근대 개념을 한국의 근대화와 등치시킨다는 점, 그리고 그러한 근대화에 가장 높은 규범적 지위를 부여한다는 점이다. 요컨대, 국민국가건설이라는 근대화의 조건을 일제강점기 조선의 역사·사회적 조건과 일치시키는 것은 '근대'의 초역사적 적용이자 과도한 규범적 적용일 수밖에 없다는 것이다. 그런데 이러한 비판은 한국 근대사를 이해하는 논쟁적인 세 방식과 연결되어 있다.

일제강점기를 해석하려는 한국 근대사 인식은 '식민지 수탈론', '식민지 근대화론', '식민지 근대성론'으로 구분할 수 있다. 거칠게 말해, 식민지 근대화론은 일제 강점기가 조선의 근대화를 촉진시킨 계기였다는 점을 주장한다. 반대로 식민지 수탈론은 일제의 지배 이전에 조선사회에서는 내재적인 근대화의 동력이 자리잡고 있었으며, 오히려 일제강점을 통해 그러한 내재적인 동력이 훼손되었다는 입장이다. 한편, 식민지 근대성론은 식민지수탈론과 식민지근대화론 모두 서구적 근대화를 인간이 지향해야 할 보편적인 가치로 인식하고 있다고 비판한다.[38] 즉, 일제강점기이든 민족해방운동이든 이 둘 모두를 단순히 서구적 근대성의 맥락에서만 해석하는 오류를 범하고 있다는 것이다.[39] 요컨대, '식민지 근대화론'은 식민주의가 근대성을 촉진했다고 보는 점에서는 '식민지 수탈론'과 차이가 있지만, '수탈론'과 더불어 서구적 근대를 근대의 원형으로 상정하는 근대주의적 태도를 공유하고 있다. 이에 비해 식민지 근대성론은 근대성을 완성되어야 할 이상적 기획의 차원이 아니라 역사적 현실태로 파악한다.[40]

　강만길의 통일담론은 특히 이러한 식민지 근대성론으로부터 비판받아왔다. 강만길의 식민지 시대 사회성격에 대한 인식은 '내재적 발전론' 혹은 '내재적 근대화론'의 입장이다. 그러한 맥락에서 그는 한반도의 근대화는 근대적 통일민족국가 건설에서 완성된다고 주장한다. 근대화의 완성을 통일의 목적론적인 규범으로 위치시키는 강만길의 통일사유는 '근대주의적 태도'에 기반하고 있다. 근대화를 '인간해방을 위한 또 하나의 전진적 과정'이자 '역사발전주체의 세력확대 과정'[41]으로 본 강만길의 규정은 서구 근대화 논리와 가깝다. 또한 동시에 정치적 근대화로서 입헌군주제로의 개혁이 곧 자본을 기반으로서만 가능하다고 주장하는 점에서 볼 때[42], 자본주의적인 서구적 근대를 주장하는 입장으로

38) 배성준, 「'식민지 근대화' 논쟁의 한계 지점에 서서」, 『당대비평』 제13호, 삼인, 2000, 172쪽.
39) 고석규, 「다시 생각하는 한국의 식민지 근대성과 민족주의」, 『문화과학』 제31호, 2002, 99쪽.
40) 이병수, 「한반도 근대성과 민족전통의 변형」, 『시대와 철학』 제23권 제1호, 한국철학사상연구회, 2012, 315쪽.
41) 강만길, 『분단시대의 역사인식』, 창작과 비평사, 1978, 46쪽.

이해될 수 있다. 이런 점에서 강내희는 내재적 발전론으로서 식민지 수탈론이 자본주의적 근대화를 인류의 보편적 가치로 여긴다는 규정하면서 이를 비판한다. 이를테면 식민지 수탈론이 지배하는 역사학은 한국의 자본주의 근대를 은연중에 지지하면서 자본주의가 낳은 사회적 모순을 희석시키는 역할을 하고 있다는 것이다.[43]

하지만 강만길이 주장한 '근대의 완성으로서 통일'이라는 테제를 단순히 서구 자본주의적 근대화를 지지하는 입장으로만 규정하기엔 어려움이 있다. 한편으로 강만길은 '민주주의의 발달' 그리고 '자유와 평등의 확대'를 근대화의 의미로 규정하고 있기 때문이다.[44] 특히 이러한 견해가 1990년대 중반 이후에 본격화된다고 볼 때, 강만길의 통일사유를 고정된 것이 아니라, 계속해서 변화되는 과정으로 이해할 수 있다. 이를테면 이러한 방식은 강만길의 통일사유를 그가 역사연구의 출발점으로 삼았던 자본주의맹아론과 연결시키기 보다는, 훗날 역사연구의 목적으로서 평화주의를 주장한 사유의 변화흐름 속에서 적극적으로 해석하는 것이다. 실제로 강만길은 역사학과 역사의식이 현재 세계를 지배하는 신자유주의를 넘어 반신자유주의적인 체제를 만들기 위한 시발점이 될 수 있고 되어야 한다고 주장한다.[45] 그래서 그는 남북의 통일이 근대적 국민국가 수립으로 완성되긴 하나, 그것이 최종목적은 아니라고 주장한다. 오히려 근대국민국가를 넘어서 지구 전체를 하나의 평화공동체로 이행시키는 것이 인류사회의 근본목적이다. 강만길은 근대적 국민국가가 세운 적대적 벽을 약화시키고 지구전체의 평화공동체 형성으로 나아가야 한다고 역설한다.[46]

---

42) 강만길, 『역사가의 시간』, 창비, 2010, 300쪽.
43) 강내희, 「한국의 식민지 근대성과 충격의 번역」, 『문화과학』 제31집, 2002, 77~80쪽.
44) 강만길, 『통일운동시대의 역사인식』, 서해문집, 2008, 351~354쪽.
45) 강만길, 『역사가의 시간』, 창비, 2010, 327쪽.
46) 강만길, 「특별좌담: 분단 극복 없이는 새천년의 문이 열리지 않는다.」, 『기독교사상』 통권 제486호, 대한기독교서회, 1999, 19~20쪽.

그렇다고 해서 강만길의 통일담론에 내재된 근대주의적 시각을 부인할 순 없다. 강만길 통일사유의 근대주의적 성격은 진보적·낙관론적·목적론적 역사관으로 나타난다. 강만길에 의하면 '학문'이란 원래 현실 그 자체를 뒷받침하는 것보다 현실을 한층 더 나은 것으로 만들어 가는데 목적이 있다. 그래서 학문이란 어느 정도 이상주의적일 수밖에 없다. 이런 점에서 "역사는 인류사회의 이상을 현실화"[47]하는 과정인 것이다. 강만길이 주장하는 통일방법론 역시 이러한 학문론과 마찬가지이다. 그의 통일론은 다름 아닌 우리의 이상을 현실화시키기 위한 하나의 논리인 셈이다. 그런데 강만길이 '역사는 이상의 현실화 과정'이라고 말한 의도에는 "'역사는 기어이 가야할 방향으로 가야할 만큼 가고 만다.'"[48]는 낙관론적 역사관이 전제되어 있다. 역사는 이상의 현실화 과정'이라는 언급에는 인류사회가 숱한 곡절을 겪으면서도 부자유와 불평등으로부터 해방되어 평화를 향해 나아갈 것에 대한 신념이 전제되어 있다. 역사의 진보는 곧 인간주의, 민주주의, 평화주의의 완성인 것이다.[49]

강만길이 주장하는 통일민족주의 역시 이러한 근대주의적 입장이 전제된 진보적·목적론적 역사관과 긴밀히 관련되어 있다. 분단극복을 목적으로 하는 통일민족주의운동은 궁극적으로 정치적·사상적 자유, 경제적·사회적 평등이 진전되는 방향에서만 진정한 민족주의운동으로서 평가받을 수 있을 뿐이다. 이렇듯 강만길이 진보적·목적론적 역사관을 강조하는 이유는 올바른 역사의식을 확보하기 위해서이다. 역사학이 역사발전의 일정한 방향을 지시해주는 역할을 담당한다면, 역사의식은 역사가 옳은 방향으로 진행하고 있느냐를 평가하고 이에 개입하는

---

47) 강만길, 『역사는 이상의 현실화 과정이다.』, 창작과 비평사, 2002, 13쪽.
48) 강만길, 『역사가의 시간』, 창비, 2010, 363쪽.
49) 위의 책, 397쪽. 이러한 단선적 발전사관의 한계는 명백하다. 즉, 역사발전 법칙이 진보적 시간관을 전제로 할 때, "이러한 진보적 시간은 제작하는 정신과 결합됨으로써 근대 자본주의 세계의 발전을 표상하는 모델이 되기도 한다." 차승기, 『반근대적 상상력의 임계들: 식민지 조선 담론장에서의 전통·세계·주체』, 푸른역사, 2009, 138쪽.

실천적 의식이다. 강만길이 보기에 분단의 또 다른 원인은 19세기부터 해방 후에 이르기까지 민족구성원 일반의 역사의식의 부재가 통일된 민족국가 건설을 막았기 때문이다.[50]

그러나 '근대화의 완성'으로서 한반도 통일론에는 몇 가지 한계가 여전히 존속하고 있다. 첫 번째는 강만길의 통일담론에 있어서 지속적으로 노출되는 평면적 대립구도이다. 강만길의 통일담론을 살펴보면 '민주 대 반민주', '통일 대 반통일', '자유 대 부자유', '냉전주의 대 탈냉전주의'와 같은 평면적 대립구조가 통사적으로 반복되고 있다는 점을 발견할 수 있다. 이미 이러한 평면적 대립구도가 지적되어 왔다. 물론 이때의 지적은 민족주의운동과 그 극복대상으로서 객관적 조건의 평면적 대립이었다. 즉, 민족주의를 외부적 조건에 따라 자체적인 발전논리로서 재생시키고자 하는 의도에 따라 '민족주의 대 식민지화', '민족주의 대 식민지배', '민족주의 대 분단상황'이라는 대립구도를 설정한다는 것이다.[51] 하지만 문제는 이러한 평면적 대립구도가 단순히 '민족주의 대 X'를 넘어 그의 통일사유 전반에 유지되고 있다는 점이다. 이럴 때 문제는 역사학의 통사적 측면을 평면적 대립구도로 구성하는 것이 결국에는 분단 원인들의 다층적이고 중층적인 분단 구조를 체계적으로 성찰하지 못하게 한다는 점이다.[52] 요컨대 한반도 분단과 분단지속의 복잡한 역사를 단순화시켜버리면서, 분단극복을 위해 체계적으로 성찰해야만 하는 분단지속의 입체적 성격을 드러내지 못하게 된다.

---

50) 강만길, 『한국민족운동사론』, 서해문집, 2008, 135쪽. 강만길이 말하는 역사의식 부재의 모습의 구체적인 양상은 1. 1945년 시점에서 민족해방에 대한 객관적 이해 부족, 2. 한반도의 지정학적 위치에 대한 국제정치적 이해의 부족, 3. 식민지 시대의 민족해방통일운동전선이 해방 이후에도 계승되지 못한 점이다. 강만길, 『고쳐 쓴 한국현대사』, 창비, 2009, 255쪽.

51) 오두환, 「분단시대의 현실인식과 한국민족주의론의 모색」, 『창작과 비평』 통권 57호, 창작과 비평사, 1985, 301-302쪽.

52) 김성민·박영균, 「인문학적 통일담론에 대한 비판적 성찰: 강만길, 백낙청, 송두율의 통일담론에 대한 비판적 검토」, 『범한철학』 제59집, 범한철학회, 2010, 513쪽.

두 번째는 낙관적, 진보적 역사관을 통일사유에 적용할 때 발생할 수 있는 한계이다. 강만길은 반공주의 인식의 사회적 기반이 축소되고 있으며, 그래서 반공주의의 벽이 무너지고 있다고 말한다.[53] 또한 21세기 젊은 세대들은 기성세대의 분단민족주의, 남북 적대주의를 극복하고 통일문제에 대한 생각과 의욕이 더 높고 적극적일 것이라고 말한다.[54] 하지만 현실은 그렇지 못할뿐더러 이러한 낙관적 역사인식은 오히려 통일을 위해 요청되는 다양한 반성과 실천을 도외시할 우려가 있다. 특히 한반도 국제정서의 현실적 흐름 속에서 이를 극복하기 위해 노력하는 사람들의 현실극복 의지를 무화시킬 수 있다.

3) 평화지향적 통일민족주의: 통일지상주의의 극복

강만길은 통일에 가장 큰 규범적 의의를 부여한다. 그는 장준하의 '모든 통일은 좋은가? 그렇다. 통일 이상의 지상명령은 없다.'라는 구절을 인용하면서 통일의 당위성을 주장한다. 강만길에 의하면 통일의 당위성은 우선적으로 민족사적 당위성에서 찾을 수 있다. 통일의 이유는 혈통과 언어가 같은 단일민족으로서 오랫동안 하나의 국가를 이루어 살아왔기 때문에, 한반도 전체가 오랜 기간 하나의 통치 권력 아래에서 역사, 문화 공동체를 이루어왔기 때문에, 같은 민족이 분단되어 있음으로 인해 발생하는 소모적 역량이 너무 많기 때문이다. 민족은 평화를 위한 도구를 넘어서는 장구한 실체로서 동족이며, 이러한 동족은 하나의 민족사회를 형성하는 단위이자, 적이 될 수 없는 공동체이다. 하지만 같은 핏줄이니까 통일은 반드시 이뤄져야 한다는 통일에 대한 민족사적 당위성은 지속적인 반론을 받아왔다. 이를테면 "한국전쟁이후 정착된

---

53) 강만길, 『강만길 선생과 함께 생각하는 통일』, 지영사, 2000, 109~110쪽.
54) 강만길, 『분단고통과 통일전망의 역사』, 선인, 2013, 23쪽.

'두개의 국민국가'는 인정할 수 없게 되고, 통일을 위한 '민족주의적 정열'만이 중요하게 취급될 수밖에 없다"[55]는 '통일지상주의'에 대한 비판인 것이다.

하지만 강만길이 보기에 남북의 통일은 단순히 민족사적 당위성뿐만 아니라, 좁게는 동아시아적 넓게는 세계사적 당위성을 가지고 있다. 이러한 맥락에서 '통일'이라는 가치만을 유일하게 주장하지 않는다. 예를 들어 '4.19 혁명'만 하더라도 민주화운동과 민족통일운동의 결합인 것처럼, 통일문제는 결코 민주화문제와 분리될 수 없다는 새로운 역사인식을 요구한다.[56] 새로운 역사의식 정립에 대한 문제의식은 그의 모든 저작을 관통하는 핵심주제이다. 그리고 그 내용은 통일이라는 가치를 언제나 다른 가치들과의 연결시켜서 이해하려는 시도였다. 실제로 『분단시대의 역사인식』에서 등장한 '분단극복의 역사인식'은 '통일지향 역사인식'으로 진행되었으며, 특히 2000년 이후에는 '평화지향 역사인식'으로 확대·전개되고 있다. 이처럼 강만길의 통일사유는 언제나 통일과 평화가 결합되어 있다.

구체적으로 강만길은 '한반도 통일'을 '동아시아 평화체제 구축'과 결합시켜 주장한다. 20세기 후반기 '한반도의 분단은 곧 동아시아의 분단'이며, '한반도의 통일은 곧 동아시아의 평화 체제 구축'이라는 것이다.[57] '평화주의'에 대한 애착은 '역사의 필연적인 진보'와 함께 강만길의 역사관을 구축하는 두 가지 신념이다. 역사학자는 반드시 평화주의자야 하며, 역사교육의 목적은 세계평화의 달성이다.[58] 그래서 통일의 당위성은 민족적 동질성 내지 분단비용론으로만 찾아질 수 없으며, 이것은 세계평화와 같은 미래지향적인 과정 속에서 새롭게 구축되어야한다.

---

55) 도면희·윤해동 엮음, 『역사학의 세기: 20세기 한국과 일본의 역사학』, 휴머니스트, 2009, 269쪽.
56) 강만길, 『한국민족운동사론』, 서해문집, 103쪽.
57) 강만길, 『통일운동시대의 역사인식』, 서해문집, 2008, 537~547쪽.
58) 강만길, 『역사가의 시간』, 창비, 2010, 322쪽.

이러한 맥락에서 강만길은 보다 구체적으로 EU와 ASEAN과 같은 '지역 평화공동체'의 형성이 세계사적 흐름이기에, 그러한 지역평화공동체 형성과 남북통일의 문제를 적극적으로 결합시킬 때에만 통일의 구체적인 방향성을 마련할 수 있고, 결국 통일의 실현가능성이 높아질 수 있다고 주장한다.[59]

한반도 통일의 정당성을 동아시아 평화구축의 지평 속에서 위치시키려는 강만길의 의도는 긍정적으로 평가할 수 있다. 하지만 문제는 지역평화공동체에 대한 낙관주의적 시각이 두드러진다는 점이다. 동아시아 공동체 형성이 한반도의 평화공동체 형성을 더욱더 용이하게 만들 것이라는 견해는 오히려 국제정치적 상호연관성을 세심하게 살펴보지 못할 우려가 있다. EU의 애초 설립목적이 미국의 세계체제에 대항하기 위한 유럽 내 경제적 · 사회적 블록화였으며, ASEAN은 공산주의 확대를 저지하기 위한 동남아시아 자본주의 국가의 연합이었다는 점에서 지역평화공동체라는 의미에 마냥 부합하는 것은 아니다. 실제로 이 두 연합 모두 회원국가 사이의 상호경쟁이 두드러지고 있다는 점에서 더욱 그러하다. 요컨대, 강만길의 통일담론에서 민족사적 차원의 요청이 동아시아적 차원에서의 합리적이고 엄중한 현실인식을 막고 있으며, 결과적으로 통일에 있어서 요구되는 현실적인 노력을 고려치 않게 된다는 것이다.

5. 다시 돌아온 질문, 분단시대를 살아가는 인문학(자)의 책무는 무엇인가?

이상으로 통일민족주의의 구체화로서 강만길의 구체적인 통일사유에 대해 살펴보았다. 정리하자면 강만길에게 있어서 통일민족주의는

---

59) 강만길, 『분단고통과 통일전망의 역사』, 선인, 2013, 303~308쪽.

분단을 극복하고 통일을 달성하는 데 이바지 할 수 있는 한국 사회의 올바른 지도적 이념의 위치를 차지한다. 강만길의 통일민족주의의 의의는 크게 세 가지로 정리될 수 있다. 1. 식민지 이래의 좌우 협상을 통한 민족통일전선운동을 민족사의 주류로 인식하는 '대안적 역사서술'이자, 2. 한반도 지역 전체를 하나의 민족 단위로 인식하고, 동시에 한반도 전체 주민을 역사 발전의 주체로 설정하는 '탈분단적 역사인식'이며, 3. 나아가 한반도 전체 주민을 하나의 역사공동체·문화공동체로 인식하면서 이들의 평화적·호혜적·대등적 방법을 주장하는 '통일론'이라는 의의를 갖는다. 결과적으로 이러한 의의를 갖는 통일민족주의를 통해 그는 자신의 구체적인 통일담론을 구성한다. 그것이 그가 말한 '대등통일론'이다. 강만길은 자기 스스로를 '평화주의자', '열린 민족주의자', '미래지향적 인간주의자'로 말하고 있듯이[60], 그는 이것들을 자신의 대등통일론 속에서 모두 표현하고 있다. 대등통일론은 전쟁통일 내지 흡수통일과 같이 한쪽의 생활방식과 사고방식, 체제와 이데올로기를 강요하지 않는 동시에, 주체적·점진적·호혜적·자기희생적 방식으로 평화통일을 만들어가자는 것이다.

하지만 강만길의 통일담론이 갖는 의의만큼이나 동시에 그것의 한계역시 분명하다. 세부적인 각론에도 불구하고 역사학의 통사적 방법에 치중하면서 통일에 대한 구체적인 방법론에 대한 고민이 상대적으로 부족한 점, 다층적이고 중층적인 분단 구조를 체계적으로 성찰하지 못하면서 통일을 위해 요청되는 다양한 반성과 실천을 중요하게 다루지 못했다는 점, 한반도 통일과 동아시아 평화공동체를 결합하면서 낙관론적 역사인식을 지나치게 강조했다는 점이다.

그러나 그렇다고 해서 강만길의 통일사유에 담긴 의의가 훼손되는 것은 아니다. 한반도의 통일문제를 식민주의적 억압과 남북의 적대로

---

60) 강만길, 『분단고통과 통일전망의 역사』, 선인, 2013, 10쪽.

인한 상처를 극복하는 자주적 민족국가건설에 위치시키는 동시에 인류 보편적인 가치를 담은 정치공동체건설로 사유하는 강만길의 통일담론은 결국 '인문학적 통일담론'이며 그것이 갖는 의의는 분명하기 때문이다. 강만길의 통일담론은 한반도의 분단과 통일을 역사학의 학문적 대상으로 위치시키고 그것에 대해 지속적이고 철저한 고민을 투영한 결과물이다. 인문학적 차원에서 한반도의 분단과 통일을 사유할 수 있도록 한 그의 학문적 문제의식은 현재 인문학적 통일담론의 시작점이 될 수 있었다. 특히 무엇보다 중요한 것은 현실을 살아가는 인문학(자)의 책임의식에 대한 그의 강조이다. 강만길의 통일담론이 지속적인 반론과 비판을 받아왔음에도 불구하고, 여전히 의미를 갖는 지점이 있다면 바로 이것 때문이다.

끝으로 강만길의 통일담론이 갖는 긍정적 의의를 지속적으로 발전시킬 수 있는 몇 가지 제안을 제시해 보고자 한다. 그리고 그 방향성은 강만길의 인문학적 통일담론의 의의를 계승하면서 보다 내실있게 만드는 방법이다. 첫째, '사람의 통일'을 사유하는 인문학적 통일담론이 필요하다. 강만길의 지적처럼 인문학은 통일의 올바른 방향성을 지시해야만 한다. 이때 이것은 통일담론의 패러다임을 전환하는 것에서만 가능하다. 남북의 통일은 70여년에 걸친 분단의 세월이 우리들에게 남긴 상처와 아픔을 지속적으로 치유하는 과정과, 그러한 과정을 통해 남북의 민족적 통합을 포함하는 '사람의 통일'을 필요로 한다. 따라서 남북의 평화로운 협력과 소통의 모색을 통한 사람의 통일이라는 관점의 전환이 필요하다.[61]

둘째, 동아시아 곳곳에 흩어져 살고 있는 코리언 디아스포라에 대한 인문학적 성찰이 필요하다. 강만길이 주장하는 것과 동일한 맥락에서,

---

61) 사람의 통일로서 '통일학'의 의미 및 그것의 구체적인 대상과 방법론에 대해서는 김성민·박영균, 「통일학의 정초를 위한 인문적 비판과 성찰」, 『통일인문학』 제56집, 2013.11을 참조.

남북분단과 통일의 문제는 동아시아를 중심으로 형성되는 국제관계 및 종족적이면서 국가적인 문제들과 뒤엉켜 있다. 따라서 좁게는 동아시아적 맥락에서 넓게는 세계사적 맥락에서 이해되어야 한다. 이런 점에서 동아시아와의 연대와 교류는 반드시 필요하다. 하지만 문제는 한반도의 분단극복을 동아시아적 맥락 속에서 위치시키는 것을 단순히 낙관적인 시각으로 전망해서는 안 된다는 점이다. 여기에는 현실적이고 합리적인 판단을 통한 세부적인 방법론이 요구된다. 이를테면 남과 북을 넘어 동아시아 곳곳에 흩어져 살고 있는 코리언 디아스포라와의 연대와 협력은 국제정치관계 속 교류와 협력에 도움을 줄 수 있으며, 향후 통일한반도의 미래상을 보다 풍부하게 만들 수 있는 계기가 될 수 있다. 이러한 기반은 그들에 대한 인문학적인 성찰을 통해서 마련될 수 있다.

셋째, 분단으로 인한 상처와 불구화되고 왜곡된 인식을 극복할 수 있는 실천적 인문학이 필요하다. 앞서 이야기했듯 강만길은 역사학의 현재성과 실천성을 강조했다. 분단시대를 살아가는 인문학의 책무는 중단없이 지속된다. 특히 인문학적 통일담론의 실천성은 대표적으로 남북의 적대성을 극복하는 데 목적을 두어야 한다. 통일은 단지 갈라진 국가를 합치는 데만 있지 않고, 두 국가에 사는 사람들의 몸과 마음에 새겨진 배타성과 적대성을 치유할 때에야 비로소 가능해질 수 있기 때문이다. 따라서 인문학적 통일담론은 분단의 상처와 이념적 적대를 극복하는 실천적 인문학으로 전개될 필요가 있다.

❖ 참고문헌

1. 일차문헌(증보판 및 재판 포함 시대 순으로)

강만길, 『분단시대의 역사인식』, 창작과 비평사, 1978.

강만길, 「80년대 민중사학론, 무엇이 문제인가: 한국 역사학계의 새 기류와 90년대 전망」, 『역사비평』 제7호, 역사문제연구소, 1989.

강만길, 「『분단시대의 역사인식』 이후의 나의 연구관심사」, 『사회평론 길』 제91권 제6호, 사회평론, 1991.

조광·강만길, 「대담 나의 학문 나의 인생: 강만길 분단 극복을 위한 실천적 역사학」, 『역사비평』 통권 23호, 역사비평사, 1993.

강만길, 「현대 한국사회의 변동과 한국학 연구의 방향」, 『한국학논집』 제22집, 계명대학교한국학연구소, 1995.

강만길, 「특별좌담: 분단 극복 없이는 새천년의 문이 열리지 않는다.」, 『기독교사상』 통권 제486호, 대한기독교서회, 1999.

강만길, 「분단 극복을 위한 실천적 역사학자」, 역사문제연구소 엮음, 『학문의 길, 인생의 길』, 역사비평사, 1999.

강만길, 『강만길 선생과 함께 생각하는 통일』, 지영사, 2000.

강만길, 『21세기사의 서론을 어떻게 쓸 것인가』, 삼인, 2002.

강만길, 『역사는 이상의 현실화 과정이다』, 창작과 비평사, 2002.

강만길, 『조선민족혁명당과 통일전선』, 역사비평사, 2003.

강만길, 「한국민족주의와 통일」, 『민족사상연구』 제12호, 경기대학교 민족문제연구소, 2005.

강만길, 『우리 통일, 어떻게 할까요?』, 당대, 2006.

강만길, 『한국민족운동사론』, 서해문집, 2008.

강만길, 『통일운동시대의 역사인식』, 서해문집, 2008.

강만길, 『고쳐 쓴 한국현대사』, 창비, 2009.

강만길, 『역사가의 시간』, 창비, 2010.

강만길 외, 『통일지향 우리 민족해방운동사』, 역사비평사, 2010.

강만길 외, 「통일시대를 어떻게 살아갈 것인가」, 『창작과 비평』 통권 109호, 창작과 비평사, 2000.

강만길, 「나의 역사연구」, 『한국사학사학보』 제28집, 한국사학사학회, 2013.

강만길, 『분단고통과 통일전망의 역사』, 선인, 2013.

2. 이차문헌

노태돈, 「해방 후 민족주의사학론의 전개」, 『현대한국사학과 사관』, 일조각, 1991.

윤해동, 『식민지의 회색지대: 한국의 근대성과 식민주의 비판』, 역사비평사, 2007.

차승기, 『반근대적 상상력의 임계들: 식민지 조선 담론장에서의 전통·세계·주체』, 푸른역사, 2009.

성균관대학교 동아시아 유교문화권 교육·연구단 편, 『동아시아 민족주의의 장벽을 넘어: 갈등의 시대로부터 화해의 시대로』, 성균관대학교 출판부, 2005.

한스 올리히 벨러, 이용일 옮김, 『허구의 민족주의』, 푸른역사, 2009.

도면희·윤해동 엮음, 『역사학의 세기: 20세기 한국과 일본의 역사학』, 휴머니스트, 2009.

3. 연구논문

오두환, 「분단시대의 현실인식과 한국민족주의론의 모색」, 『창작과 비평』 통권 57호, 창작과 비평사, 1985.

신주백, 「관점과 태도로서 '내재적 발전'의 분화와 민중적 민족주의 역사학의 등장」, 『동방학지』 제165집, 연세대학교 국학연구원, 2014.

김성민·박영균, 「강만길, 백낙청, 송두율의 통일담론에 대한 비판적 검토」, 『범한철학』 제59집.

강내희, 「한국의 식민지 근대성과 충격의 번역」, 『문화과학』 제31집, 2002.

고석규, 「다시 생각하는 한국의 식민지 근대성과 민족주의」, 『문화과학』 제31호, 2002.

이도흠, 「근대성 논의에서 패러다임과 방법론의 혁신 문제: 식민지근대화론과 내재적 근대화론을 넘어 差異와 異種의 근대성으로」, 『국어국문학』 제153집, 국어국문학회, 2009.

배성준, 「'식민지 근대화' 논쟁의 한계 지점에 서서」, 『당대비평』 제13호, 삼인, 2000.

이병수, 「남북관계에 대한 반성적 고찰 -체제와 민족을 중심으로-」, 『통일인문학』 제48집, 건국대학교 인문학연구원, 2009.

이병수, 「한반도 근대성과 민족전통의 변형」, 『시대와 철학』 제23권 제1호, 한국철학사상연구회, 2012.

백낙청, 분단체제론에 대한 고찰

······

이병수

건국대학교 통일인문학연구단 HK교수

백낙청, 분단체제론에 대한 고찰

이병수(건국대학교 통일인문학연구단 HK교수)

1. 들어가는 말: 분단체제론의 등장배경

　백낙청의 '분단체제론'은 원래 '민족문학론'의 일환으로 전개되었으나, 1980년대 이후 한국 사회운동의 실천적 과제를 성찰하는 과정에서 점차 독자적 이론으로 정립되었다. 민족문학론은 첫째, 현실을 민중의 입장에서 대하려는 것과 둘째, 당면한 민족현실에서 분단극복의 과제를 초점에 둔다.[1] 다시 말해 민족문학론은 분단을 거부하는 민족전체의 문학이면서 동시에 분단된 사회 대다수 민중의 삶과 욕구에 근거한 민중문학이기도 하다. 따라서 민족문학론에 따르면 분단문제를 떠나 민중적 요구만을 강조하는 문학도, 민중적 내용을 배제한 채 분단문제에만 주목하는 문학도 일면적인 것이다. 이런 민족문학론의 문제의식에 비춰 볼 때, 1980년대 사회구성체 논쟁에서 제기된 'NL'(National Liberation)과 'PD'(People Democracy)의 두 노선은 각각의 편향으로 비쳐질 수밖에 없었다.

　'NL'의 선통일론은 분단으로 고통받는 사회라는 인식이 투철하지만, 분단의 모순을 민족모순으로만 이해하여 그 동안 변화된 남북 사회의 내부모순을 소홀히 여기는 문제점이 있었고, 반면 'PD'의 선변혁론은

---

[1] 백낙청, 『민족문학의 새 단계』, 창비, 1990, 155~156쪽.

계급모순에만 주목하여 분단이 우리 사회의 온갖 발전을 얼마나 제약하고 있는지를 충분히 감안하지 못한 문제점이 있었다. 백낙청은 각각 계급모순과 민족모순을 강조하는 양 노선의 일면성을 극복하기 위해 양자의 모순이 중첩된 '분단모순론'을 내세웠다. 그러나 모순론에 대한 복잡하고 현학적 논의가 지속되자, 1987년 6월 항쟁 이후 분단모순론 대신 '분단체제론'이란 새로운 용어를 들고 나왔다.

백낙청은 '87년 체제'로 절차적 민주주의가 이루어져 국가기구에 의한 적나라한 탄압이 종식되었지만, 국가폭력의 위험은 훨씬 은밀하고 다양해졌다고 보았다. 그는 6월 항쟁 이후 사회운동을 분단체제의 맥락 속에서 인식하려고 노력하였다. 그는 "6월 항쟁을 단지 남한의 역사 속에서 보는 대신 남북한을 아우르는 분단체제 속의 사건으로" 평가한다.[2] 6월 항쟁을 기점으로 분단체제는 고착단계에서 동요단계로 접어들었다는 것이다. 그는 동서냉전이 끝난 뒤에도 한반도의 분단이 끈질기게 지속된 1990년대에 들어서, 분단체제가 단순히 동서냉전체제의 일부가 아닌 훨씬 역동적이고 복합적인 성격을 지닌다고 주장했다. 특히 그는 2000년 남북정상회담을 분기점으로 분단체제가 동요기에서 해체기로 들어섰다고 보았다.[3]

요컨대 백낙청의 분단체제론은 6월 항쟁으로 남한의 독재권력이 무너지면서 분단체제가 동요되는 한편, 현실사회주의권 붕괴와 동서냉전 종식이라는 국제정치의 일대 변화가 분단체제에 심각한 타격을 가한 시대적 상황에서 구체적 모습을 드러냈다고 볼 수 있다. 분단체제론은 20년이 넘는 기간 동안 그 주안점을 달리하면서 외연을 확대하고 내용을 심화시켜왔다. 이글은 지난 20년 동안 전개되어온 백낙청의 분단체제론의 이론적 내용을 살펴보는 데 목적이 있다.

---

2) 백낙청, 『흔들리는 분단체제』, 창비, 1999, 212쪽.
3) 백낙청, 『한반도식 통일 현재진행형』, 창비, 2006, 6쪽.

2. 분단체제의 의미

1) 세계체제의 하위체제

백낙청에 따르면 분단체제론은 "한반도의 분단을 두 개의 체제, 이념 또는 (정상적인) 국민국가 사이의 대립으로 보기에 앞서, 남북을 아우르는 하나의 분단체제가 있고, 이 또한 완결된 체제이기보다 세계체제의 하나의 독특한 시·공간적 작동형태에 해당한다고 보는 관점이다."4) 여기서 알 수 있는 것은 분단체제가 세계체제라는 상위체제와 남북의 두 국가체제라는 하위체제 사이에 존재하는 중간체제로 설정되어 있다는 점이다. 다시 말해 분단체제란 자본주의 세계체제와 남과 북의 두 분단국가체제 사이에 존재하는 독자적인 체제를 말한다. 우선 자본주의 세계체제의 하위체제라는 규정부터 살펴보자.

분단체제는 일반적으로 자본주의 세계체제의 하위체제라기보다 냉전체제의 하위체제로 이해된다. 남북 관계를 설명하는 대부분의 이론들은 냉전체제가 한반도에서 재생산되는 과정에 초점을 맞추어왔다. 따라서 분단체제는 냉전체제의 한반도판인 적대적인 국가 대 국가의 관계로 이해된다. 그러나 백낙청은 분단체제를 동서냉전체제의 일부로 보는 것에 반대하고 자본주의 세계체제의 작동과 맞물려 있다고 이해하고 있다. 냉전체제는 흔히 말하는 자본주의와 사회주의 양대 세계체제의 대립이 아니고, 자본주의 세계체제의 장구한 역사 속의 특정시대에 불과하다. 그리고 진영모순이란 것도 동서냉전을 기화로 미국이 소련뿐만 아니라 독일과 일본까지 통제하는 기제이다. 한반도 분단에는 진영모순을 거의 그대로 재현한 과거 독일 분단보다 제국주의 패권이 더욱 일방적으로 작용하고 있으며, 그만큼 자본주의 세계체제의 모순들을 훨씬

---

4) 위의 책, 81쪽. "분단체제는 세계체제의 하위체제이면서 일정한 독자성을 갖는 남북한 체제의 독특한 결합"(『민족문학의 새 단계』, 창비, 1990, 83쪽)이다.

깊고 다양하게 체현하고 있다.5) 그리고 동서대립은 물론 미국의 패권주의적 지배가 작용하는 이러한 한반도의 분단체제의 독특한 성격이야말로 독일과 베트남의 분단과 근본적으로 다른 점이다. 즉 전후 냉전체제의 산물인 분단독일과도 다르고, 기본적으로 민족모순에서 비롯된 분단베트남과도 다르다.6) 독일과 베트남에는 그가 분단체제라 함직한 어떤 구조가 성립해 있지 않다는 것이다.

백낙청의 분단체제론은 그것이 이론적으로 기대고 있는 월러스타인(Immanuel Wallerstein)의 세계체제론에 대해 제기되는 비판과 동일한 비판을 받는다. 원래 세계체제론은 저발전국이 영미 등 선진자본주의 국가가 거쳐온 역사발전 단계를 답습함으로써 발전한다는 근대화이론에 대한 문제제기로부터 출발했다. 세계체제론은 저발전국들이 선진국을 모방해 발전한다는 근대화론을 비판하고 오히려 양자의 경제적 격차가 확대된다고 주장한다. 자본주의 세계경제는 경제적 잉여가치를 독점하는 중심부와 수탈당하는 주변부, 이들 중간에 반주변부라는 세 층의 구조로 된 기능적인 착취시스템에 불과하다는 것이다. 나아가 세계체제론은 국민국가 단위에 고정된 근대화론과 달리 세계체제를 분석단위로 한다. 세계체제론은 자본주의를 특정 지역과 시기(16세기 유럽)에서 발생하여 확대되어온 하나의 역사적 체계로 보면서, 국가나 민족 및 계급은 자본주의의 유지와 확대에 필요한 근대의 역사적 산물이라고 이해한다.

세계체제론에 대해 제기되는 핵심적 비판은 사회주의를 역사적 자본주의의 일부로 본다는 점에 있다. 세계체제론에 따르면 어느 나라도 자본주의 세계체제로부터의 탈각이 불가능하다. 즉 세계체제의 바깥은 없다. 따라서 개별사회를 대상으로 자본주의 국가인지 사회주의 국가인지 논하는 것은 무의미하다. 그러나 세계체제론은 종종 유통주의적

---

5) 백낙청, 『분단체제 변혁의 공부길』, 창비, 1994, 32~33쪽.
6) 위의 책, 24쪽.

접근이라는 비판을 받는다. "세계체제론의 주장은 현실사회주의가 자본주의 세계경제에 참여하고 있었던 일부라는 뜻이 아니라 생산양식 자체도 자본주의였다는 주장이다. 이는 자본주의를 노동의 상품화라는 생산관계를 기준으로 파악하는 것이 아니라 유통주의적 접근이다."[7]

손호철에 따르면 북한을 포함한 현실사회주의가 '국가 간 체제'의 일부라는 의미에서 세계체제의 일부라는 것은 수긍하지만, 자본주의 세계경제의 일부라는 점을 부인한다. 국가간체제와 자본주의 경제가 세계체제론의 상하부구조로써 별개로 볼 수 없다고 할 때, 손호철의 입장은 월러스타인의 세계체제론을 기본적으로 부정한다고 할 수 있다. 손호철은 세계사회주의 체제가 분단을 매개로 북한을 규정하고, 세계자본주의 체제가 분단을 매개로 남한을 규정한다고 이해한다. 이런 입장은 남북의 체제 차이를 당연시하는 대부분의 남한 진보진영 학자들이 공유하고 있다.

2) 남북을 아우르는 하나의 체제

또한 분단체제론은 남북의 두 체제를 서로 이질적이고 대립적인 체제로 이해하는 우리의 상식과 달리, 하나의 체제로 포괄하고 있다. 백낙청에 따르면 분단은 국경을 접한 이웃나라의 외적 관계가 아니라, 상호영향력과 의존성의 측면에서 단순히 이웃나라의 관계로 치부할 수 없는 하나의 체제적 성격을 지닌다. 상식적으로 볼 때 남북주민이 동일한 체제에 살고 있다고 생각하기 쉽지 않다. 그러나 분단체제론은 남북관계에 대한 이러한 상식적인 이해방식과는 달리 남북한의 정치. 경제, 사회적 현실을 통합하는 상위의 현실, 체제가 다른 두 개의 국가를 망라하는 특이한 복합체로 이해하고 있다. '체제'라는 말이 자생력과 안정성

---

7) 손호철, 『해방 50년의 한국정치』, 새길, 1995, 298쪽.

즉 자기 재생산의 능력을 내포하고 있다는 뜻이라고 할 때, 분단체제론은 자기 재생산 체제로서 한반도의 분단구조를 이해해야 한다는 주장이 된다. 그렇다면 이질적인 두 사회를 포괄하는 공통의 틀, 혹은 두 사회의 주민이 동일한 체제에 살고 있다는 인식의 근거는 무엇인가?

분단체제론은 "남북의 국가 간이나 상반된 이념 간의 대립 위주로 인식하기보다 한반도 전역에 걸쳐 작동하는 어떤 복합적인 체제와 그에 따른 다수 민중의 부담이라는 차원 위주로 파악"[8]한다. 즉 분단체제론은 남북체제의 이질성보다 분단기득권 세력과 분단으로 고통 받는 대다수 한반도 주민 간의 모순을 더 중시한다. 분단체제는 민중적 삶에 영향을 주는 반자주성과 비민주성을 특질로 한다. 이러한 분단모순은 남북한 간의 체제모순이라기 보다, 남북한 민중 대 분단체제 사이의 모순이다.

그런데 분단체제란 말은 위와 같이 남북 현실의 부정적 측면만을 총괄하기 위한 용어뿐만 아니라, 분단이 체제라는 이름에 값하는 일정한 지속성, 즉 자기 재생산능력을 갖고 있다는 의미를 지닌다. 재생산 기반은 "일반대중들을 위해서도 그 물질 생활을 상당부분 해결해 줄 수 있는 능력은 물론 어느 정도의 자발적 순응을 확보할 객관적 근거"와 양쪽의 기득권층이 얼마간 공통된 이해관계를 갖게 된다는 의미도 지닌다.[9] 요컨대, 분단체제는 민중에게 억압적인 것만이 아니라 체제경쟁을 통해 상당한 발전을 이루며 또 이데올로기 면에서도 상당한 기반을 구축하는 등 남북주민의 일상생활에 뿌리를 내리고 있다. 나아가 남북 기득권세력 사이의 공생관계, 즉 상호적대하면서도 의존적인 공통된 이해관계를 지니고 있기에, 체제라는 이름에 값하는 재생산 기반을 지니고 있다는 것이다.

따라서 남북 사회는 분단체제의 하위 체제이므로, 그 내부에서 일어

---

8) 백낙청, 『한반도식 통일 현재진행형』, 창비, 2006, 45쪽.
9) 백낙청, 『분단체제 변혁의 공부길』, 창비, 1994, 19~20쪽.

나는 사회 정치 현상은 분단체제와의 관련을 떠나서는 제대로 파악할 수 없게 된다. 백낙청이 남한에서의 민주화운동, 지역주의 극복, 생태 문제와 성차별 문제를 분단체제와 연결시켜 보는 것도 이러한 이유 때문이다. 백낙청의 분단체제론에 대한 핵심적 비판은 이와 밀접히 관련되어 있다. 분단체제론이 남북 사회의 거의 모든 문제를 과도하게 분단체제로 귀속시킨다는 비판이 그것이다.

우선, 이종오는 분단체제론이 분단 하에서 어떤 사회개혁도 민주화도 불가능하다는 '분단모순 환원론'[10]이라고 비판한다. 그러나 이 비판은 핵심을 비켜간다. 백낙청은 태생적으로 반민주적이며 비자주적인 분단체제에서 남북 어느 한 쪽도 온전한 민주주의가 불가능하다고 주장하기는 했다. 그러나 백낙청은 바로 그러하기 때문에 분단 하에서 민주변혁이 갖는 중요성을 오히려 강조하면서, 분단체제 변혁의 중요한 동력이 된다고 주장했다. 백낙청은 통일 이전에 달성가능한 민주화와 자주화의 성격과 정도, 통일 이후에 가능한 민주화와 자주화의 성격을 구별했을 뿐이다. 다음으로 손호철은 분단체제론이 지역주의나 성차별주의 등 우리사회의 모든 해악을 분단체제로 귀속시킨다는 '분단결정론적 숙명론'[11]이라고 비판한다. 손호철의 주장은 성차별, 경제지상주의 등의 원인을 분단체제에 귀속시킨다는 의미로 이해될 수 있다. 그러나 백낙청의 주장은 성차별, 소수자 인권 문제 등은 발생적으로 분단체제와 무관하지만, 단지 분단체제로 인해 가중되고 있다는 주장일 뿐이다.

분단환원론이나 분단결정론 등의 비판에서 핵심적인 사항은 지역주의, 성차별 등의 현실에 대한 '분단체제의 매개작용'을 어떤 정도로 설정하느냐의 문제라고 할 수 있다. 이런 맥락에서 성차별이나 지역주의, 성장지상주의 등이 분단과 무관하게 발생했지만, 분단과 어떻게 역사적으로 결합되어 갔는가에 대한 실증적 연구가 중요하다.

---

10) 이종오, 「분단과 통일을 다시 생각해보며」, 『창작과 비평』 80호, 1993, 294쪽.
11) 손호철, 『해방 50년의 한국정치』, 새길, 1995, 321쪽.

3. 분단체제 극복의 방향과 방법론: 이중과제론·변혁적 중도주의·시민참여형 통일론

1) 근대적응과 극복의 이중과제론

분단체제론은 1990년대 '포스트모더니즘'의 등장과 근대성 논쟁의 와중에서 한반도에서 구체적으로 가능한 근대극복론이라는 새로운 모습을 띤다. 백낙청은 세계체제론적 근대인식을 수용하면서 근대를 자본주의가 다른 무엇으로 변모하기까지의 시대, 즉 세계사에서 자본주의의 시대로 이해한다. 그는 자본주의를 도외시한 근대론 혹은 탈근대론을 부정한다. 따라서 세계화는 근대라는 시기의 최신 국면으로서 자본주의 세계시장의 전지구적 확대이며, 자본주의적 사회체제의 전일화 과정이다. 그러므로 세계화의 현실을 탈근대로 규정하는 것은 자본주의 현실에 대한 이데올로기적 은폐작용이 개입하고 있다. 백낙청은 자본주의 선발지역에서 이룩한 특정한 성취들을 세계체제 전체의 맥락에서 떼어내어 근대성 그 자체로 규정하는 논리를 비판한다. 동시에 근대성이 다른 속성으로 대치되고 있다는 탈근대주의가 자본주의 근대의 전체상을 외면하고 있다고 비판한다. 세계화로 표현되는 자본주의 근대의 최근 단계를 전지구적 근대로 규정하면서, 복수의 근대 개념은 단일한 자본주의 세계체제의 존재를 망각하거나, 부분적 대안 찾기에 국한되는 실천적 한계를 지닌다는 아리프 딜릭(Arif Dirlik)의 견해에 공감한다.[12]

전지구적 근대가 근대의 마지막 단계라는 가설에 설득력을 더해주는 현실이 바로 자본축적이 더 이상 불가능하다는 신호를 보여주는 생태계의 위기이다. 백낙청은 지속가능한 발전이라는 환경관리주의적 이념이나 경제기술적 발전 자체를 적대시하는 생태근본주의 노선 대신에 '무엇을 지속

---

12) 백낙청, 『한반도식 통일 현재진행형』, 창비, 2006, 246~249쪽.

시킬 것인가'에 촛점을 맞추는 인도 출신의 경제학자 아마르티야 센 (Amartya Sen)의 견해에 특별한 매력을 느낀다. 백낙청은 특히 성장논리와 무관한 비근대적인 삶의 방식으로 전환할 것을 주장하는 생태근본주의 노선을 비현실적이라고 비판한다. 그는 센이 욕구 대신 실질적 자유를 지속가능성의 핵심으로 본 점에 힌트를 얻어, 장기목표로서 "생명지속적 발전'(life-sustaining development)을 제의"하면서 동시에 이를 현실 속에서 추구해나갈 중단기 전략을 갖추느냐가 관건이라고 판단한다.13)

백낙청은 이상과 같은 세계체제론적 근대론에 입각하여 근대적응과 극복의 이중과제론을 제기한다. 이중과제론은 근대화를 일방적으로 긍정하는 근대주의에도 반대하고, 근대에의 적응을 통해 성취되어야 할 성과를 소홀히 하는 탈근대론에도 반대한다. 백낙청에 따르면 이중과제 는 두 개의 동시적 과제들이 아닌 양면적 성격을 지닌 단일과제를 의미 한다. 극복이 결여된 적응은 적응으로서도 실패하기 마련이고, 적응이 못 되는 극복은 성사될 수 없기 때문이다.14) 백낙청은 이중과제를 분단 체제론과 연결시킨다. 그에 따르면 분단체제론은 통일이 곧 바로 근대 이후를 실현한다고 믿지 않는 의미에서 근대성의 일정한 성취를 빼버린 탈근대주의와 다르다. 또한 분단체제 극복이 자본주의 세계체제 변혁의 중요한 계기가 될 수 있다는 점에서 근대극복론의 성격을 지닌다.

이러한 이중과제론이 지닌 실천적 함의는 세계체제를 단위로 삼아 우리가 그 일원이라고 생각할 때의 핵심적 과제(자본주의 모순), 분단체 제를 단위로 한반도 주민의 일부로서 당면한 주요 과제(분단모순), 남한 에 치중할 때 떠오르는 과제(당면과제)로 각각 분석하고 종합하는 다층 적 실천을 모색하자는 것이다. 이는 남한민중이 자주화와 민주화에 힘쓰고(단기과제), 북한민중과 더불어 분단체제 극복을 실현하고(중기 과제), 세계민중과 함께 근대 세계체제에 대한 근본대안을 찾아가는(장

---

13) 위의 책, 252~254쪽.
14) 위의 책, 115쪽.

기과제) 삼중의 운동이라 할 수 있다.

여기서 분단체제 극복은 세계체제의 변혁과 남북 내부의 개혁운동의 중간항이며 두 차원을 이어주는 연결고리에 해당한다. 따라서 통일은 통일지상주의의 차원이 아니라 분단체제보다 나은 체제를 한반도에 건설하는 문제로서 남북 각각이 삶의 개선을 지속하는 단기적 목표와 세계체제 전체를 좀 더 나은 체제로 만드는 장기 목표 사이의 중간목표의 성격을 지닌다.15) 따라서 분단체제 자체에 세계체제가 작동하기 때문에 분단체제의 변혁은 세계체제로부터의 이탈은 아닐지라도 세계체제에 타격을 줄 수 있다는 점에서 세계사적 의의가 있다.

이런 주장은 한반도 문제가 세계모순이 집결한 장소이고 한반도 문제가 해결되면 세계사의 모순이 해결된다는 한국 민족주의 특유의 자국중심주의적 전통과 맞닿아 있다. 세계체제 변혁에서 분단체제 변혁이 차지하는 위상을 지나치게 강조하는 분단체제론은 자국 중심주의의 함정이 있다. 손호철은 분단체제의 변혁이 세계체제에 그만큼 큰 타격을 줄 것이라는 주장은 매우 창조적이고 중요한 관찰이지만, 한민족의 수난사를 특권화시키는 김지하의『남』처럼 이를 지나치게 강조할 경우, 한반도와 한민족을 특권화시키는 자국 중심주의에 빠질 가능성을 우려한다.16)

2) 변혁적 중도주의

이론적 맥락에서 볼 때 근대적응과 근대극복의 이중과제가 세계사 차원의 담론이라면, 이것이 한반도에 적용될 경우 분단체제론이 되며, 남한사회 차원만을 문제 삼을 때 변혁적 중도주의로 나타난다고 할

---

15) 위의 책, 97쪽.
16) 손호철,『해방 50년의 한국정치』, 새길, 1995, 314쪽.

수 있다. 백낙청은 2000년 남북정상회담을 계기로 분단체제가 동요기에서 해체기로 들어섰다는 판단 아래, 이러한 열린 상황에서 다양한 세력들을 수렴하는 변혁적 중도주의를 제창하였다. 2000년 6.15 선언은 분단체제 아래서는 그 극복을 위한 획기적인 계기를 마련했다는 점에서 최고의 진보성과 개혁성을 지닌다.[17] 6.15 공동선언으로 평화적이고 점진적인 통일과정에 대한 합의가 이루어졌으며, 이 합의의 실천은 광범위한 세력이 동참할 것을 요구한다고 보았다. 백낙청에 따르면, '6·15 공동선언'은 그 자체로 '중도주의 문헌'이고, 분단체제 변혁을 실천하는 과정의 산물이므로 당연히 '변혁적'이다. 통일을 고려하지 않고 평등이나 평화 혹은 선진화에 주목하는 다양한 좌우파의 노선들을 비판하고 분단체제 극복을 위해 여러 세력이 새롭게 힘을 합쳐 참된 중도를 찾자고 주장한다.[18]

사회주의 혁명과는 다르지만 '변혁적'이란 말이 가능한 이유는 한반도의 억압적인 분단체제의 극복을 목표로 하고 있기 때문이다. 그가 말하는 분단체제의 변혁은 남북 주민의 삶이 향상되는 방식의 통일, 현재보다 나은 사회를 한반도에 건설하는 문제다. 분단체제를 그대로 둔 개혁, 이를테면 북의 '강성대국론'이나 남의 '선진화론'은 남북현실을 분단체제와 관련시켜보지 않기 때문에 바람직하지 않다. 백낙청이 중도주의를 주장하는 이유는 분단체제 극복의 방식에 적절하기 때문이다. 만약 분단체제의 극복이 일회적 사건이나 전쟁을 통해 갑작스럽게 이루어질 경우, 중도주의는 적절치 않다. 그러나 분단체제의 극복이 광범위한 대중이 참여하는 평화적이고 점진적 과정이라면, 이에 적합한 것이 바로 광범위한 중도세력의 결집이다. 사실 자본주의 근대극복이 당면과제라면 급진주의가 맞지만, 근대적응과 극복이 단일과제의 양면이라는 이중과제론 자체의 성격에서 볼 때 당연히 중도주의가 바람직한 대안으로

---

17) 백낙청, 『한반도식 통일 현재진행형』, 창비, 2006, 136쪽.
18) 백낙청, 『어디가 중도이며 어째서 변혁인가』, 창비, 2009, 178쪽.

등장하리란 것은 손쉽게 예상될 수 있는 논리적 귀결이다.

　백낙청은 분단체제 극복세력과 분단체제 수호세력의 대립을 서구의 진보, 보수 기준으로 보아서는 안 된다고 주장한다. '6.15 시대'가 분단체제의 해체기라고 할 때 그와 무관하게 적용하는 서구적 의미의 진보와 보수라는 기준은 타당하지 않기 때문이다. 이런 판단 아래 백낙청은 '성찰하는 진보'와 '합리적 보수'의 만남을 통해 폭넓고도 줏대 있는 중도세력을 형성해야 한다고 주장한다.[19] 물론 백낙청이 6.15 선언을 대한민국 국가정체성 위기의 주범으로 인식하는 냉전적 사고에 얽매인 수구세력이 여전히 강고하게 존재하는 남한의 현실에서 합리적 보수집단이 쉽게 형성되리라고 믿지는 않는다. 또한 6.15 선언을 부차적으로 보고 신자유주의를 비판하는 진보진영의 인식 역시 쉽게 변화되리라고 믿지도 않는다. 요컨대, 백낙청은 변혁적 중도주의에 동의하는 세력이 당분간 수적으로 소수라는 점을 부인하지 않는다. 그런 의미에서 변혁적 중도주의는 지금 당장이 아닌 장기적 차원에서 분단체제 변혁을 위해 광범위한 세력형성을 위한 기획에 가깝다. 세계체제 해체기의 불안정한 과도기에 자유의지의 중요성을 강조하는 월러스타인의 논리처럼, 분단해체기에 처해 있는 6.15시대가 파국으로 치닫지 않기 위해서는 변혁적 중도주의의 노선이 실현되는 것이 중요하다고 본다. 분단체제 변혁과제를 수행할 역량이 있는 중도주의적 실천 주체의 형성 문제는 곧 시민참여형 통일과 관련된다.

3) 시민참여형 통일

　백낙청은 분단체제론을 제기한 이래 한반도의 독특한 분단체제를 근거로 베트남, 독일, 예멘과는 다른 한반도식 통일론을 주장해왔다.

---

19) 위의 책, 279~280쪽.

그런데 최근 한반도식 통일론의 핵심을 시민참여형 통일과정에서 찾고 있다. 백낙청은 과거에는 '민중'이란 개념을 주로 사용했으나 최근에는 '시민'과 민중의 구분이 원론상 불가능하다며, 시민이란 개념을 주로 사용하고 있다.[20] 이는 광범위한 세력의 결집을 염두에 둔 변혁적 중도주의적 문제의식의 산물로 보인다. 백낙청에 따르면 분단체제 변혁에 대한 인식이 부족한 한국 지식인들의 각성도 중요하지만, 더욱 중요한 것은 다수대중, '민'의 각성과 참여이다. 2008년의 촛불군중과 2009년 노무현 대통령을 애도한 대중이야말로 그 어떤 기존의 친숙한 이념에도 포섭되지 않았기에 정치적으로 미숙했다기보다 지식인들보다 변혁적 중도주의에 오히려 가까이 다가섰다[21]고 평가한다. 그가 이런 평가를 하는 이유는 정부당국자나 통일운동가들 위주의 이념적 통일운동이 아니라, 분단체제와 관련된 삶의 현장의 문제를 고민하고 해결하려는 광범한 시민들의 일상적 실천이야말로 분단체제 극복의 중요 동력이라고 보기 때문이다.

백낙청에 따르면 무력이나 돈에 의한 통일이 아니라 다수 시민들의 각성과 참여를 전제로 한반도식 통일에서 획기적인 의의를 가진 것은 6.15 공동선언이다. 평화적 점진적 통일과정에 합의한 6.15 선언으로 시민참여의 가능성이 열렸다고 보기 때문이다. 즉, 남북교류가 활발해질수록 남북정권의 통제력과 외세의 지배력이 그만큼 약화되고 대중들의 능동성과 창의력이 발휘될 공간이 그만큼 확대될 가능성이 열렸기 때문이다. 즉 6.15 선언 제2항이 국가연합이라는 중간단계를 통일과정의 1차 목표로 설정한 점, 동시에 그 이상의 명쾌한 규정을 안 한 것 자체가 시민참여의 양과 질에 따라 얼마든지 달라질 여지를 남겨 놓았기 때문이다. 자유민주주의 통일이냐, 사회주의 통일이냐의 근본문제를 미리 결정하지 않고 남북 교류를 통해 '시민참여의 양과 질에 따라 얼마

---

20) 위의 책, 18쪽.
21) 위의 책, 56~57쪽.

든지 달라질 여지를 남겨 놓는 것' 자체가 민주적 방식이다.[22] 물론 시민참여가 배제된 권력층의 담합을 반대하고 시민참여형 통일을 주장한다고 해서, 권력층을 배제한 시민주도의 절대성을 강조하는 것은 아니다. 다만 정부의 참여를 배제하지 않되, 상대적으로 시민참여의 폭을 최대한 확대하자는 의미에 가깝다.

또한 백낙청은 최근의 6자회담을 둘러싼 국내외 정세를 보더라도 시민참여형 통일이 중요하다고 주장한다. 6자회담 참가국 가운데 일본은 처음부터 훼방꾼 역할에 치중해 왔고, 중국과 러시아는 현상관리에 주력해 왔다. 중국이 미일과 손잡고 북측에 압력을 행사해주기를 기대하는 중국역할론은 소기의 성과를 거두지 못한다. 따라서 현상타개의 결정적 열쇠는 미국, 한국, 북조선과 남한의 민간사회에 있다. 우리가 영향을 미치는 데 한계가 있는 북과 미국의 상황은 그렇다 치고, 남한의 경우 이명박 정부 들어 남북교류 및 화해를 위한 해법이 보이지 않는데, 그럴수록 시민운동의 결정적인 역할이 기대된다.[23]

특히 시민운동의 역할이 빛을 발할 기회는 남북의 점진적 재통합 과정을 관리할 수 있는 느슨한 정치적 연합 형성과 관련해서다. 그는 분단체제 극복을 통해 우선 도달해야 할 국가형태가 국가연합이어야 한다고 본다. 그는 인구이동의 자유가 보장된 유럽연합과 달리 인구이동의 일정한 통제를 전제로 한 국가연합을 강조한다. 국가연합은 정치 교과서적으로 보면 두 주권국가의 연합이므로 통일로 인정될 수 없다. 하지만 느슨한 국가연합이 한반도 현실의 맥락에서는 1단계 통일로 간주될 수 있는 이유는 유럽연합이 통일된 주권국가들의 연합이지만 남북의 국가연합은 오랫동안 한민족으로 살아오던 한반도 주민이 외세에 의해 강제로 분단되었기 때문이다. 그렇기에 전쟁과 혼란의 위험성이 가중되어 있는 곳이 한반도인데, 국가연합은 이런 상황을 관리하는

---

22) 위의 책, 104쪽.
23) 위의 책, 38~42쪽.

장치의 성격을 지닌다.24) 백낙청은 이러한 국가연합 단계에서 남한 시민사회의 분단체제 극복운동은 매우 중요한 의의를 지닌다고 본다.

4. 분단체제의 인식론: 지혜론과 지혜의 시대

1) 진리관의 전환과 동양적 지혜

1990년대초 제기한 과학적 사회주의의 진리관에 대한 백낙청의 비판적 문제의식(이른바 '지혜론')은 최근 지식기반사회과 관련하여 새로운 모습을 띠고 반복된다. 즉, 백낙청의 지혜론은 과학적 사회주의의 진리관 비판으로부터 근대성을 내면화한 근대적 지식체계 자체의 비판으로 확대된다. 그 바탕에는 서구 근대지식체계를 넘어 동아시아의 문명적 자산, 이른바 동양적 지혜를 활용하자는 백낙청의 근본적 문제의식이 자리잡고 있다. 이러한 그의 문제의식은 분단체제론과도 연결되어 있다. 다시 말해 분단체제가 세계체제 변혁의 장기적 과제는 물론 남한사회의 그날그날의 단기적 변혁과제와 결부되어 있기에 이를 제각기 감당하면서 그 완급을 조절하고 상호 결합시키는 도저한 지혜가 요구된다는 것이다.

백낙청에 따르면 인식과 사물의 일치라는 근대 과학의 진리개념이 갖는 결정적인 한계는 그것이 어디까지나 실천의 한 수단이요 계기일 뿐, 실천 자체의 정당성을 근거지어 줄 수 없다는 점에 있다.25) 과학의

---

24) 백낙청, 『한반도식 통일 현재진행형』, 창비, 2006, 36~37쪽.
25) 백낙청, 『민족문학의 새 단계』, 창비, 1990, 366쪽. 자신의 사상적 과제를 '형이상학의 극복'으로 삼은 하이데거는 「휴머니즘에 관한 편지」("Brief über den 'Humanismus'", in *Wegmarken*(GA Bd 9, Frankfurt/M 1976)에서 형이상학적 차원에 머무는 휴머니즘이 인간의 본질을 묻되 근원적으로 묻지 않으며, 단지 형이상학적 전제들이 설정하는 틀 안에서만 묻는다고 비판하면서, 인간을 존재와의 근원적 연관에서 묻는 새로운 진리관을 주장하였다.

과학성에 대한 백낙청의 이러한 비판은 서양 형이상학의 극복이라는 기치 아래 새로운 진리관을 주장한 하이데거(Martin Heidegger)의 문제 의식과 상통한다. 백낙청은 진리가 근대과학이 주장하는 명제적 진리가 아니라 시작(詩作)에서 드러난다는 하이데거의 존재론적 진리개념을 수용한다. 물론 백낙청은 하이데거가 예술적 실천과 혁명적 실천을 근본적으로 구분하지 않는다는 점에서, 시작(詩作)만을 특권화하는 하이데거의 정적주의에는 공감을 표하지 않는다. 그럼에도 불구하고 백낙청에 따르면 형이상학의 극복이라는 하이데거적 시도는 형이상학의 전통 밖에서 사유해온 동양인에게 오히려 쉽게 이해되는 면이 있다. 도(道)라 말할 수 없는 도, 유무(有無)를 넘어선 진여(眞如)를 사유해온 경험이 있기 때문이다.[26]

백낙청은 참된 의미의 과학성이란 오직 진리를 구현하는 데서 주어지며 인간에게 진리는 실천적 관심과 별개의 것으로 드러나지 않는다고 본다. "학문하는 사람은 모름지기 기계적인 지식의 축적만으로 진리탐구가 될 수 있다는 환상을 버리고, 참다운 작품의 창작이나 진정으로 혁명적인 행위에 맞먹는 실천으로서의 지혜사랑을 달성해야" 한다는 것이다.[27] 그리하여 백낙청은 근대적 진리개념에 대한 대안으로 동양적 전통에 기반한 근원적 진리를 제시한다. 그는 "근원적 진리를 인식의 정확성이 아니라, 우리가 끊임없이 물으며 걸어가야 할 길, … 길을 닦는 인간의 실천과 별도로 존재하지 않는 도로 파악해온 우리의 동양적 전통"[28]에 주목한다. 이를테면 불교는 과학지식의 법칙성을 강조하지만 동시에 과학주의로 흐르지 않고 법(法)마저도 놓아버린 깨달음과 실천의 경지로 떨쳐나간다는 점에서 과학성에 대한 근원적 물음을 견지하고 있다. 철저히 과학적인 태도를 몸에 익히는 일과 과학의 참뜻에 대한

---

26) 위의 책, 339~340쪽.
27) 위의 책, 377~378쪽.
28) 위의 책, 374쪽.

물음을 끊임없이 되묻든 일을 동시에 수행해야 한다는 것이다.

동아시아 전통 속의 도 개념은 항상 진(眞)과 선(善)의 융합에 해당하며, 진 또는 참이라는 것도 명제적 진실을 넘어선 것이다. 지식 위주의 근대적 학문으로의 전환을 완수한 뒤에야 동양적인 도의 탐구를 재개할 수 있다는 태도는 근대주의에 투항하는 것이다. 그래서 이 문제 또한 근대적응과 극복의 이중과제를 수행해야 한다는 논리가 적용될 필요가 있다.[29] 동양적 도를 오늘날 새롭게 되살리는 진리론은 객관적 진리에 반대되는 신비한 근원적 진리를 주장하는 것이 아니다. 흔히 알려진 객관적 진리를 절대화하는 대신 더욱 근원적인 것을 묻는 자세를 견지해야 한다는 입장에 가깝다. 그가 지혜가 아니라 지혜의 시대라고 말한 이유도 이와 관련된다. 단순히 동양적 지혜의 복원이 아니라 과학과 기술이 현실세계의 주도원리로까지 떠오른 시대에 과학기술의 지혜로운 활용이 요구된다는 의미에서 지혜가 아닌 지혜의 시대라고 규정한다.[30]

2) 지혜의 시대

백낙청의 지혜론은 지혜의 시대와 필연적으로 결합되어 있다. 그는 다가올 시대를 지혜의 시대로 규정한다. 지혜의 시대는 "현실 속의 자신을 직시하는 가운데 현실의 일부로서 주어진 꿈을 실현하는 일을 자기실현의 과업으로 떠맡게 된 시대", "이상주의의 시대도 아니요, 맹목적 현실추수의 시대도 아닌 지혜의 시대"[31]이다. 지혜의 시대에 대한 이런 규정은 근대적응과 근대극복의 이중과제론 등 백낙청 특유의 중도주의를 연상케 한다. 그런데 백낙청이 미래사회를 노동해방의 시대 혹은 사회주의 변혁이 달성된 시대로 부르기보다 지혜의 시대로 부르는 이유

---

29) 백낙청, 『어디가 중도이며 어째서 변혁인가』, 창비, 2009, 388~390쪽.
30) 백낙청, 『한반도식 통일 현재진행형』, 창비, 2006, 119쪽.
31) 백낙청, 『분단체제 변혁의 공부길』, 창비, 1994, 114쪽.

는 무엇일까? 백낙청이 진리관의 전환을 통해 말하고자 하는 핵심은 진리는 진리구현이라는 실천과 분리시켜 논할 수 없다는 점에 있다. 백낙청에게 대안적 진리는 변화하는 현실에 대응하는 유연하면서도 창조적인 사유인 동시에 인간다움의 연마와 사회적 실천과 뗄 수 없는 것이다.

백낙청은 분단체제의 극복 과정이 결국 질적으로 전혀 다른 주체 형성을 포함하는 과정으로 이해한다. 그렇기 때문에, 분단체제에 대한 체계적인 이론구축보다 인간다움과 사회다움의 실천적 수행, 수련에 보다 방점을 찍는다. 백낙청이 지혜론을 거론한 이유는 한반도 분단체제를 극복하는 사상문화적 자원으로 동아시아 문명의 유산을 활용하는 것, 구체적으로 말해 동아시아 유산을 활용한 부단한 수련과 공부가 필요하다는 것이다. 이런 문제의식은 분단체제론 관련 최초의 저서인 『분단체제 변혁의 공부길』이라는 제목에서도 알 수 있다. 그러나 동아시아의 문화적 자원, 수행, 수련이란 도대체 무엇인가? 속세를 멀리하고 산 속에서 수련하자는 것은 물론 아닐 것이다. 그는 마음의 수양과 사회변혁적 과제를 분리하지 않는다. 그는 현실사회주의권의 실패가 대중의 마음수양을 동반하지 않은 제도개혁에 있다고 보았다. 그렇다고 개인의 마음공부를 제도개혁보다 앞세우는 것에도 찬성하지 않는다. 양쪽 다 원만한 중도와는 거리가 멀기 때문이다.

그는 지혜의 시대를 근대과학의 한계를 인식하면서도, 지식의 정보화가 진척될수록 이를 노복처럼 부릴 수 있는 지혜의 소유자가 더욱 요구되는 시대로 이해한다. 또한 마음공부와 사회제도적 개혁이 공존하면서 상호 영향을 미치는 지혜로운 민중의 시대로 이해한다. 그에 따르면 소유관계의 변화는 변혁의 충분조건이 아니라 필요조건이다. 평등한 소유 자체가 목적이 아니라 소유에 대한 집착으로부터의 해방이 목적이다. 요컨대 지혜의 시대에 어울리는 실천은 노동자계급의 계급의식이라기보다 노동하는 도인(道人)에 가깝다. 하지만 특별한 개인의 특별한 수행은 다수 민중에게 요구할 덕목이 아니며, 실질적 재산이 대체로 균등해진 상태에서 누구나 해낼 수 있는 마음공부를 전제로 한 수행이다.[32]

진술과 외부사실의 상응, 진술자체의 내부적 정합성을 의미하는 서구적 진리개념은 진리가 주객이분법에 기초한 앎의 대상이 되어버렸음을 의미한다. 과학의 과학성을 오직 실증과 논리에 국한시키는 근대 주류의 학문관은 자본주의의 및 과학기술의 발달과 그 궤를 같이 했으며, 오늘날도 여전히 이를 정당화하며 위세를 떨치고 있다. 그러나 백낙청에 따르면 진리의 추구는 자연과 사회에 대한 지식만을 탐구하는 데 그치는 것이 아니라 인간다움의 연마와 결합되어 있다. 세계를 설명하고 이해하는 진리의 탐구는 그러한 진리를 개인의 생활 속에서 그리고 사회 속에서 실현하려는 노력, 곧 인간다움의 연마와 결부될 때 비로소 제 값을 발휘한다. 진리란 우리의 삶의 저편에 객관적으로 존재하는 참된 실재를 관조하는 사색 속에서 터득되는 것이 아니라, 일상적 실천(인간이 걸어가는 길, 즉 道) 속에서 터득되고 구현된다.

진리가 마음공부와 더불어 사회적 실천을 행하면서 인간다움을 구현해 가는 인간의 모든 역사적인 노력을 아우르는 말이라면, 변혁적 실천과 단절된 이론은 진리에 한참 미달할 뿐만 아니라, 자기 혁명을 동반하지 않는 제도변혁적 실천도 일면적이기는 마찬가지이다. 그렇다고 일상세계를 배척하고 죄악시하는 현실도피와 금욕주의적 실천 역시 분열된 삶 이상의 것은 아니다. 진리는 관조적 자세나 관찰적 경험 혹은 개인수양이나 제도적 실천만으로 드러나지 않으며, 반성적 성찰과 체험 그리고 실행 모두를 아우르면서 인간다움을 부단히 연마하는 과정 속에서 드러나고 구현된다. 진리는 고정된 실체가 아니라 인간과 사회 및 자연과 역동적 관계 속에서 드러나는 활동성이며, 단순한 일상적 경험이나 객관

---

32) 백낙청, 『한반도식 통일 현재진행형』, 창비, 2006, 121~124쪽.

적 관찰 및 제도적 실천만으로는 획득하지 못하지만, 그렇다 하더라도 이러한 일상적 실천들과 격리되지 않는다는 의미에서 끊없는 내재적 초월의 활동성이다. 백낙청이 고대적 지혜의 복원이 아닌 과학기술 혹은 정보를 슬기롭게 활용하는 지혜라는 단서를 달지만 동양적 지혜에서 근원적 진리의 가능성을 엿보는 것도 이 때문이다.

5. 나오는 말: 분단체제론의 의의와 한계

분단체제론의 의의는 무엇보다도 1980년대 이래 한국 사회운동의 실천적 과제를 꾸준히 성찰하는 과정에서 변혁적 중도주의, 시민참여형 통일론과 같은 분단체제 극복을 위한 구체적이고 실천적인 방향과 방법론을 제시했을 뿐만 아니라, 이를 근대적응과 극복의 이중과제론, 동양적 지혜론과 같은 거대담론과 결합시킴으로써 한국 인문학적 사유의 지평을 넓힌 점에 있다. 이를테면 백낙청은 한반도 분단체제 극복을 근대성의 일정한 성취인 동시에 근대극복의 적극적 계기로 인식함으로써 자본주의 세계체제 변혁에서 지니는 의의와 중요성을 설파하였다. 나아가 근대 특유의 진리관이 자본주의 세계체제의 정당성을 강화했다는 판단 아래, 근대적 지식체계 자체를 비판하는 한편, 한반도 분단체제를 극복하는 사상문화적 자원으로 동아시아의 문명적 유산에 주목하였다.

또한 백낙청의 분단체제론은 분단을 남과 북, 또는 반외세의 측면에서만 단순화하는 관점을 벗어나 세계체제, 분단체제, 두 개의 분단국가체제라는 세 가지 층위들의 복잡한 지형 속에서 읽을 수 있도록 했다.[33] 분단이 단순히 동서냉전체제의 일부가 아니라 그보다 훨씬 복잡하고 중층적인 성격을 지닌다는 그의 통찰은 동서대립은 물론 미국의 패권주

---

33) 김성민·박영균, 「인문학적 통일담론에 대한 비판적 성찰」, 『범한철학』 제59집, 2010년 가을, 515쪽.

의적 지배 등 한반도 수준을 넘어 자본주의 세계체제가 작동하는 구체적인 양상뿐만 아니라 남북의 정치, 사회현상의 상호의존성을 이해하는데 기여하였다. 일견 대립하는 듯이 보이는 남북의 기득권 세력 사이에 일정한 공생관계가 성립한다거나, 분단이 남북을 포함하는 한반도 전체의 민주주의와 자주성, 그리고 평화를 구조적으로 침해할 수밖에 없다는 인식 등이 그러하다.

그럼에도 불구하고 백낙청의 분단체제론은 분단이 남북 두 국가의 적대적 상호의존을 강화시키는 체제적 성격을 지닌다는 점을 통찰했지만, 남북 주민의 일상적 삶에 내면화된 사회심리와 상처를 분석하지 못했다. 남북분단이 일정한 체제적 성격을 띠고 있다는 말은 분단구조가 남북 주민 모두의 일상생활에 그 나름의 뿌리를 내렸다는 말을 의미한다.[34] 백낙청은 분단체제가 단순한 정치군사적 차원에서만 작동하는 것이 아니라 우리의 몸과 마음을 병들게 만들고 있다는 점을 자각했지만, 분단체제가 일상의 신체들에 뿌리내린 심리와 가치-문화들을 구체적으로 분석하지 않았다. 단지 과정으로서의 통일을 제시하면서 국가연합과 변혁적 중도주의를 주창하는 데 머물렀다. 그는 분단이 우리 마음 속의 모든 병들과 결합되어 있다고는 했지만, 사람들의 무의식까지를 포함하여 스며들어 있는 분단의 상처를 충분히 고려하지 못했다.[35]

물론 그가 말하는 마음의 수양 혹은 마음공부는 일상세계로부터 도피하는 금욕적이거나 개인주의적 수양을 의미하는 것은 아니다. 백낙청은 분단체제의 극복 과정을 새로운 주체형성을 포함하는 과정으로 이해하기 때문에, 마음의 수양을 분단체제 극복과제와 분리시키지 않으며, 오히려 분단체제 극복의 시대적 과제를 위해 요구되는 중도적 지혜의 함양으로 본다. 그러나 분단체제가 남북 주민들의 몸과 마음에 각인시

---

34) 김정인, 「분단과 통일에 관한 인문학적 성찰」, 『우리 안의 보편성』, 한울, 2006, 285쪽.
35) 김성민·박영균, 「인문학적 통일담론에 대한 비판적 성찰」, 『범한철학』 제59집, 2010년 가을, 518쪽.

킨 분단의 상처와 사회심리. 비합리적인 증오심 등은 단순히 중도적 지혜에 의거한 마음 공부만으로 극복된다고 할 수 없다. 분단의 적대성과 증오심은 위로부터의 이데올로기적 강제가 아니라 대중의 일상적 삶에 무의식적으로 내면화된 사회심리에 근거하고 있기 때문이다. 따라서 남북의 적대성을 재생산하는 대중들의 자발적 동조가 왜 일어나며, 대중의 어떠한 사회심리적 토양 속에서 작동하면서 대립과 분열을 낳고 있는 지에 대한 구체적 분석이 동반될 필요가 있다.

❖ 참고문헌

김성민·박영균, 「인문학적 통일담론에 대한 비판적 성찰」, 『범한철학』 제59집, 2010년 가을.

김정인, 「분단과 통일에 관한 인문학적 성찰」, 『우리 안의 보편성』, 한울, 2006.

백낙청, 『민족문학의 새 단계』, 창비, 1990.

백낙청, 『분단체제 변혁의 공부길』, 창비, 1994.

백낙청, 『흔들리는 분단체제』, 창비, 1999.

백낙청, 『한반도식 통일 현재진행형』, 창비, 2006.

백낙청, 『어디가 중도이며 어째서 변혁인가』, 창비, 2009.

손호철, 『해방 50년의 한국정치』, 새길, 1995.

이종오, 「분단과 통일을 다시 생각해보며」, 『창작과 비평』 80호, 1993.

송두율, 분단의 경계를
사유하는 통일철학자

······
박영균
건국대학교 통일인문학연구단 HK교수

송두율, 분단의 경계를
사유하는 통일철학자

박영균(건국대학교 통일인문학연구단 HK교수)

1. 들어가며: 미완의 귀향, 경계인으로서 송두율

　분단 이후 한국에서 '통일철학자'라고 명명할 수 있는 사람이 있다면 그는 '송두율'이라는 재독철학자일 것이다. 8.15해방과 함께 온 한반도의 분단은 한국인들의 삶을 바꾸어 놓았다. 그렇기에 한반도의 분단은 한국의 지적 궤적들, 특히 문학과 예술, 역사학과 정치학 분야 등에 지대한 영향을 남겨 놓았다. 그러나 이런 지적 궤적들에도 불구하고 '통일 그 자체'를 물음의 대상으로 삼고 이를 철학적으로 사유한 사람은 그리 많지 않다. 아마도 이에 대한 예외가 있다면 그것은 송두율의 철학이라고 할 수 있을 것이다. 그는 '통일 그 자체'를 철학적 사유 대상으로 초점화했으며 그것을 근본적인 사유의 좌표로 삼았다.

　그러나 이것은 그가 한국에서 동양 또는 한국철학을 전공했기 때문이 아니다. 그는 독일에서 서양철학을 전공했으며 독일의 대학에서 철학을 가르치고 있다. 그럼에도 불구하고 그는 한국에서 한국철학을 하는 사람들보다 더 '한국적인', '한국철학'의 독보적 사유궤적을 만들어왔다. 이것은 그가 한반도의 분단과 통일을 자신의 철학적 사유 대상으로 초점화하고 그런 문제의식 속에서 철학을 공부해왔기 때문이다. 하지만 그렇기에 송두율이 치러야 했던 대가 또한 막대했다. 한국에서 분단과 통일문제를 정면으로 다룬다는 것은 분단국가를 넘어서 민족을 사유하는 것으로, 국가보안법이 존속하는 한국에서 매우 위험스런 일이었기 때문이다.

지난 2003년 9월 22일, 한국사회는 고향을 떠난 지 37년이 흐른 뒤에야 겨우 고국 땅을 밟을 수 있었던 한 노철학자의 귀향을 둘러싸고서 한바탕 홍역을 치러야 했다. 그는 당시 한국 정부가 정치적 탄압을 하지 않겠다는 약속을 믿고 귀국하였으나 '조사'라는 명분으로 인천공항에서 국정원 직원들에 의해 연행되었으며 그 후 국가보안법위반혐의로 구속·수감되었으며 한국의 보수언론과 극우단체들은 그를 북한의 간첩으로 몰아세웠다. 그는 1심에서 7년의 징역형을 선고받았으며 2심에서는 징역 3년에 집행유예 5년형을 선고받았다. 이로써 그는 구속된 지 9개월 만에 풀려났으며 풀려난 직후, 2004년 8월 5일 다시 독일로 돌아가는 비행기에 몸을 실어야 했다.

37년 만에 이루어진 그의 귀향은 온갖 수모와 탄압, 굴욕으로 점철되었으며 그가 꿈에도 그리던 한국에서 생활은 감옥과 재판정을 오가는 시간으로 채워졌다. 독일로 돌아간 뒤, 그는 '미완의 귀향'이라는 제목의 책을 출판했는데 그것은 매우 적절한 표현이라고 할 수 있다. 한국사회는 1987년 6.10민주항쟁 이후 민주화되었으며 그런 민주화의 덕으로 그는 한국 땅을 밟을 수 있었다. 그러나 그의 귀향은 온전한 귀향이 될 수 없었다. 왜냐하면 그가 평생 동안 몸을 받쳤던 남북분단의 적대성 해체와 분단의 장벽을 넘어서기 위한 노력에도 불구하고, 바로 그런 그의 노력 자체가 분단체제의 적대성이라는 덫에 걸려들어 정치적 희생양이 되어버린 결정적인 요인이 되었기 때문이다.

한반도의 분단체제는 남북 상호 간의 적대적인 증오와 대립을 남과 북이라는 두 분단국가 내부를 결속시키는 힘으로 만들면서 지배 권력을 강화시키는 '적대적 상호의존 관계'를 가지고 있다. 역사적으로 한국정부는 남과 북의 적대적 대립을 이용하여 정적들이나 민주화를 요구하는 재야인사들을 제거해왔는데, 그런 대표적인 방식이 국가보안법을 잣대로 '친북=용공=좌경'으로 단죄하거나 북의 정치공작에 의한 것으로 여론몰이를 하는 것이다. 송두율의 통일철학은 바로 이런 한국의 엄혹한 현실을 타개하고자 하는 '실천적 요구'로부터 시작되었다. 그는 한국의 민주화와 인권의 신장을 위해 투쟁하면서 한국의 반민주성이 분단체제와 직접적으로 결합되어 있다는 점을 파악하고 분단체제 그 자체를 해체하는 길로 나아갔기 때문이다.

독일에서 하버마스의 지도로, 그가 철학박사학위를 취득했던 1972년은 한반도의 역사에서는 매우 중대한 사건들이 있었던 해였다. 그 해 7월 4일, 남과 북의 당국자들은 분단 이후 처음으로 '자주·평화·민족대단결'이라는 '조국통일3대원칙'에 근거한 남북통일을 추진하기로 합의한 〈7.4남북공동성명〉을 발표했다. 그러나 그 해 10월, 남과 북은 마치 약속이라도 한 듯이 '유신헌법'과 '사회주의헌법' 제정을 선언했으며 공교롭게도 그 해 12월 27일, 동일한 날짜에 각기 두 헌법을 공포하였다. 따라서 남과 북은 〈7.4남북공동성명〉 발표 이후, 동일하게 무소불위의 권력을 가진 국가체제를 수립했던 것이다.

1974년, 송두율은 180여 명의 한국 지식인들이 구속되는 민청학련 사건이 일어나자 독일에서 박정희독재에 저항하는 '민주사회건설협의회'를 조직하고 의장이 되었다. 그리고 이때부터 그의 입국은 한국 정부에 의해 금지되었으며 37년 동안 고국으로 돌아올 수 없는 이방인의 삶이 시작되었다. 재독 작곡가 윤이상처럼 그에게도 '반체제=친북인사'라는 낙인이 찍혀졌다. 하지만 송두율은, 윤이상처럼 '이방인'으로서의 자신의 삶을, 남북의 분단이라는 경계를 넘는 '경계인'의 삶으로 만들어

갔다. 1993년 방북 이후, 그는 지속적으로 북을 방문했으며 1991년에는 조선사회과학원 초청으로 김일성종합대학에서 강의를 했기도 했다. 또한, 1995년부터는 해마다 베이징에서 개최되는 '남북 학술회의'를 조직했다.

그는 2003년 재판정에서 자신이 발전시켜 온 '경계인의 철학과 삶'이 지니고 있는 실천적 의미를 알리기 위해 노력했다. 하지만 국정원의 '간첩몰이 공작'은 분단체제의 적대적 아비투스(habitus)를 체현하고 있는 한국의 대중들을 통해 성공적으로 관철되어갔다.[1] 그가 독일로 돌아간 지 4년 후인 2008년 4월 17일, 한국의 대법원은 그에 덮씌워진 혐의 대부분을 무죄로 판결하면서 '징역 3년에 집행유예 5년'을 선고한 원심을 파기-환송했다. 하지만 아직도 한국인들 중에는 송두율을 '친북좌경' 심지어 '간첩'으로 생각하는 사람들이 많다.

그러므로 그가 말한 '미완의 귀환'은, 그가 겪은 수모가 보여주듯이 오늘날 한국의 인권과 민주주의, 평화의 발전을 가로막는 것이 '분단체제'이며 이것의 해체를 위해서는 '남과 북의 분단'을 넘는 '경계인의 철학'이 필요하다는 것을 역설적으로 보여주고 있다. 송두율은 상처를 입고 독일로 돌아갔다. 그리고 그 후 4년이 지난 후 그는 이렇게 말했다. "… 그 어느 누구도 아직 밟아보지 못한 미래의 땅에 관한 상상과 다가감

---

1) 그는 이 당시의 상황에 대한 소회를 다음과 같이 밝히고 있다. "내가 갇힌 감방은 태풍의 눈처럼 조용했다. 그러나 이 정적의 주위를 맴도는 바깥세상의 폭풍은 사나웠다. 역사 속으로 벌써 사라져야 할 냉전이 위세를 다시 떨치고 그 속에서 오랫동안 기득권을 누렸던 세력이 총동원되어 나를 '해방 이후 최대 간첩'이라며 '국가보안법'에 의해 처단하라고 나섰다. 이러한 분위기를 조직적으로 끌어가는 세력의 중심에는 거대 언론이 자리 잡고 있었다. 나는 구치소 문을 나오면서 이를 '썩은 내 나는 신문'이라 불렀다. 1심 최후진술에서 나는 '지식이 사회를 멍청하게 만든다'는 주장을 인용했는데, 그것은 바로 한국식 정보사회를 지배하는 언론의 선정주의와 상업주의 그리고 무책임성을 겨냥한 것이었다. 정작 재판이 시작되고 나니 끈질기게 매달렸던 그 많은 기자는 다 어디로 사라졌는지 보이지 않았다. '아니면 말고' 식의 언론의 관행을 정말 실감할 수 있었다. 사건에 대한 심층 분석과 재판 과정에 대한 지속적인 추적보도를 통해 사실을 확인하려는 노력을 전혀 하지 않는 이상한 작태였다."(송두율, 『미완의 귀향과 그 이후』, 후마니타스, 2007, 16~17쪽)

을 귀향이라고 생각하기에 '미완의 귀향은 아련한 과거에 대한 서글픈 느낌이 아니라 우리가 만들어 가야 할 미래의 꿈을 엮는 적극적 행위임을 강조하고 싶다."[2]

2. 통일철학의 인식론적 전환: 경계의 철학

송두율의 통일철학은 기본적으로 '경계(Grenze)'에 대한 사유에 기본적인 토대를 두고 있다. 그는 오늘날 세계화가 불러일으킨 '탈경계'에 주목한다. 그러나 그가 생각하는 경계의 사유는 국민국가의 경계를 넘어서 탈국가화하는 디아스포라나 '혼종성'을 만들어내는 다문화주의에서 말하는 '탈경계'에 대한 사유가 아니다. 그가 주목하는 '경계'는 그 자신의 실존과 삶에 내재적으로 주어져 있는 경계이자 그 경계로 인해 고통을 받고 있는 현실 그 자체이다. 그는 자신을 "경계인(Grenzgäger)"이라고 말한다. 여기서 '경계인'은 '남쪽 출신이면서 북쪽과 왕래하는 자, 동양인이면서도 서구에서 서양철학을 전공하는 자, 가난한 제3세계 출신이면서도 독일이라는 제1세계에 거주하는 자'라는 의미를 가지고 있다.[3]

물론 이 경계는 송두율이라는 실존이 의식적으로 만들어낸 경계는 아니다. 그것은 오늘날 세계의 사회적 구조가 만들어낸 지리적이고 공간적인 경계이자 그의 신체를 분절하고 통제하는 경계이다. 여기에 그의 실존이 겪는 '고통과 분열'이 있다. 하지만 송두율은 이런 분열과 충돌을 내가 가진 약동하는 생명력과 그것을 옥죄는 구조의 억압이

---

2) 위의 책, 7쪽.
3) "'경계인'은 민족분단으로 생긴 '남'과 '북' 사이에, '동양과 서양' 사이에, 그리고 '부국'과 '빈국'이라는 '북과 남' 사이에 있는 '경계'에서 살고 있다는 세 가지 의미를 담고 있다."(송두율, 『민족은 사라지지 않는다』, 한겨레신문사, 2000, 189쪽).

낳은 충돌로 파악하지도 않는다. 따라서 그는 오늘날 탈현대론을 주창하는 사람들처럼 경계의 분열이 낳는 충돌을 내 안에 존재하는 생명의 힘에 의한 '차이화'나 '혼종적인 생성'의 힘으로 파악하지 않는다. 오히려 그는 헤겔처럼 경계구획을 통해서 자신의 동일성을 유지하는 '배제'의 논리 이면에 감추어져 있는 '전체성'과 '통합'의 논리에 주목한다.

동과 서, 남과 북은 특정한 경계를 중심으로 하여 묶이기 때문에 동서와 남북은 서로를 배제한다. 그러나 이 둘은 서로를 배제하기만 하는 것이 아니라 다른 한편으로 서로를 특정한 틀 안에서 묶어주기도 한다. 동서라는 경계구획은 '세계'라는 틀 안에서, 남북이라는 경계구획은 '한반도'라는 틀 안에서 서로를 구분해주는 것이다. 따라서 그는 '남과 북, 동과 서'라는 경계 그 자체를 해체하는 '차이들의 활성화'가 아니라 '전체성' 안에서 '둘'의 관계를 만들어가는 데에 초점을 두고 있다. 여기서 남과 북, 동양과 서양이라는 '둘'은 그 자신의 정체성을 유지하지만 고립적으로 존재하는 것이 아니라 둘의 관계를 통해서 '제3'을 만들어내는 것으로 존재한다.

이에 그가 일차적으로 해체하고자 하는 논리는 '동일률'이다. 'A=A'라는 동일률은 'A'는 'A'일 뿐이며 'non-A'는 결코 'A'가 될 수 없다는 '배중률'의 논리를 따른다. 하지만 그렇게 되었을 때, 동서와 남북은 서로를 배제할 뿐, 그들을 묶고 있는 '세계'와 '한반도'라는 전체성을 은폐하게 된다. 따라서 송두율은 전체성 안에서 둘을 둘로 놓아두면서도 서로가 서로를 배제하는 것이 아니라 '전체성' 안에서 서로 긴장하는 관계를 유지하는 '경계인의 철학'을 주장하고 있다. 여기서 경계는 애매하고 불확실하다.[4] 'A 또는 non-A'는 그들을 묶고 있는 전체성 안에서 상호작용하기 때문에 둘은 섞이며 둘의 정체성은 명료하지 않다. 하지만 그렇기 때문에 오히려 둘은 '제3의 것'을 생산한다.

---

4) 송두율, 『미완의 귀향과 그 이후』, 후마니타스, 2007, 100쪽.

예를 들어 현재의 '휴전선'은 남과 북을 가르는 경계선이다. 하지만 휴전선은 말 그대로, '전쟁을 잠시 중단하는 남북의 대치선'이라는 의미로, 언젠가는 사라질 수밖에 없는 잠정적인 운명을 가지고 있는 경계선이다. 여기서 남과 북이라는 두 국가의 정체성은 휴전선이 존재하는 한에서만 유지될 수 있는 '부분적 정체성'이며 남과 북이 서로를 배제하고 적대하지만 그들의 부분적 정체성을 묶고 있는 것은 '한반도라는 전체성'이라는 점이 드러난다. 따라서 그는 'A=A'라는 동일률을 따라 이루어지는 일차원적인 경계 개념에 묶여 있는 '남 or 북'이라는 이분법적인 선택논리 대신에 '한반도'라는 전체성의 논리, 즉 '남 and 북'이라는 '인식론적 전환'으로부터 통일철학을 시작하고 있다.

"'남이냐 북이냐'는 논리를 대신할 '남과 북'이라는 논리는 '남' 속에 '북'이 들어 있고 '북' 속에 '남'이 들어 있다는 '상호성'을 전제한다." 그러나 이런 상호성이 반드시 긍정적이기만 한 것은 아니다. 그는 현재 남과 북을 가르고 있는 '휴전선'이 '상호성'을 긍정적인 의미에서보다는 부정적인 의미에서 더 부각시킨다고 말한다. "우리는 이런 예를 요즈음 자주 입에 오르내리는 '북풍'이니 '총풍'이니 하는 것에서 쉽게 찾을 수 있다."[5] 여기서 휴전선이라는 경계는 "남북한이 서로 상대방과의 적당한 긴장과 대결국면 조성을 통해서, 이를 대내적 단결과 통합 혹은 정권 안정화에 이용하는" 적대적 관계로 작동한다.[6]

즉, 분단 이후 진행되었던 남과 북의 정통성 경쟁이 보여주듯이 그에 따르면 남과 북의 적대성은 'A=A'라는 동일률과 'A≠non-A'라는 배중률에 근거하여 서로를 적대적으로 밀어내면서 '한반도'라는 전체성을 상호 적대적인 상호성으로 바꾸어 놓기 때문에 발생한다는 것이다. 따라서 송두율은 '남 or 북'이라는 '적대적 상호성'을 '남 and 북'이라는

5) 송두율, 『민족은 사라지지 않는다』, 한겨레신문사, 2000, 128쪽.
6) 이종석, 「남북한 독재체제의 성립과 분단구조」, 역사문제연구소 엮음, 『분단 50년과 통일시대의 과제』, 역사비평사, 1995, 146~148쪽.

'연대적 상호성'으로 바꾸어 놓고자 하며 이를 위해서 '제3'이라는 '불확실하고 애매한 경계'를 고수하고자 한다. 여기서 '제3'은 '남 or 북'이라는 '적대적 공생, 또는 공생적 적대(symbiotic antagonism)'의 관계를 해체하는 지점이 된다.

"휴전선이라는 경계는 '타자로서의 나(alter ago)'를 끈질기게 긴장 속에서 상기"시킴으로써 '경계체험(Grenzerfahrung)'을 제공한다.[7] "구체적인 행위를 통해서 공간의 경계와 부딪혀 무엇을 느낄 때 비로소 우리는 '안'과 '밖'을 구별할 수 있다. … 우리가 거주하고 있는 공간은 단순하게 바로 '이곳'을 의미하기보다는 타자에게 열린 '친절함'의 장소로서 '그 어떤 곳'"이며 "여기서 '경계'가 담고 있는 윤리성"이 드러난다.[8] 따라서 그는 경계구획에 근거하고 있는 이분법을 거부하고 경계라는 애매한 지점에 서서 그 경계가 생산하는 긴장을 그대로 이어가기를 고수한다. 경계체험만이 타자와 자아의 이분법 안에서 유지되는 아집과 독단, 상호 적대성을 해체하고 타자와의 공존이라는 새로운 윤리적 삶을 가능케 하기 때문이다.

그러므로 송두율은, 통일철학이 '남', '북'이 아니라 그 둘의 경계를 나누고 있는 휴전선이라는 경계 자체를 확장시켜 가는 '경계인의 삶'을 실천하는 사유가 되어야 한다고 주장하고 있다. "'경계인'은 이쪽과 저쪽이 모두 숨 쉴 수 있는 틈을 만드는 사람이다. 이 틈을 열고자 경계인은 이쪽 안에서 저쪽을 발견하고 저쪽 안에서 이쪽을 발견하는, 쉽지 않은 작업을 해야만 한다. … 남과 북을 가르는 휴전선이라는 경계선의 틈을 열어 서로 숨 쉴 수 있는 공간이 되게 하고, 이 공간을 다시 전 한반도로 확장시켜 평화로운 삶의 공간을 만들려면, 우리는 먼저 이쪽이냐 저쪽이냐는 식의 관습적으로 사용하는 일차원적 경계 개념으로부터 우리 스스로 해방해야 한다."[9]

---

7) 송두율, 『역사는 끝났는가』, 당대, 1995, 259쪽.
8) 송두율, 『경계인의 사색』, 한겨레신문사, 2002, 279쪽.

여기서 '제3'을 고수하는 경계인은 남과 북의 부분성을 해체하는 '비판적이고 해체적인 역할'을 수행한다. 하지만 그의 통일철학에서 '제3'을 고수하는 경계인의 삶은 여기서 멈추지 않는다. 그가 생각하는 '경계인의 삶'은 '제3의 것'을 생산하는 삶이기도 하다. 왜냐 하면 '남 or 북'이라는 이분법 대신에 '남 and 북'이라는 전체성으로의 '인식적 전환'은 남과 북이 각각 상대의 다름을 이질적인 것(heterogeneity)으로 단죄하는 적대성의 논리로부터 벗어나 '타자의 다름'을 '다름' 그 자체로 이해하면서 남과 북을 함께 사유하려는 '타자의 윤리'로 나아가기 때문이다.

3. 다름의 공존과 과정으로서의 변화: 내재적 · 비판적 접근방식과 해석학적 순환

송두율이 말하는 '타자의 윤리'라는 관점에서 남과 북의 다름(dissimilarity)은 상호 적대적인 것이 아니라 한반도라는 전체성 안에서 부분적으로 가지고 있는 '타자의 다름(other's dissimilarity)'이다. 따라서 그것은 이해의 대상이자 서로가 용인해야 할 "다름의 공존(coexistence of dissimilarity)" 대상이 된다. 또한, 그렇기에 '하나'가 되는 통일은 어느 날 갑자기 이루어지는 남과 북이 통합되는 일회적인 사건이 아니라 서로 다른 둘이 장기간 공존하면서 서로에게 영향을 미치면서 변화해가는 '과정'의 결과로서 성취되는 것이 된다. "다름의 공존"과 "과정으로서의 변화"라는 그의 통일철학은 이로부터 나온다.[10]

하지만 이전까지 통일담론의 주요한 흐름은 남과 북이 비록 두 개의 국가로 분열되어 살아가고 있지만 원래 '하나의 민족'이라는 점에 근거

---

9) 송두율, 『미완의 귀향과 그 이후』, 후마니타스, 2007, 101쪽.
10) 위의 책, 279쪽.

하여 통일을 정당화해왔다. 따라서 그들은 남과 북 사이에 현실적으로 존재하는 '다름들'을 고려하지 못하고 오히려 이 '다름들'을 '이질적인 것'으로, 제거해야 할 대상으로 간주함으로써 민족의 동질성(homoge-neity)을 회복하고 통일을 이룩해야 한다고 생각했다. 그러나 이런 경우, 문제가 되는 것은 '어떤 것이 진짜 민족적인 것이냐'를 둘러싼 남북의 대결을 강화하는 '역설'을 낳는다는 점이다. 남은 남쪽대로 자신들의 가치-정서-문화적인 것을 민족적인 것으로, 북은 북쪽대로 자신들의 가치-정서-문화적인 것을 민족적인 것으로 주장하기 때문이다.

바로 이런 점에서 송두율은 민족의 동일성이 아니라 그와 반대로 '다름의 공존'으로부터 출발하고 있다. '다름의 공존'은 '우리가 하나의 민족'이라는 점을 받아들임에도 불구하고 현실적으로 남과 북이라는, 서로 다른 두 국가, 두 국민이 존재한다는 사실로부터 출발한다. 여기서 남과 북 각각 가지고 있는 '다름'은 배제의 대상이 아니라 공존의 대상이 된다. 하지만 남과 북이 서로 소통을 하기 위해서는 '다름의 공존'만 아니라 남과 북이라는 '타자'가 가지고 있는 '다름'을 '다름' 그 자체로 이해하는 과정이 필요하다. 왜냐 하면 사람들은 일반적으로 타인의 행동이나 삶의 양식들을 자신이 가진 가치체계나 경험들을 가지고 이해하려는 경향을 가지고 있기 때문이다.

이런 경우, 남과 북은 서로 대화를 하지만 서로 다른 체제에서 내면화된 자기 자신의 가치체계와 삶의 양식을 가지고 상대의 말이나 행동을 읽어냄으로써 서로를 이해하고자 하기 때문에 '대화'가 오히려 더 큰 오해를 불러일으키는 악순환을 낳게 된다. 따라서 송두율은 자신이 가진 "선험적으로 구성된 가치체계를 절대화해서 타자에게 그것을 받아들이도록 강요"하는 것이 아니라 "타자의 본질을 타자의 내부"에서 찾아가는 '내재적 · 비판적(immanent-kritisch) 접근방식'과 '해석학적 순환'이라는 방법론을 제안하고 있다.[11] 여기서 '내재적 접근방식'은 남에 의해 북을, 북에 의해 남을 이해하는 방식이 아니다.

그가 말하는 '내재적 접근방식'은 '북'을 북의 역사와 가치체계의 맥락에서, 남을 남의 역사와 가치체계의 맥락에서 이해하는 것이다. 그가 북이 내세우는 '우리식 사회주의'와 '주체형 사회'를 남쪽의 시각이나 동독, 중국, 러시아식 사회주의와도 다른, 북 자체의 사회-역사적 맥락에서 해명하고자 노력했던 것은 이 때문이다.[12] 하지만 그렇다고 해서 송두율의 내재적 접근방식이 항간에서 이야기되는 것처럼 '북'에 대한 어떤 비판적 관점도 없이 무조건 이해하거나 옹호해야 한다는 것을 의미하는 것이 아니다.[13]

그는 타자를 무조건 비판하는 적대의 관점뿐만 아니라 그와 정반대로 타자를 이상화하는 반대 경향에 대해서도 문제가 있다고 생각한다. 왜냐 하면 적대적 관점과 이상화하는 경향은 남과 북을 한반도라는 전체성이 아니라 남 또는 북이라는 '부분의 고립성과 배타성' 위에서 파악해 가는 것이기 때문이다. 그가 보기에 남 또는 북이라는 고립성과 배타성을 벗어나도록 강제하는 것은 '적대의 관점'이나 '이상화하는 관점'이 아니라 오히려 '경계' 그 자체를 고수하는 '경계체험'이다. 따라서 남이 북을 북의 관점에서, 북이 남을 남의 관점에서 이해하는 '내재적 접근'은 내가 나의 입장이 아니라 나와 다른 타자의 입장에서 특정한 사건들을 보도록 만들기 때문에 '경계체험'처럼 나를 '타자로서의 나 (alter ago)'라는 긴장 속으로 몰아넣는다.

---

11) 송두율, 『통일의 논리를 찾아서』, 1995, 한겨레신문사, 242쪽.
12) 이런 내재적 방법론에 따른 그의 연구는 각각 『소련과 중국: 사회주의 사회에서의 노동자, 농민, 지식인』, 한길사, 1990와 『현대와 사상: 사회주의 · (탈)현대 · 민족』, 한길사, 1990으로 발간되었다.
13) 송두율의 내재적 방법론 비판에 대해 옹호하는 글로는 진희관, 「통일을 위한 송두율교수의 두 가지 제언」, 『통일문제연구』 23호, 1995이 있으며 내재적 방법론에 대한 국내에서의 논쟁과 쟁점, 그리고 독일적 맥락에서의 비판에 대해서는 이국영, 「독일 내재적 접근의 한국적 수용과 오해 - 북한연구에 대한 함의」, 『통일문제연구』 50호, 2008이 있다. 그러나 이 논문들은 송두율의 내재적 방법론을 철학적으로 제대로 규명하지 못하고 있다.

이런 긴장은 '경계체험'의 애매성과 불확실성이 낳는 편향처럼 동일하게 다음 세 가지의 편향을 낳는다. 첫 번째 경향은, 타자가 타자로 남아 있다는 사실에 대해 참을 수 없는 불안을 느끼고 타자를 정복하거나 파괴하려는 강박증이며 두 번째 경향은 이와 반대로 타자를 신비화하고 자신을 비하하려는 첫 번째 경향과 정반대의 경향이며 세 번째 경향은 나와 타자 사이의 벽이 너무 높아서 극복 불가능하다는 무기력과 회의주의에 빠지는 경향이다.14) 이런 경향은 오늘날 한국사회에서 나타나는 '반북적인 적대적 통일론', '친북적인 민족통일론', '통일무용론 및 회의론'이라는 프레임과 정확히 일치한다고 할 수 있다. 따라서 송두율은 이 세 가지의 프레임 모두를 극복하고자 하며 이를 위해 '내재적 접근'과 '비판적 접근'의 결합시킨다.

그러나 그가 말하는 '비판적 접근'은 일반적으로 사람들이 그러하듯이 나의 관점 속에서 상대를 비판하는 것을 의미하지 않는다. 그것은 '내재적 해석'을 전제하는 '비판적 접근'이다. '내재적 해석'은 앞에서 보았듯이 '타자로서의 나'와 긴장관계를 만들어내기 때문에 '자아의 동일성과 독단적인 성격'을 해체한다. 따라서 그 이후에 행해지는 비판은 나의 관점에서 이루어지는 비판이 아니라 오히려 자기 자신의 독단에 대한 해체를 전제로 하는 비판이 된다. 그는 '비판적 해석'이란 "상대방을 향한 비판이 엄격한 자기비판을 전제"해야 하며 오직 그럴 때에만 "공동으로 추구하는, 또 추구해야만 하는 보편적 가치도 드러난다."고 말하고 있다.15)

그러므로 송두율이 말하는 '내재적 해석'은 비판적 해석을 부정하지 않는다. 하지만 이 때의 비판적 해석은 자기비판을 전제로 한 '비판'이다. '내재적·비판적 접근방식'이 송두율의 또 다른 접근방식인 '해석학적 순환'으로 전환되는 지점은 바로 여기다. '해석학적 순환'은 서로 관점을 바꾸는 타자와 나 사이의 해석학적 순환으로, 타자를 통해 나를 보고

---

14) 송두율, 『역사는 끝났는가』, 1995, 당대, 259쪽.
15) 송두율, 『경계인의 사색』, 2002, 한겨레신문사, 166쪽.

나를 통해 타자를 보는 것이다. 이에 그는 '해석학적 순환'을 "내가 원하는 것을 네가 해준다면, 네가 원하는 것을 내가 해준다."라는 "기대의 기대라는 반성"이며 역지사지(易地思之)의 방법이라고 명명한다.[16)

그러나 '역지사지의 방법'은 사람들이 쉽게 생각하듯이 단순한 상호주의나 '입장 바꾸기'가 아니다. 그것은 타자에 대한 내재적 해석과 자기비판을 통과한 이후 이루어지는 '입장 바꾸기'로서, 그것은 새로운 것을 창출하는 해석학적 순환이다. 따라서 그가 주장하는 '다름의 공존' 또한 서로의 '다름'을 있는 그대로 놓아두고 상호 인정하면서 '관용적 태도'를 취하자는 식의 상대주의 또는 다원주의가 아니다. 그가 말하는 '다름의 공존'은 '내재적·비판적 접근' 위에서 이루어지는 '해석학적 순환'으로, 남북 상호 간의 차이를 넘어서는 '제3의 것'을 생산하는 '과정으로서의 변화'를 수반한다. '제3'이라는 지점이 '제3의 것'이라는 새로운 생성으로 전환되는 것은 바로 이 지점이다.

그에게 있어서 '다름의 공존'은 "우리의 관점이 그들의 관점과 반드시 동일하지는 않지만 우리와 그들의 관점은 곧 수렴될 수 있고 또 쉽게 서로 배울 수 있다는 연대성 속에서" "집합적 단수로서의 우리"를 생산해 가는 것이다.[17) 여기서 해석학적 순환은 "내 것이 이질적인 것과, 이질적인 것이 내 것과 서로 교차한다는 것"으로, "생산적인 제3의 것"을 생산하는 것이다. 따라서 그는 '다름의 공존'과 '과정으로서의 변화'가 "'생산적인 제3자'로서의 '경계인'이 갖는 철학의 핵심"이라고 주장하고 있다.[18) 게다가 더 나아가 그는 이런 역사적 사례로, 지난 2000년 남과 북의 두 정상들이 평양에서 만나 합의했던 〈6.15공동선언〉 2항을 들고 있다.

분단 이후 남과 북은 〈7.4남북공동선언〉에 대한 합의에도 불구하고 각각 '연합제통일방안'과 '연방제통일방안'을 주장하면서 대립해왔다.

---

16) 송두율, 『경계인의 사색』, 2002, 한겨레신문사, 104~105쪽.
17) 송두율, 『전환기의 세계와 민족지성』, 한길사, 1991, 42~43쪽.
18) 송두율, 『미완의 귀향과 그 이후』, 후마니타스, 2007, 101쪽.

그러나 〈6.15공동선언〉 2항에서 두 정상은, "남측의 연합제 안과 북측의 낮은 단계의 연방제 안이 서로 공통성이 있다고 인정하고 앞으로 이 방향에서 통일을 지향"해가자는 합의했다. 이것은 송두율이 보기에 남북의 통일방안을 둘러싼 대립에도 불구하고 해석학적 순환을 통해서 공통분모를 찾아낸 역사적 사건이다. 왜냐 하면 '해석학적 순환'의 방법을 따라 '남' 안에서 '북'을, '북' 안에서 '남'을 찾게 되면, 북의 '연방제' 안에서 남의 '한민족공동체'를, 남의 '한민족공동체'에서 북의 '연방제'를 찾을 수 있기 때문이다.[19]

그러므로 그가 말하는 '다름의 공존'은 '남', '북'이라는 두 개체의 다름을 그대로 놓아두고 이에 개입하지 말자는 상대주의적인 태도에서 나오는 공존이 아니다. 그것은 '남과 북'이라는 둘을 전제하면서도 그 둘의 차이를 자기 자신에 대한 비판으로, 나아가 '남과 북'이라는 전체성 안에서 남과 북의 부분성을 벗어나 공통분모를 찾아내고 이를 통해서 '통일한반도'를 건설해가는 '과정으로서의 변화'를 동반한 공존이라고 할 수 있다. 그는 다음과 같이 말하고 있다. "내가 통일을 하나의 '사건'이라기 보다는 지속적인 '과정'이라고 보는 까닭도 대화를 통해서 서로 이해의 지평을 넓혀간다면 통일이 담는 삶의 형식과 내용에서 많은 일치점을 발견할 수 있을 것으로 확신하기 때문이다."[20]

하지만 이렇게 되었을 때, 송두율의 통일철학에서 '통일'은 더 이상 이전과 같이 '같은 민족'으로서 동일성을 회복하는 '과거지향적' 사건이 아니라 '미래지향적' 창조행위가 된다. 왜냐 하면 남과 북이 비록 오랜 역사 동안 하나의 문화적 공동체를 이루고 살아왔다고 하더라도 두 국가의 '다름'은 쉽게 해결될 수 있는 것이 아니라 오랜 시간 동안의 '다름의 공존'과 더불어 남과 북이 서로 만나면서 서로를 바꾸어가는 '상호 변화'라는 과정을 필요로 하기 때문이다. 여기서 통일은 과거의

19) 송두율, 『경계인의 사색』, 한겨레신문사, 2002, 91쪽.
20) 송두율, 『민족은 사라지지 않는다』, 한겨레신문사, 2000, 189쪽.

전통적인 공동체로 돌아가는 것이 아니다. 여기서 통일은 서로 다른 남과 북이라는 둘의 변화를 동반하기 때문에 '아직 없는 것'의 생성과정이 될 수밖에 없다.

4. 미래의 고향으로서 통일: 반성된 민족주의와 성찰적 현대화

송두율 이전까지만 하더라도 한국에서 통일론을 주도했던 전통적인 민족주의자들과 반제국주의적 민족주의를 체제이데올로기로 하고 있는 북은 '통일(unification)'을 'reunification'으로, 과거의 역사 속에서 형성되어 온 민족공동체로 되돌아가는, 're(회귀, return)'적인 것으로 간주해왔다. 따라서 이들은 남북의 분단 이전에 남과 북이 공유해왔던 민족의 실체나 문화의 원형을 찾고자 했으며 이를 중심으로 통일을 이루어가야 한다고 주장해왔다. 하지만 이것은 '하나의 민족'으로 합치고자 하는 남과 북의 민족적 '동일화의 욕망'에 갇혀 분단 이후 변형되어 온 남과 북의 가치-정서-문화적 다름이라는 현실을 보지 않는 것이다. 따라서 송두율은 이들을 '주관철학적인 통일론'이라고 비판하고 통일을 미래지향적인 창조행위로 재설정하고 있다.

그가 보기에 통일은 '미래의 고향'을 건설하는 것으로서, "단순히 '과거'로 돌아가는 것이 아니라 미래지향적인 창조행위"이다.[21] 물론 그렇다고 그가 민족주의 그 자체를 거부하는 것은 아니다. 그도 분단을 극복할 수 있도록 하는 가장 강력한 동력은 민족주의라고 말한다.[22] 하지만 그의 민족주의는 일반적으로 한반도의 민족사적 의미만을 내세

---

21) 위의 책, 129쪽.
22) 위의 책, 87쪽.

우면서 통일의 당위성을 강조해 왔던 전통적인 민족주의에서 말하는 '민족주의'와 다르다. 이것은 그가 남과 북이 서로 다르다는 '다름'과 그 '다름'을 규정하고 있는 경계를 '전체성' 안에서 사유하면서도 통일을 그 전체성 안에서의 '경계의 확장', '제3의 것'의 생산과정으로 바라보기 때문이다.

그가 말하는 '남 and 북'이라는 연대적 상호성, 또는 '한반도'라는 '전체성'은 전통적인 의미에서의 민족적 동일성으로의 회귀를 의미하지 않는다. 사실, 경계의 관점에서 보자면 '남 or 북'이라는 '적대적 상호성'도, '남 and 북'이라는 '연대적 상호성'도 모두다 '한반도'라는 '전체성'에 근거한다. 하지만 전자를 묶는 한반도라는 전체성과 후자를 묶는 한반도라는 전체성은 다르다. 전자의 경우, 한반도라는 전체성은 '남 or 북'이라는 '민족'은 '분단국가(divided states)'가 자신들의 목적에 맞도록 고안된 과거를 상상적으로 복원하여 상대를 배제하는 것이라면 반면 후자의 경우, '남 and 북'이라는 '민족(nation)'은 새롭게 생성되어야 할 미래적인 것이기 때문이다. 따라서 그는 '민족적 동일화'의 욕망을 수용하면서도 민족의 동일성으로 되돌아가자고 주장하지 않는다.

오히려 그가 주장하는 '민족주의'는 '반성적 민족주의'이다. 그는 독일의 나찌즘과 같이 "공격적인 성격을 띤 민족주의의 위험성"을 인정한다.[23] 하지만 그는 이런 위험성을 오늘날 서구에서 유행하는 '탈민족', '탈경계', '혼종성'으로 돌파하려고 하지 않는다. 오히려 그는 한반도의 분단현실이 보여주는 '남과 북의 다름', 그리고 '휴전선'이 보여주는 경계체험으로부터 나오는 성찰로부터 시작하여 '미래의 고향'을 건설하는 통일의 과정 속에서 '제3의 것'을 창조함으로써, 이와 같은 위험성을 돌파하고자 한다. 물론 여기에 '민족주의'라는 기본적인 정서와 가치가 작동하지 않는 것은 아니다. 하지만 그가 보기에 이때의 민족주의는

---

23) 위의 책, 127쪽.

서구에서 말하는 민족주의와 다르다는 것이 그의 생각이다.

그는, 제국주의 역사가 보여주듯이 서구의 민족주의가 공격적인 민족주의라면 한반도의 민족주의는 일본 제국주의에 저항해 온 역사가 보여주듯이 자신을 지키고 방어하려는 민족주의라고 주장한다. 게다가 이런 방어적 민족주의, 또는 저항적 민족주의는 오늘날에도 여전히 유효하다고 그는 생각한다. 왜냐 하면 그가 보기에 오늘날 세계화가 낳은 동북아의 냉전, 미/중 간의 패권경쟁과 '일본주의'와 '중화주의'의 충돌하는 교차지점에 한반도가 위치해 있으며 한반도의 통일은 이런 냉전적 대립에 저항하는 '방어적-저항적 민족주의'를 기초할 수밖에 없기 때문이다. 따라서 그는 이런 한반도의 통일을 만들어가고자 하는 민족주의가 동북아지역공동체와 실질적 평화를 만들어낼 수 있다고 주장하고 있다.[24]

물론 여기에 위험이 없는 것은 아니다. 북이 보여주고 있듯이 한반도 외부에서 밀려오는 국제열강에 대항하여 내부의 단결을 촉구하는 민족주의가 조장될 수 있다. 이에 송두율은 이런 위험에 대항하여 '반성적 민족주의'라는 '내적 반성 체계'를 작동시킨다. 하지만 이 경우, '반성적 민족주의'가 작동시키는 '반성의 대상'은 '분단사회'가 낳는 문제들에 대한 것만으로 한정되지 않는다. 오히려 그것은 오늘날 세계화가 낳고 있는 문제들에 대한 반성으로까지 확장될 수밖에 없다. 그는 '동북아의 평화'를 위협하는 미/중, 중/일 간의 충돌이 보여주듯이 한반도를 길목으로 하여 작동하듯이 '분단사회'가 낳은 문제들은 세계화가 낳는 '위험사회'의 문제들과 중첩되어 있다고 말한다.

"'위험사회'와 '분단사회'가 중층적인 구조를 이루고 있는 우리나라에서는 이제 어느 것이 주요모순이고 어느 것이 부차적 모순이라고 갈라 볼 수 없을 정도로 이 두 모순이 복잡하게 얽혀 있다."[25] 하지만 그가 보기에 현재 한반도에서 남과 북은 각각 '세계화'와 '주체화'를 주장하면

---

24) 송두율, 『미완의 귀향과 그 이후』, 후마니타스, 2007, 192쪽.
25) 송두율, 『21세기와의 대화』, 한겨레신문사, 1998, 41쪽.

서 '지구적인 것(the global)과 지역적인 것(the local)', '세계라는 보편'과 '주체라는 특수'를 대립시키고 있을 뿐이다. 남쪽은 자본의 지구화를 '세계화'로 이해하고 지구적 경영을 주장할 뿐만 아니라 '지구적인 것'을 보편화하고 '국제공조'를 통한 한반도의 통일을 주장하고 있다. 반면 북은 '세계화'를 세계 유일의 초강대국이 된 미국이 전세계를 '하나'로 만들어가는 '일체화'로 규정하고 이에 대항하는 '주체화'와 '민족공조'를 통한 통일을 주장하고 있다.

그러나 이것은 "남과 북이 각각 분단 속에서 구축해 온 '위험사회'를" "통일된 민족국가라는 틀 안에서 극복하는 전망 없이 '세계화'가 모든 것을 해결해 줄 것이라는 막연한 기대와, '일체화'가 모든 어려움의 근원이라는 비난만으로 귀중한 시간을 허비"하는 것이다.[26] 따라서 그는 지구적인 것(the global)과 지역적인 것(the local) 양자를 넘어선 지구적 지역화(glocalization)을 사유하며[27] 세계사적 문제로서 울리히 벡이 이야기하는 현대성이 낳은 위험사회의 극복 문제를 한반도의 특수성으로서 분단사회를 극복문제와 연결시키고 이 두 과제를 함께 해결해 가는 과정이 바로 '제3의 것'을 만들어가는 것이자 그것이 곧 '통일'이라고 주장하고 있다.

그가 보기에 오늘날 세계화가 유발하는 불안과 위험을 반성적으로 성찰하는 현대화론은 기든스가 이야기하는 '제2의 현대'와 울리히 벡이 이야기하는 '성찰적 현대화'이다. 이것은 '지구적인 것'과 '보편성'을 담고 있다. 그러나 지구화 또는 세계화는 "지역성과 함께 또는 이 지역성 안에 이미 들어 있는 것"이다.[28] 게다가 "한반도는 세계화를 지향하는 동시성의 세계와 주체를 강조하는 비동시성의 세계가 동시에 공존하는 곳이기 때문에, 우리는 이중의 과제를 안고 있다. 다시 말해서 통일된

---

26) 위의 책, 41쪽.
27) 송두율, 『민족은 사라지지 않는다』, 2000, 한겨레신문사, 178쪽.
28) 송두율, 『21세기와의 대화』, 1998, 한겨레신문사, 51쪽.

민족국가 형성이라는 (근)현대적(modern)인 과제와 국제화 또는 지구화라는 탈현대적인 과제를 동시에 안고 있다."29) 따라서 그는 '제2의 현대'와 '성찰적 현대화'를 '반성적 민족주의' 속으로 결합시킨다.

"'위험사회'와 '분단사회'의 구조를 전체적인 조망 속에서 하나로 보는 '집단적 기억' 속에서 개인의 적극적 자유뿐만 아니라 공동체의 삶을 지키는 연대성까지도 항상 반성할 수 있어야 한다."30) 여기서 반성적 민족주의는 "'밖'만을 의식하는 민족주의가 아니라" "'안'을 반성하는 민족주의"이며 "'인간성'을 상실하지 않은 '민족성'을 지켜내고 이를 통해서 다른 민족과 공존할 수 있는 보편성도 획득"하는 민족주의이다.31) 그리고 이런 '반성적 민족주의'에 기초하여 그는 남과 북이 각각 주장하는 '세계화 대 주체화'의 대립을 넘어선 '주체적 세계화'로 나아가고 있다. 여기서 '주체적 세계화'는 "남과 북이 서로가 체제로서, 또 서로가 상대방을 환경으로 설정하여 동적 안정성을 유지한다는 사고"32)에 기반하고 있다.

예를 들어 그는 지구화, 정보화와 함께 노동인구의 4/5가 복지사회의 그물망으로부터 배제되고 있다고 말하면서 이것은 '위험사회'의 문제로 일단 규정한다. 그러나 한반도에서 이런 위험사회의 문제는 남북의 군사적 대치 상황과 대북경제봉쇄에 의한 북의 경제난이라는 상황 속에서 더 큰 위험으로 돌아온다. 따라서 그는 한반도에서 이런 '위험사회'의 문제를 해결하기 위해서는 남북의 적대적 대치관계를 해결하는 '분단사회'의 문제를 함께 해결해야 한다고 하면서 그것은 6.15남북공동성명의 경제공동체 건설 구상 및 국가연합과 낮은 단계의 연방제 사이의 공통된 인식 등이 보여주는 바와 같이 "민족 간 내부거래", 즉 "이익사회

29) 송두율, 『통일의 논리를 찾아서』, 1995, 한겨레신문사, 220쪽.
30) 송두율, 『21세기와의 대화』, 1998, 한겨레신문사, 42쪽.
31) 송두율, 『민족은 사라지지 않는다』, 한겨레신문사, 2000, 127쪽.
32) 송두율, 『미완의 귀향과 그 이후』, 후마니타스, 2007, 221쪽.

(Gesellscaft)의 관점이 아니라 공동사회(Gemeinscaft)의 관점"에서 이루어진 연대를 만들어가는 '상호인정의 정치(Politik der Anerkennung)'[33]라고 주장하고 있다.

5. 나가며: 통일철학의 정초와 의의, 그리고 그 한계를 넘어

1991년 송두율은 이른바 "통일이론의 메타-이론의 범주들"라고 명명했던, 통일철학의 6개 테제를 발표했다. 여기서 그는 6개 테제를 각각 ①"전쟁이 있어서는 안 된다"는 평화의 철학, ②"함께 변화하는 변증법적인 성격"을 가지는 대화의 철학, ③"연대성(Solidarität) 속에서 집합적 단수로서 우리를 확인"하는 연대의 철학, ④실체가 아닌 관계를 통해 변화를 모색하는 과정의 철학, ⑤"과거의 고향으로의 단순한 회귀가 아니라 미래를 끌어당기는" 희망의 철학, ⑥미래 세대에 대한 책임을 성찰하는 "책임의 철학"로 정식화했다.[34]

하지만 송두율의 통일철학에는 이런 6개의 테제를 관통하고 있는, 그보다 더 상위의 근본원리가 존재한다. 그것은 바로 "경계인"이라는 자신의 실존적 상태 그 자체와 "'배제하고 동시에 통합하는 제3'의 무엇을 지향하고자 하는 '경계인'의 삶"[35]이다. 그의 통일철학은 '동양과 서양', '남과 북', '제1세계와 제3세계'의 경계 지점에서 어느 한편을 선택하는 것이 아니라 그것을 벗어나 그 둘을 묶고 있는 전체성에 근거하여 '제3의 것'을 생성하고자 하는 철학이다. 따라서 그의 통일철학은 '한반도'라는 전체성에 근거하여 '제3의 것'을 생산함으로써 '미래의 고향으로

---

33) 송두율, 『21세기와의 대화』, 1998, 한겨레신문사, 69쪽.
34) 송두율, 『전환기의 세계와 민족지성』, 한길사, 1991, 38~46쪽.
35) 송두율, 『미완의 귀향과 그 이후』, 후마니타스, 2007, 62쪽.

통일한반도를 건설하고자 하는 철학적 사유이다. 이것은 동양과 서양, 남과 북, 빈국과 부국에 대해서도 그의 사유궤적에서도 마찬가지이다.

그는 민족과 탈민족, 현대와 탈현대, 동시성과 비동시성을 가로지르면서 동양철학적 사유와 서양철학적 사유를 교차시킨다. 하지만 여기서 그의 철학이 시작되는 실천적인 문제의 지점은 남과 북이라는 적대적 대립을 넘어 분단을 극복하고 통일한반도를 만들어가는 것이다. 그는 한편으로 '민족'을 부여잡으면서도 다른 한편으로 '민족주의의 위험성'을 경계하고 '지구적인 것'에 주목하면서도 다른 한편으로 분단이라는 한반도의 특수성 속에서 보편성을 찾아가는 모험을 감행하고 있다.

통일은 "'지구화'가 동반하는 민주주의의 새로운 가능성과 한계에 직면해서 … '보편주의'와 '특수주의'는 물론, '지구화'에 대해서 어떤 체제의 '열림'과 '닫힘' 사이에 존재하는 모순과 긴장을 해결하는 데 중요한 시사점을 던지고 있다"36)고 그는 말한다. 이것은 그가 한반도의 통일과정 자체가 오늘날 세계화와 더불어 진행되고 있는 각국의 이해관계와 문명의 뒤섞임, 그리고 그것이 빚어내고 있는 '갈등과 충돌'을 극복하고 동북아시아의 평화뿐만 아니라 세계 평화를 만들어가는 길을 제시해 줄 것이라고 믿기 때문이다. 그리고 이런 차원에서 그는 "동일하지 않는 것과 흡수되지 않는 것에 대한 관용"으로서 '다자의 폭력 없는 통일'의 가능성37)과 "다양성의 비폭력적인 통일"38)을 제시하고 있다.

하지만 그렇기 때문에 송두율의 통일철학은 보다 비판적으로 사유되어야 한다. 그의 통일철학에서 '통일'을 만들어내는 것은 '전체성'과 이에 근거한 '반성적 성찰'이다. 그런데 여기에는 헤겔철학의 그림자가 짙게 드리워져 있다. 헤겔처럼 그가 생각하는 통일 또한, 자기 밖의 타자에 대한 반성을 통해서 타자를 다시 전체성 안으로 통합시키는 전개과정이

---

36) 송두율, 『21세기와의 대화』, 1998, 한겨레신문사, 97쪽.
37) 위의 책, 44쪽.
38) 송두율, 『미완의 귀향과 그 이후』, 후마니타스, 2007, 175쪽.

기 때문이다. "헤겔이 타자를, 이 타자가 지니는 차이를 인정하는 원칙으로 내세운 연대적 직접성으로서의 간주관성을 떠올리게 된다. 나와 타자가 연대하기 위해서 관점의 차이를 바꾸어 볼 수 있는 관용 없이는 타자는 정복과 파괴의 대상으로만 보일 뿐이기 때문이다."[39] 따라서 송두율이 말하는 타자는 '내 안의 타자'로, 내가 이해할 수 있는 한에서의 '타자'이다.

그렇다면 문제는 이 타자가 과연 '타자'라고 말할 수 있는가이다. 가라타니 고진은 내 안에서 발견되는 타자는 "다른 하나의 자기의식"에 불과하며 여기서 행해지는 사유는 "내성적 사유"이며 대화는 "자기 대화, 독백"에 불과하다고 말한다.[40] 사실, 2003년 그의 귀향이 '미완의 귀향이 되었던 것은 남쪽 사람들이 바로 이런 '타자'만을 승인하기 때문이다. 그들에게 북은 자신의 언어와 가치관으로는 절대 이해할 수 없는 '타자' 이다. 따라서 고진은 "대화란 언어게임을 공유하지 않는 자와의 사이에만 있다. 그리고 타자란 자신과 언어게임을 공유하지 않는 자가 아니지 않으면 안 된다."고 하면서 "가르치고-배우는 비대칭적 관계가 커뮤니케이션의 기본적인 상태"[41]라고 말하고 있다.

남과 북의 대화 또한 마찬가지이다. 현재 남쪽과 북쪽은 서로에 대해 반민주적이고 반평화적이라고 비판하고 있다. 또한, 통일원칙에서도 남쪽은 '자주 · 평화 · 민주'라는 3원칙을 내세우는 반면 북은 '자주 · 평화 · 민족대단결'이라는 3원칙을 내세우고 있다. 따라서 그들은 상대를 '반통일세력'이라고 밀어붙이면서 과거의 남북합의를 지키지 않고 있다고 서로를 비난하고 있다.[42] 그러나 이것은 그들이 자신의 관점에서

---

39) 송두율, 『경계인의 사색』, 2002, 한겨레신문사, 8쪽.
40) 가라타니 고진, 송태욱, 『탐구1』, 새물결, 1998, 82쪽.
41) 위의 책, 14~16쪽.
42) 남과 북의 통일론을 둘러싼 쟁점과 문제들에 대한 논의는 박영균, 「남북의 통일원칙과 통일과정의 기본가치: 민족과 평화」, 『시대와 철학』 23-2, 한국철학사상연구회, 2014를 참조.

'민주, 평화, 자주, 통일' 등의 가치를 해석하기 때문이다. 따라서 남북이 서로의 '다름'을 이해하고 소통을 만들어가기 위해서는 미리 특정한 언어의 자신의 맥락에서 이해하는 게임의 규칙을 전제할 것이 아니라 오히려 둘의 대화를 통해서 '의미'를 만들고 '규칙'을 생성시켜가는 과정이 필요하다.[43]

고진은 "규칙은 도약 후에 발견된다."[44]고 말한 바 있다. 남북대화에서 '통일한반도'의 미래를 생산하는 규칙 또한 남과 북이 소통을 통해서 언어게임 그 자체의 규칙을 발견하는, 그런 도약 이후에야 발견될 수 있다. 하지만 그렇게 하기 위해서는 송두율이 말하는 '제3의 것'은 '한반도'라는 전체성 하에서 남과 북이 공유하고 있는 공통분모가 아니라 오히려 남과 북이라는 '둘'이 대화를 통해서 만들어가는 '공통성(com-monality)'이라는 점에서 출발할 필요가 있다. 'common'이란 두 개의 신체가 만나서 부딪히면서 '변용되는 과정' 속에서 탄생하는 것이다. 따라서 '공통성'은 '한반도'라는 전체성에 묶여 있는 것이 아니라 오히려 그것을 벗어나 있으며 둘이 서로 만나서 생성되는 것이라고 할 수 있다.[45]

그러므로 송두율이 주장하는 '경계인의 철학'으로서 통일철학이 남북의 다름을 배제하고 동일성으로 돌아가는 '동일성의 폭력'이 아니라 서로의 다름이 교환되고 소통되면서 미래의 고향으로서 통일한반도를 건설하는 철학이 되기 위해서는 '내 안의 타자'가 아니라 '타자의 타자성(otherness of the other)'이라는 '둘의 철학'을 전제로부터 다시 시작할 필요가 있다. 왜냐 하면 공통분모만을 찾는 '내 안의 타자'로서 '둘'은

---

43) 이런 관점에서 남북대화를 통한 통일원칙과 통일한반도의 미래상을 만들어가야 한다고 주장하는 논의는 박영균, 「통일의 인문적 비전: 소통으로서 통일론」, 『시대와 철학』 22-3, 한국철학사상연구회, 2013를 참조.

44) 가라타니 고진, 송태욱, 『탐구1』, 새물결, 1998, 50쪽.

45) 민족공통성에 대한 일련의 논의들은 「통일론에 대한 스피노자적 성찰」, 건국대학교 인문학연구원 통일인문학연구단 엮음, 『분단극복을 위한 인문학적 성찰』, 2009, 이병수, 「민족공통성 개념에 대한 고찰」, 『시대와 철학』 20-3, 한국철학사상연구회, 2011, 건국대학교 통일인문학연구단, 『민족과 탈민족의 경계를 넘는 코리언』, 선인, 2014를 참조.

'내성적인 대화'에 머물 수밖에 없기 때문이다. 따라서 송두율의 통일철학은 남과 북이 두 체제를 상호 승인하는 '둘의 철학'으로부터 시작하여 '가치-정서-문화'적 다름을 '타자의 타자성'이 가지고 있는 '차이들(differences)'로, 그리고 그 차이들이 공명과 접속을 통해서 생성을 만들어가는 '소통의 철학'으로 다시 자리매김될 필요가 있다.

✪ 참고문헌

건국대학교 통일인문학연구단, 『민족과 탈민족의 경계를 넘는 코리언』, 선인, 2014.

박영균, 「남북의 통일원칙과 통일과정의 기본가치: 민족과 평화」, 『시대와 철학』 23-2, 한국철학사상연구회, 2014.

박영균, 「통일의 인문적 비전: 소통으로서 통일론」, 『시대와 철학』 22-3, 한국철학 사상연구회, 2013.

송두율, 『소련과 중국: 사회주의 사회에서의 노동자 · 농민 · 지식인』, 한길사, 1990.

송두율, 『현대와 사상: 사회주의 · (탈)현대 · 민족』, 한길사, 1990.

송두율, 『전환기의 세계와 민족지성』, 한길사, 1991.

송두율, 『역사는 끝났는가』, 당대, 1995.

송두율, 『통일의 논리를 찾아서』, 한겨레신문사, 1995.

송두율, 『계몽과 해방』, 당대, 1996.

송두율, 『민족은 사라지지 않는다』, 한겨레신문사, 2000.

송두율, 『21세기와의 대화』, 한겨레신문사, 1998.

송두율, 『경계인의 사색』, 한겨레신문사, 2002.

송두율, 『미완의 귀향과 그 이후』, 후마니타스, 2007.

이국영, 「독일 내재적 접근의 한국적 수용과 오해 - 북한연구에 대한 함의」, 『통일문제연구』 50호, 2008.

이종석, 「남북한 독재체제의 성립과 분단구조」, 역사문제연구소 엮음, 『분단 50 년과 통일시대의 과제』, 역사비평사, 1995.

이병수, 「민족 공통성 개념에 대한 고찰」, 『시대와 철학』 20-3, 한국철학사상연구 회, 2011.

진희관, 「통일을 위한 송두율교수의 두 가지 제언」, 『통일문제연구』 23호, 1995.

가라타니 고진, (송태욱), 『탐구1』, 새물결, 1998.

인문학적 통일담론과 통일인문학의 패러다임

김성민 · 박영균

건국대학교 통일인문학단장, 철학과 교수 / 건국대학교 통일인문학연구단 HK교수

인문학적 통일담론과 통일인문학의 패러다임

김성민(건국대학교 통일인문학연구단장, 철학과 교수) · **박영균**(건국대학교 통일인문학연구단 HK교수)

1. 인문학적 통일담론과 통일인문학

통일인문학(humanities for unification)은 인문학적 통일담론(humanistic discourse for unification)과 다르다. 인문학적 통일담론은 통일을 사유한 인문학자들의 논의 또는 인문학 영역 내에서 이루어진 통일에 대한 논의들을 가리킨다. 한국의 인문학자 중에서 통일에 대한 사유를 개척한 주요한 인물은 강만길, 백낙청, 송두율이라고 할 수 있다. 이들은 각기 역사학자, 영문학자, 철학자로서, 자신의 학문 연구와 통일에 대한 사유를 결합시켰을 뿐만 아니라 각기 자신의 연구영역, 즉 한국근현대사와 민족 · 민중문학, 그리고 정치사회철학의 영역에서 통일에 관한 독창적인 이론을 구축해왔다.

특히, 이들은 ① 인문학적 관점에서 통일을 학문적인 연구대상으로 정립했을 뿐만 아니라 통일을 새로운 통일국가를 건설하는 미래기획적인 사건으로서, ② 일회적 사건이 아니라 장기적인 과정의 산물로 본다는 점에서 '과정으로서의 통일'이라는 개념을 천착했으며 ③ 남과 북이라는 두 개의 분단국가의 시스템과 달리, 분단을 지속적으로 재생산하는 기제들에 대한 분석에서 매우 중요한 이론적 진전을 이룩해냈다고 할 수 있다. 하지만 그럼에도 불구하고 그들의 논의는 한국에서 분단-통일에 관한 학문분과로 정립되어 있는 '북한학'과 본질적으로 다른, '통일학'으로서의 인문학이 연구대상으로 삼고 있는, 고유한 연구대상과 방법론을 제시하지 못하고 있었다.

일반적으로 현재 남쪽에서 북한학은 통일학인 것처럼 간주되고 있지만 북한학은 기본적으로 북한 지역을 연구하는 지역학일 뿐이다. '통일학'은 남북 양자를 포괄할 뿐만 아니라 남과 북의 분단을 극복하는 '통일'에 관한 연구이어야 한다. 물론 사회과학에서도 남북의 정치, 경제적인 체제나 통일, 외교정책 등 남북 양자를 포괄하는 연구를 수행하는 경우가 있다. 하지만 이 경우도 연구는 북을 통일의 다른 하나의 주체가 아니라 단순한 대상으로 다룬다는 점에서 '분단국가주의'를 벗어나지 못하고 있다. 따라서 사회과학에서 일반적으로 다루는 통일 연구들은 정치, 경제, 군사, 외교적 측면에서 남쪽의 통일 전략을 수립하는 방향에서 전개되고 있을 뿐이다.

하지만 통일은 기본적으로 남과 북 주민들 사이의 통일, 즉 '사람의 통일'이다 인문학은 '지인(知人)의 학', 곧 사람에 관한 학문이다. 인문학은 사람의 가치와 정서, 문화를 다룬다. 남북주민들 사이의 통일은 곧 남과 북에 살고 있는 사람들의 통일이다. 남과 북의 두 국가와 체제가 하나가 되더라도 궁극적으로 통일이 완성되는 것은 남과 북이 주민들이 하나의 공동체에서 더불어 살아갈 때이다. 따라서 통일에 관한 인문학적 연구는 사회과학에서 주로 다루어져 왔던 체제나 제도 통합에 대한 보충 또는 보완의 차원에서 제기되는 것이 아니다. 그것은 '사람의 통일'이라는 점에서 기존의 연구들과 다른, 새로운 통일 연구 패러다임의 정립이라는 차원에서 제기되는 것이다.

일반적으로 사람들은 '통일' 하면 남과 북의 두 국가가 하나로 합쳐지는 체제적이고 제도적인 통합만을 생각하지만 본질적인 의미에서 통일은 '사람의 통일'로, 이것이 주어져 있지 않을 때, 통일은 오히려 더 큰 혼란을 가져오는 결과를 초래할 수도 있다. 이런 대표적인 사례가 예멘이다. 예멘은 남과 북의 정상이 서로 만나 통일에 합의하고 권력을 분점하는 통일국가를 만들었지만 남북의 사회문화적 갈등이 커지면서 내전으로 나아가면서 더 큰 혼란을 경험해야 했다. 따라서 '사람의 통일' 은 남과 북의 상이한 정치, 경제, 문화적 통합을 국가-제도의 통합이 아니라 오히려 그 아래로부터, 남과 북에 살고 있는 주민들의 몸과 마음의 통합을 통해서 만들어가는 인문적 통일이라고 할 수 있다.

해방 이후 남쪽에서는 통일에 대한 논의는 국가의 통제 하에 놓여 있었다. 4.19혁명 이후 터져 나온 통일 열망은 오히려 5.16쿠데타라는 반동을 불러왔으며 통일에 대한 논의는 불온한 것이 되기 십상이었다. 1972년 〈7.4 남북공동성명〉 이후 남쪽에서는 통일에 대한 본격적인 담론화가 시도되었다. 강만길, 백낙청, 송두율은 모두 유신반동에 대해 저항했으며 '국가중심', 또는 '국가주도형' 통일논의로부터 벗어나 남과 북의 주민들을 통합하는 것이 통일의 본질적 문제이라고 주장하면서 민중, 또는 시민들을 통일의 진정한 주체로 만들고자 노력했다.

하지만 그들은 통일의 주체라고 규정했던 시민과 민중이 왜 그 스스로 분단을 강화하며 분단체제를 재생산하는가 하는 문제를 해명할 수 없었다. 게다가 그들은 국가가 어떻게 서로 상호작용을 통해 분단을 재생산하는지를 '민족주의', '분단체제', '동일률'이라는 개념을 통해 잘 보여주고 있음에도 불구하고 민중, 시민들의 몸과 마음 속에서 재생산되는 분단의 문제를 다루고 있지 않았다. 강만길은 분단국가가 어떻게 민족주의를 '분단국가주의'로 바꾸면서 '분단'을 재생산하는지를, 백낙청은 남과 북 이외에 분단 그 자체를 재생산하는 시스템이 있다는 점을, 송두율은 한(조선)반도라는 전체성이 어떻게 '동일률-배중률'이라는 양자택일적 선택 속에서 상호적대성으로 남북 분단을 작동하는지를 잘 보여주고 있다.

하지만 문제는 이렇게 남과 북이라는 국가에 의해서만 '분단'이 재생산되고 있는 것이 아니라는 점이다. 시민, 민중이라는 지칭되는 사람들조차 그들 스스로가 분단을 재생산하고 있는지도 모른 채, 무의식적으로 분단을 재생산하고 있다. 그것은 매우 기괴해 보인다. 왜냐 하면 남북관계의 적대성 및 냉전이 격화될수록 그들이 살아가는 삶은 더욱 힘들고 어려워지기 때문이다. 그럼에도 불구하고 남과 북의 주민들은 서로에 대한 적개심으로 인해 오히려 자신들의 권리를 탄압하거나 억압하는 국가의 독재 권력을 지지하고 심지어 그것을 위해 싸우기도 했다. 따라서 남북 분단에서 작동하는 '재생산' 메커니즘은 개별적인 수양이나 합리성의 차원에서 극복될 수 없다.

그런데도 백낙청은 '마음의 병'에 대해 말하면서 '마음공부'를, 송두율은 '사회문화적 장벽'을 말하면서 '제3의', '경계인'의 삶을 대안으로 제시하고 있다. 이것은 그들이 분단체제의 정치경제적인 제도적 메커니즘이 아니라 그것의 사회심리 및 신체화의 메커니즘을 연구의 대상으로 삼지 않았기 때문이다. 따라서 이 논문은 인문학적 통일담론을 개척한 강만길, 백낙청, 송두율을 참조하면서도 그들의 논의가 가지고 있는 한계의 지점에서 그것의 문제점을 비판하고 그것을 넘어서, 하나의 독립적인 학적 체계로서 통일인문학이 다루어야 할 연구대상과 방법들, 그리고 궁극적으로 통일학이 지향해야 하는 통일인문학의 패러다임을 시론적 차원에서 다루어갈 것이다.

2. 통일의 동일성 패러다임: 민족주의의 국가화와 분단의 재생산

'통일'은 영어로 'unification', 또는 'reunification'이라고 한다. 이때 'uni'

는 '일(一), 단(單)'이라는 뜻을 가지고 있으며 're'는 '다시, 원상(原狀)으로'라는 뜻을 가진 접두사이다. 또한, 한자로 '統一'은 '큰 줄기, 본 가닥, 핏줄'이라는 의미에서의 '統'과 하나라는 의미에서의 '一'이 합쳐 '한 핏줄', '하나의 큰 줄기'를 의미한다. 따라서 '통일'이라는 말은 '하나' 또는 '한 줄기'로 합쳐지는 것을 의미하며 그것은 '핏줄'이든 '영토'이든 '문화'이든 간에 근본적으로 '하나'라는 의미에서 그 집단의 '동질성(homogeneity)'을 전제하고 있다. 일반적으로 '통일'하면 '동질성 회복'을 떠올리는 것도 이 때문이다.

게다가 통일은 '하나의 민족이 두 개의 국가'로 나누어져 있기 때문에 이를 극복하고 하나의 국가를 만든 것이다. 따라서 통일은, '우리가 하나의 민족'이라는 '동일성(identity)'에 근거하고 있다. 여기서 동일성을 의미하는 'identity'는 곧 정체성이기도 하다. 따라서 '민족정체성'의 'identity'은 '정체성=동질성'이라는 관념을 재생산하는 경향을 가지고 있다. 또한, 통일은, 'unification'의 '회복'을 의미하는 're'이든, 'unification'의 'uni'이든 간에 두 개의 국가로 분단되어 있는 민족의 '동일성'을 회복함으로써 민족정체성(national identity)을 확립하는 것이기 때문에 다음의 두 가지 관점을 전제하고 있다.

첫 번째 관점은 회복되어야 할 어떤 것으로서 민족적 동질성(national homogeneity)이 우리에게 이미 내재적으로 주어져 있다고 가정하는 것이다. 두 번째 관점은 하나의 통일된 민족국가의 건설이란 민족의 동일성(national identity)을 확립하는 것이어야 한다는 점이다. 그러나 이런 '동일성으로서의 민족정체성'은, 민족정체성이 사실 오랜 역사 동안 이루어져 온 다양한 종족들과의 접촉과 전이, 변동들을 통해 구성되어 온 것이라는 점을 놓치고 있다. 따라서 하나의 '순수한 정체성'이나 '민족적 원형'은 '신화'에 불과하다. 그럼에도 불구하고 '하나의 핏줄', '하나의 문화'를 고집하는 것은 특정한 집단의 문화를 민족의 고유한 징표로 만듦으로써 사회를 통합하고자 하는 권력, 특히 근대국가가 수행하는 책략이라고 할 수 있다.

홉스 봄이 『만들어진 전통』에서 규명하고 있듯이 근대국가는 전통을 만들어내고 문화적 정체성을 구성함으로써 민족을 국가적으로 통합해왔다. 하지만 그렇기 때문에 근대국가는 국가 내의 다양한 차이를 가지고 있는 집단들을 억압하고 배제했으며 타자를 국가의 경계로 몰아넣었고 '포함과 배제'의 변증법을 작동시켜왔다. 여기서 포함과 배제를 만들어내는 것은 '전통' 또는 '원형'으로 간주되는 '동일성'이다. 본래 차이가 있는 것이 '동일한 것'이 되기 위해서는 '차이나는 것'을 배제하고 제거해야 한다. 따라서 동질성을 의미하는 'homogeneity'도, 이질성을 의미하는 'heterogeneity'도 모두다 'gen(유전자)'이라는 잣대를 공유하며 그것을 통해서 민족정체성을 국가정체성으로 변환하고 코드화한다.

강만길은 바로 이런 민족정체성의 국가화, 즉 민족주의가 한(조선)반도와 같은 분단국가에서 분단국가주의로 변환되고 코드화되는지를 근현대사라는 역사학 내부의 성찰을 통해서 밝히고자 했다. 그는 민족주의자로서, 코리언의 민족주의가 어떻게 1970년대 유신을 거치면서 국가주의에 포획되었는가에 주목했다. 그가 보기에 그것은 한국의 역사학이 '분단시대'라는 실천적 가치지향에 근거하여 과거의 역사를 다루지 않았기 때문이다.[1] 즉, 분단극복을 시대적 요청으로 세우지 않았기 때문에 남 또는 북의 국가가 내세우는 민족주의는 분단국가주의로 포획되었다는 것이다. 여기서 민족의 고유성, 정체성을 규정하는 것은 민족이 아니라 오히려 '국가', 즉 남과 북이라는 두 개의 분단국가이다.

그러므로 근대국가가 국민을 민족으로 포획하면서 그들이 가지고 있는 다양한 문화적 차이들을 배제하고 통합시켰듯이 분단국가는 남과 북이라는 적대적 대립의 코드화를 통해서 이를 수행했다고 할 수 있다.

---

1) 강만길, 「『분단시대의 역사인식』 이후의 나의 연구관심사」, 『사회평론 길』 제91권 제6호, 사회평론, 1991, 71~72쪽.

강만길은 '분단국가주의'를 통해서 남과 북이라는 두 개의 분단국가가 각기 자신의 문화를 민족 고유의 순수한 문화이자 가치라고 주장하면서 상대의 문화와 가치를 '변질'로 단죄하는 정통성 경쟁을 통해서 분단을 강화해왔다는 점을 밝히고 있다. 또한, 백낙청도 '분단체제' 그 자체가 남과 북의 이런 '정통성 경쟁', '정신의 정화'와 '순수성'이라는 이데올로기를 통해서 각기 분단된 국가의 국민들에게 상대에 대한 우월성과 적대성을 가진 집단으로 통합하면서 작동해왔다는 점을 밝히고 있다.

그러나 문제는 이와 같은 남북 두 분단국가에 의해서 작동되는 민족의 국가화라는 것이 분단체제의 지배권력, 즉 기득권자들에 의해서만 이루어진 것은 아니라는 점이다. 분단국가주의에 저항하면서 민중적인 통일론을 주창하는 쪽에서도 이와 같은 측에 의해서도 민족은 과거회귀적인 원형으로 재생산되어 왔다. 이들은 순수한 민족문화의 원형을 가정하며 과거-전통 속에 있었던 특정한 민족문화, 특히 쇼비니즘적인 성질을 가지고 있는 문화의 복원을 통일이라고 주장하는 경향이 있다. 하지만 민족문화의 원형 그 자체를 바라보는 남과 북의 관점이 매우 상이할 때, 그것은 문제가 된다. 왜냐 하면 현실적으로 남북의 문화 중 어느 하나를 선택해야 하며 그럴 경우 내게 익숙한 것이 곧 민족적인 것이 되기 때문이다.

게다가 더 나아가 특정한 전통문화들은 분단체제를 재생산하는 이데올로기로 기능하기도 했다. 예를 들어 남과 북은 서로 매우 이질적인 적대성을 가진 듯이 보이지만 실제로는 서로 닮아 있는, '거울상의 반영 효과(mirror image effect)'를 가지고 있다.[2] 백낙청의 분단체제론과 송두율의 '휴전선', 그리고 남과 북의 유교적 특성들은 이것을 보여준다. 남과 북이라는 두 개의 분단국가는 서로의 결여를 메우기 위해 민족적 동질성의 신화를 끌고 들어온다. 여기서 민족주의는 오히려 정통성

---

2) 이종석, 「남북한 독재체제의 성립과 분단구조」, 역사문제연구소 엮음, 『분단 50년과 통일시대의 과제』, 역사비평사, 1995, 146~148쪽.

경쟁을 벌리는 분단국가주의가 된다. 따라서 강만길은 남과 북을 아우르는 온전한 민족주의로서 '통일민족주의'를 주장하였다.[3]

그러나 그의 통일민족주의는 분단국가주의의 위험을 포착하기는 했지만 그 뿌리가 '민족적 정체성'을 '하나' 또는 '동일성'으로 사유하는 통일 관념에 있다는 점을 명확히 하지 못했다. 아마도 이 문제를 발본적으로 사유한 사람이 있다면 그는 '송두율'일 것이다. 그는 '동질성' 대 '이질성', '순수성 대 비순수성'이라는 이분법적 적대를 끊임없이 재생산하는 프레임을 벗어나 '다수' 또는 '복수의 정체성'으로서 '우리'를 사유하고자 했다. 그의 통일철학은 근본적으로 '제3의', '경계인의 철학'이다. 여기에는 하나의 '원형', 또는 단일한 것으로서의 '정체성'이란 존재할 수 없다. 대신에 그는 남과 북이 서로 "다투면서 화합하고 화합하면서 다투는 화쟁(和諍)"이자 서로 화합하지만 같지 않는 "화이부동(和而不同)"이라는 원칙 속에서 통일을 남북의 적대가 아니라 상생을 통해서 구현되는 것으로 바꾸어 놓고자 했다.[4]

3. 통일철학의 존재론적 전환: 타자의 타자성과 소통으로 서 통일

송두율은 남과 북이 아니라 한(조선)반도라는 전체성에 근거하고자 했기 때문에 '내 안의 타자', 즉 '남 속에서 북'을, '북 속에서 남'을 사유하고자 했다. 그에게 휴전선은 남북의 갈등과 긴장이 낳는 '경계체험(Grenzerfahrung)'을 제공한다.[5] 그는 이런 경계체험이 제공하는 긴장과 갈등이 남과 북이라는 양자택일적 선택을 강요함으로써 분단국가주의를

---

3) 강만길, 『분단시대의 역사인식』, 창작과 비평사, 1978, 24쪽.
4) 송두율, 『미완의 귀향과 그 이후』, 후마니타스, 2007, 175쪽.
5) 송두율, 『역사는 끝났는가』, 당대, 1995, 259쪽.

낳는다고 보기 때문에 오히려 이와 같은 경계체험의 긴장을 그대로 고수하면서 이 속에서 통일을 사유하고자 한다. 따라서 그는 "타자의 본질을 타자의 내부에서 찾"는 "내재적·비판적(immanent-kritisch) 방법 론"[6]과 "내가 원하는 것을 네가 해준다면, 네가 원하는 것을 내가 해준다" 는 "역지사지(易地思之)"의 "해석학적 순환"이라는 방법론[7]을 제시했다.

그러나 그가 이야기하는, "'남' 속에 '북'이 들어 있고 '북' 속에 '남'이 들어 있다"[8]는 '상호성'을 전제하는 '다름의 공존'과 '경계의 철학'은 근본 적인 한계를 가지고 있었다. 여기서 그가 이야기하는 '다름의 공존'은 내가 이해할 수 있는 한에서, 내 안으로 들어온 타자, 즉 내가 구사하는 의사소통의 규칙 속으로 들어온 타자에 대해서만 성립하기 때문이다. 그가 말하듯이 만일 나를 미루어 타자를 이해할 수 있다면 타자와 나의 소통은 어렵지 않다. 소통이 어려움을 겪고 난관에 봉착하는 것은 내 안의 타자 때문이 아니라 '내 안에 있지 않은 타자', '내가 이해할 수 없는 타자'이다.

송두율은 이 '타자의 문제'를 깊이 있게 사유하지 않고 있다. 그가 보았듯이 현재의 남북관계가 보여주는 상호성은 총풍, 북풍 등 긍정적인 의미에서보다는 부정적인 의미에서 더 부각되고 있기는 하지만 이 부정 성 또한, 남과 북의 관계가 미국과 한국, 독일과 한국 등의 외교관계와 다른 질을 가지는 독특한 것이라는 점을 드러낸다. 따라서 그의 입장에 서 남과 북의 관계에서 '타자의 문제'는 본원적인 의미에서 남남관계를 함축하고 있는 '타자의 문제'가 아닐 수도 있다. 하지만 문제는 송두율이 남북관계에서 작동하는 적대성을 '긍정적인 상호성'으로 바꾸기만 하면 된다고 쉽게 생각해버린다는 점이다.

그는 '다름의 공존'과 '과정으로서의 변화'를 통일철학의 핵심으로 제

---

6) 송두율, 『통일의 논리를 찾아서』, 한겨레신문사, 1995, 242쪽.
7) 송두율, 『경계인의 사색』, 한겨레신문사, 2002, 104~105쪽.
8) 송두율, 『민족은 사라지지 않는다』, 한겨레신문사, 2000, 128쪽.

시하면서 "우리의 관점이 그들의 관점과 반드시 동일하지는 않지만 우리와 그들의 관점은 곧 수렴될 수 있고 또 쉽게 서로 배울 수 있다는 연대성 속에서" "집합적 단수로서의 우리"를 확인해갈 수 있다고 말한다.[9] 그러나 너무나 당연해 보이는 이런 주장에 동의하면서도 많은 사람들이, 한편으로 공허함을 느끼는 것은, 그 말에 동의하는 나 자신조차 수시 때때로 북이 이해 불가능한, 매우 낯설고 기괴한 존재로 여겨지기 때문이다. 여기서 송두율이 간과한 것은 분단 70년의 세월 속에서 우리 몸에 아로새겨진 분단체제의 정서-가치-생활문화이며 분단이 낳은 적대성과 6.25전쟁 등이 낳은 심리적 상처들이다.

의식의 차원에서 타자는 합리적으로 접근될 수 있다. '내 안의 타자'와 '역지사지'는 합리성의 차원에서 작동할 수 있다. 여기서의 타자는 내 안의 타자로서, 최소한 나와 의사소통의 규칙을 공유한 타자이기 때문이다. 그러나 비합리적인 무의식의 차원에서 타자는 나와 규칙을 공유하고 있지 않은, 나의 밖에 있으면서 끊임없이 나를 위협하는 타자이다. 남과 북의 적대성은 바로 이 '타자의 타자성(otherness of the other)'을 통해서 작동한다. 따라서 문제는 이 타자의 타자성을 사유하는 것이다. '타자의 타자성'을 통해서 소통을 사유하는 사람은 가라타니 고진이다. 그는 우리가 알고 있는 상식적인 의미에서 대등한 사람들 사이의 대화라고 하는 '소통'의 개념을 전복적으로 해체한다.

고진이 보기에 '대등한 사람들 사이의 소통'은 이미 서로 간에 규칙을 공유한 사람들 사이의 대화이다. 따라서 이와 같은 대화는 이미 자기가 알고 있는 것들 속에서, 자신의 규칙 속에서 이루어지는 대화이다. 고진은 이런 대화를 "자기대화"라고 규정하고 자신의 "내성(內省)"적 사유로부터 우리를 발견하려고 하는 것은 결국 타자를 배제하는 "독아론(獨我論)"이라고 비판하고 있다.[10] 이런 점에서 송두율이 이야기하는 '자기

---

9) 송두율, 『전환기의 세계와 민족지성』, 한길사, 1991, 42~43쪽.
10) 가라타니 고진, 송태욱, 『탐구1』, 1993, 새물결, 14쪽.

안의 타자'는 고진의 입장에서 보았을 때, 다른 하나의 자기의식일 뿐이며 여기서 발견되는 타자는 오직 자신이 이해할 수 있는 한에서의 타자이자 자신의 언어로 말할 수 있는 타자일 뿐이다.

남북관계에서의 대화 또한 마찬가지이다. 남북관계가 냉탕과 온탕을 수시로 반복하는 것은 바로 남과 북이 서로에 대해 가지고 있는 '타자의 타자성'을 고려하지 않기 때문이다. 타자의 타자성은 우리가 이해할 수 없는 것, 낯설고 기괴한 것이다. 그래서 남북관계의 급진전은 반드시 그 반대 편향, 공포를 생산한다. 따라서 통일철학의 존재론적 패러다임은 '자기 안의 타자'가 아니라 '타자의 타자성'에서 출발해야 한다. "나는 자기대화 또는 동일한 규칙을 공유하는 사람과의 대화를 대화라고 부르지 않는다. 대화는 언어게임을 공유하지 않는 사람들 사이에서만 존재한다."[11]

물론 여기에는 난점이 있다. 그것은 바로 내 밖에 있는 타자는 나와 어떤 언어규칙도 공유하고 있지 않기 때문에 서로 소통한다는 자체가 원초적으로 불가능한 것이 아닌가 하는 의문이 제기될 수밖에 없기 때문이다. 그러나 고진이 보기에 아이나 외국인이 말을 배울 때에도 그들 사이에는 공통규칙이 없는 상태에서 이루어지는 것이다. 그런데 이와 같이 공통 규칙을 가지고 행해지는 대화보다 공통규칙이 없는 상태에서 대화가 일반적이다. 우리가 이것을 대화라고 생각하지 않는 것은 우리가 대화는 대등한 사람들에서의 대칭적인 관계라고 생각하기 때문이다. 하지만 외국을 배울 때 우리는 그것을 배운다. 따라서 그는 "가르치고-배우는 비대칭적 관계"야말로 "커뮤니케이션의 기본적인 상태"라고 주장하고 있다.[12]

남북의 관계에서도 대화는 서로 가르치고 배우는 관계가 되어야 한다. 우리는 남북이 하나의 민족이니까 같다고 생각하지만 우리는 서로

---

11) 위의 책, 14쪽.
12) 위의 책, 13쪽.

를 너무나 모른다. 따라서 남도 북도 서로에게 가르치고 배워야 한다. 그리고 그렇게 되었을 때, 우리는 '타자의 타자성'을 이해할 수 있게 된다. 하지만 이것이 소통이 지닌 의미의 전부는 아니다. 고진처럼 가르치고 배우는 비대칭적 관계에 주목하게 되면, 소통은 기존에 자신이 가지고 있는 규칙을 파괴하고 새로운 규칙 자체를 창조하는 과정이 되기 때문이다. 고진은 비트겐슈타인의 언어게임이론에 대해 주목하면서 그것은 "일정한 규칙을 따르고 있는 것이 아니라 (무언가)를 하면서 규칙을 만들어내는 것"이라고 주장한다. 따라서 그가 말하는 공통규칙은 미리 주어진 것이 아니라 오히려 "도약 후에야 발견"되는 것이다.[13]

도약은 "말하고=듣는 주체에게 '의미하는' 일의 내적 확실성을 잃게 하는 것이고 그것을 근거 없는 위태로움 속으로 몰아가는 것"[14]에서 나온다. 그래서 도약은 '어둠 속의 도약'이며 '목숨을 건 도약'이다.[15] 여기서 듣는 자의 명증성을 해체하는 것은 '타자'이다. 즉, 남과 북은 서로의 타자성을 가르침으로써 오랜 동안 남 또는 북에서 살면서 자명한 것으로 내재화해 온 것들을 해체하고 남과 북이 함께 통일국가의 새로운 비전을 만들어가야 한다. 따라서 고진의 논의에 근거한 관점에서 보자면 통일은 미리 주어진 어떤 것, 우리 민족에게 내재적으로 주어진 '원형'이나 '동질성'을 회복하는 것이 아니라 오히려 남과 북의 '소통'을 통해서 공통규칙, 즉, 통일을 만들어가는 규칙에서부터 시작하여 통일국가의 헌법을 포함하는 미래 국가의 공통규칙을 생산하는 것이다.

이런 점에서 통일패러다임의 존재론적 전환은 동질성의 회복이라는 과거지향적 '동일성'의 패러다임으로부터 '공통규칙'을 생산하는 미래지향적 '소통'의 패러다임으로 바꾸는 것이라고 할 수 있다. 소통의 패러다임은 통일을 일회적 사건으로 보는 것이 아니라 남과 북이 서로 가르치

---

13) 위의 책, 50쪽.
14) 위의 책, 45쪽.
15) 위의 책, 49쪽.

고 배우는, 소통을 통해서 통일과정에서의 규칙과 통일국가의 규칙을 '함께 만들어가는 것'이라고 할 수 있다.[16] 그리고 이렇게 생산된 공통규칙은 남과 북 내부에 존재하는 것이 아니라 남과 북이 함께 만들어낸, 새로운 것이라는 점에서 남과 북이라는 '두 신체의 마주침'을 통해서 남과 북의 신체 자체를 '변용(affectio)'[17]함으로써 그들 사이에서 새롭게 생성되는 '민족공통성(national commonality)'이라고 할 수 있다.

4. 통일인문학의 분석대상: 분단의 아비투스와 트라우마

민족공통성은 '민족공동체(national community)'가 아니다. 일반적으로 공동체주의자들이 말하는 '공동체(community)'는 특정한 공동체가 이미 내적으로 보유하고 있는 가치와 문화, 전통 등에 근거하여 그 공동체가 가지고 있는 정체성 및 동일성을 추구하며 이 속에서 정치공동체를 구성하고자 한다. 따라서 '공동체(community)'는 과거지향적이며 보수적일 뿐만 아니라 동질성 대 이질성이라는 이분법을 고수하면서 타자의 타자성을 배제한다. 하지만 '공통성(commonality)'은 '타자의 타자성'이 가지고 있는 '차이들'이 만나서 그들의 부딪힘과 변용 속에서 형성되는

---

16) 소통으로서 통일론에 대해서는 박영균, 「통일의 인문적 비전: 소통으로서 통일론」, 『시대와 철학』, 한국철학사상연구회, 2013에서 본격적으로 논의되고 있다. 남북소통을 통해서 생산된 공통성의 대표적인 사례는 6.15공동선언의 2항이다. 여기서 남북정상은 '남의 연합제와 북의 낮은 단계의 연방제 사이에 공통점이 있다'는 점을 승인하고 있다.

17) 스피노자에 따르면 변용은 신체(body)와 신체의 마주침에서 발생한다. 부적합한 관념은 "수동적 정서로서 '슬픔이나 불쾌, 보복'과 같은 감정을 유발하며 궁극적으로 '죽음, 파괴'와 같은 신체적 활동 능력을 해치는 정념을 유발하는 반면 신체변용에 적합한 관념은 능동적 정서로, 서로의 차이를 통해서 '생성'을 만들어내는 정념이다. 따라서 생성은 차이를 전제하며 차이의 적극적인 부딪힘을 통해서 각자의 특이성을 생성의 조건으로 만든다. 따라서 남/북 간의 '교환'은 양적인 호혜성을 의미하는 단순한 상호주의가 될 수 없으며 질적 차이를 인정하는 호혜적 관계가 되어야 하며 그 속에서 공통의 규칙과 질서를 만들어가는 소통이 될 수밖에 없다."(박영균, 「통일론에 대한 스피노자적 성찰」, 『분단극복을 위한 인문학적 성찰』, 선인, 2009. 28~31쪽.)

'공통성'이다. 따라서 민족공통성은 미래의 고향으로서 통일코리아의 건설에 제공되어야 할 문화와 가치, '공통의 언어규칙'을 '남과 북, 해외 동포'들의 문화적 마주침과 변용들 속에서 창조되는 것이라고 할 수 있다.

하지만 이런 마주침을 통한 차이의 나눔과 소통, 변용들이 가능하기 위해서는 우선적으로 타자를 향한 개방이 이루어져야 한다. 그런데 분단체제에서 남이라는 타자, 북이라는 타자는 같은 민족임에도 불구하고 서로에게 기괴할 뿐만 아니라 생명을 위협하는 공포의 대상으로 존재한다. 이것은 매우 아이러니하다고 할 수 있다. 그래서 백낙청은 분단체제가 "단순히 국토의 분단만이 아니라 사회 구석구석의 모든 분열, 우리 마음속의 모든 병들과 결합되어 있어서 어디서부터 풀어가야 할지 모를 악순환을 이루고" 있다고 말하면서[18] 탐(貪: 이윤추구), 진(瞋: 상대방을 미워하고 죽이려 함), 치(癡: 현존체제를 합리화하는 이데올로기)라는 "삼독(三毒)"을 제거해가는 "통일하는 마음"[19]과 "삼동윤리(三同倫理)"[20]라는 마음의 수양을 제안하고 있다.

그러나 남북분단이 낳은 마음의 장벽은 합리적인 인지영역을 벗어나 있는, 신체의 내면화된 차원과 프로이트가 말하는 무의식의 차원에서

---

18) 백낙청, 『분단체제 변혁의 공부길』, 창작과 비평사, 1994, 87쪽. 하지만 이렇게 이야기하는 것은 백낙청만이 아니다. 이미 장준하는 '민족분단'이 이념과 제도의 차이만을 말하는 것이 아니라 한 사람의 생활의 분단이자 파괴요, '나 자신의 분열이며 파괴'라고 말한 바 있다(장준하, 「민족주의자의 길」, 법정 편저, 『아, 장준하』, 동광출판사, 1982, 208쪽). 또한 함석헌도 분단이란 우리에게 "치명적인 상처"인 바, 치명적인 상처를 입은 사람이 그 상처가 낫기까지는 일을 할 수도, 학문을 할 수도, 사회활동을 할 수도 없다고 말하고 있다(함석헌, 「민족통일의 길」, 『민족통일의 길: 함석헌전집 17』, 한길사, 1984, 17쪽).
19) 백낙청, 『어디가 중도며 어째서 변혁인가』, 창비, 2009, 294~295쪽.
20) 백낙청은 원불교의 삼동윤리로 세 가지 강령을 이야기하고 있다. 첫째 강령 동원도리(同源道理)는 '진리는 하나다'라는 관점으로, 모든 종교와 교회가 근본에서 다 같은 한 근원의 도리임을 의미하는 일원(一圓)의 진리이며, 둘째 강령 동기연계(同氣連契)는 모든 인종과 생령이 근본에서 다 같은 한 기운이요 한 기운으로 연계된 동포라는 것으로. 사해동포-생태 친화적 세계관이다, 셋째 강령 동척사업(同拓事業)은 모든 사업과 주장이 다 같이 세상을 개척하는 데 힘이 되는 것으로서. 대동화합을 의미한다(위의 책, 297~300쪽).

작동하고 있다. 게다가 그가 말하고 있듯이 "남북한이 비록 생산양식부터 판이한 별개의 사회구성체이지만 어쨌든 분단이라는 모순을 공유하고 있는 특별한 사회이고 이로 인해 양자 모두 다소간 불구화된 사회들"[21]이다. 그런데도 백낙청은 이런 불구화된 사회들, 즉 분단체제가 자기 스스로를 재생산하는 독립적 시스템을 가지고 있으며 이를 통해서 분단을 지속시키고 있음을 밝혀냈음에도 불구하고 그것을 단순히 세계체제론의 관점에서 다룰 뿐, 분단체제를 재생산하는 남북 주민들의 몸과 마음, 즉 사회적 신체와 마음의 문제를 다루고 있지 않다.

그가 보기에 분단체제는 남과 북의 체제, 세계체제와 다른 상대적으로 독립적인 재생산 시스템을 가지고 있으며 이런 시스템은 분단체제의 기득권세력에 의해 지속적으로 재생산된다. 따라서 분단체제에서의 대립은 기득권세력 대 시민 또는 민중을 포함하는 "변혁적 중도주의" 세력 연합으로 나타날 수밖에 없다.[22] 또한, 그렇기에 그는 "단일형 국민국가로의 완전한 통일이라는 고정관념을 버리고 연합제와 낮은 단계의 연방제 사이 어느 지점에서 남북 간의 통합작업이 일차적인 완성에 이르렀음을 쌍방이 확인했을 때, 1단계 통일이 이룩되는 것이라는 새로운 발상이 필요"하다고 주장하고 있다.[23]

그러나 만일 남과 북 주민들이 그 스스로 분단체제를 재생산하고 있다

21) 백낙청, 『민족문학의 새 단계: 민족문학과 세계문학Ⅲ』, 창작과 비평사, 1990, 83쪽.
22) 백낙청, 『한반도식 통일, 현재진행형』, 창비, 2006, 31쪽.
23) 위의 책, 20~21쪽. 물론 여기에는 이견이 있다. 강만길과 송두율이 민중에 주목한다면 백낙청은 "한반도식 통일은 곧 시민참여형 통일"(백낙청, 『어디가 중도며 어째서 변혁인가』, 창비, 2009, 69쪽)을 주장하며 송두율은 분단극복이나 통일 주체에서 북의 경우, 정부와 인민간의 이해 일치하는 반면에 남의 경우 불일치한다고 말하면서 1990년대 이후 부상한 시민, 시민사회에 대해서는 지역주의와 계급문제, 반공주의를 들어 자의적이고 제한적인 개념이라고 비판하고 있다(송두율, 『통일의 논리를 찾아서』, 한겨레신문사, 1995, 57-62쪽). 또한, 통일 경로에 대해서도 백낙청과 송두율은 다르다. 백낙청은 통일의 중간 과정에서 발생하는 위험을 통제하는 장치로 국가연합을 주장(백낙청, 『어디가 중도며 어째서 변혁인가』, 창비, 2009, 205-206)하는 반면 송두율은 외교와 국방 분야를 연방국가가 전담해서 관장하는 연방제 통일안(송두율, 『통일의 논리를 찾아서』, 한겨레신문사, 1995, 234-235쪽)을 제시하고 있다.

면 어떻게 할 것인가? 사실, 남북관계에서 사람들은 특정한 지점에서 상호 간에 극단적인 적개심과 증오심을 표출한다. 심지어 어떤 사람들은 북에 대한 적대적 감정으로 인해 오히려 독재 권력의 품 안에 자신을 내던지고 그 스스로 지배받고자 한다. 또, 독일통일이 보여주듯이 북을 열등국가, 열등국민으로 간주하고 북이라는 공간을 식민화의 대상으로 삼는다면 어떻게 할 것인가? 아니면 북을 여전히 공포스러운 대상으로 환기하면서 북을 절멸시키고자 한다면 어떻게 할 것인가? 백낙청은 민중과 시민을 통일운동의 주체라고 너무나 쉽게 전제하고 있다. 이것은 그가 여전히 분단체제를 의식과 무의식을 포함하는 인간 전체의 차원이 아니라 합리적 의식과 계몽의 차원에서 접근하기 때문이다.

그렇다면 문제는 분단체제를 재생산하고 있는 기득권세력만의 문제가 아니다. 오히려 문제는 분단체제가 작동하는 토대, 즉 불구화된 사회를 생산하는 분단체제의 사회심리학과 남북의 분단된 사회가 만들어내는 사회적 신체를 분석함으로써 남북 주민들 사이에서의 몸과 마음의 장벽을 허물고 그들이 서로를 나눌 수 있도록 하는 길을 찾는 것이다. 바로 이런 점에서 '사람의 통일'을 추구하는 통일인문학이 분석 대상으로 삼아야 하는 것은 두 가지이다. 하나는 분단의 사회적 신체에 대한 분석이며 다른 하나는 분단의 적대성을 재생산하는 사회심리에 대한 분석이다.

통일인문학은 ① '분단체제가 생산한 아비투스의 다양한 층위들'과 ② 6.25전쟁과 같은 '분단으로 인해 야기된 트라우마들'을 분석한다.[24] 분단체제는 남과 북이라는 두 개의 분단국가의 분열과 적대적인 공생을 만들어내는 허구적인 지배이데올로기와 체제논리 수준에서만 작동하

---

24) 이에 대한 선행 작업으로, 분단의 아비투스는 박영균, 「분단의 아비투스에 관한 철학적 성찰」, 『시대와 철학』, 한국철학사상연구회, 2010의 논문이 있으며 분단의 트라우마에 관한 연구로는 김성민·박영균, 「인문학적 통일론에 대한 비판적 성찰: 강만길·백낙청·송두율의 통일담론에 대한 비판적 검토」, 『범한철학』59집, 범한철학회, 2010의 논문이 있다.

는 것이 아니다. 그것은 대중의 사회심리를 기반으로 분단된 사회적 신체를 생산함으로써 작동한다. 따라서 분단체제가 생산하는 분단의 사회적 신체에 대한 분석은 의식적 차원이 아니라 부르디외가 말하는 의식과 무의식의 구분을 넘어선 '아비투스들'[25])에 대한 분석이 되어야 한다. 여기서 분단체제가 생산하는 분단의 아비투스는 분단체체론과 마찬가지로 세 가지의 층위를 가진다.

① 분단체제 그 자체가 남과 북이라는 결손국가의 결핍을 메우면서 자신을 재생산하는 방식으로 작동하는 '분단체제의 아비투스들'과 ② 남과 북이 가지고 있는 특별한 가치와 지향성에 의해 생산되는 '남과 북의 아비투스들', 그리고 마지막으로 ③ 일제 식민지와 분단된 국가에 의해 강요되는 근대화=서구적 근대화라는 세계질서 속에서 전통들과 함께 착종되어 있는 '식민화/탈식민화의 아비투스들'이 그것이다. 그런데 이 중에서 '사람의 통일'로 나아가는 데 있어서 전적으로 해체의 대상이 되는 것은 ①뿐이며 ②와 ③은 '변용'의 관점에서 '차이'로 파악되어야 하며 이런 차이는 그대로 보존되는 것이 아니라 통일을 만들어가는 과정에서, 함께 변용되어 생성되는 '민족공통성'의 자원이 되는 것들이다.

그러나 이것만으로 남과 북의 상호 적대성과 증오심이 작동하는 메커니즘 전체를 파악할 수 있는 것은 아니다. 왜냐 하면 아비투스들은 신체에 체현된 특정한 성향들, 믿음들의 체계들을 인식하도록 하지만 왜 그런 성향과 믿음들이 내면화될 수 있었는가 하는 심리적 중핵을 보여주지는 않기 때문이다. 분단의 적대성과 상호 증오심은 단순히

---

25) 아비투스는 체화된 성향체계이자 신체(corps)의 사회적 사용이며 사회화된 신체의 생산이다. "그것의 뿌리는 신체를 유지해주고 떠받치는 하나의 방식이며 계속적으로 자신을 변모시키면서 스스로를 생성시키고 영속시키는, 지속적으로 변화되는 신체의 지속적 존재방식이고 환경과의 이중적 관계, 즉 구조화되고 구조화시키는 관계"이다(피에르 부로디외. 김웅권, 『파스칼적 명상』, 동문선, 2001, 208쪽.). 따라서 "아비투스는 우리 신체의 운동들 가운데 일부를 생산하는 본능만큼이나 거의 맹목적이고 무의식적인 본능"(피에르 부르디외, 김웅권, 『실천이성』, 동문선, 2005, 192쪽)이다.

위로부터 강제된 것이 아니다. 그것은 아래로부터의 적극적인 동의와 심정적 결합에 기초하고 있다. 따라서 다시 질문되어야 할 것은 분단체제가 생산하는 분단의 아비투스만이 아니라 사람들이 그 스스로 남북의 적대성을 재생산하면서 국가폭력에 동조하도록 만드는 대중의 사회심리적 중핵이 무엇인가이다. 이와 관련하여 우리가 가장 먼저 떠올릴 수 있는 것은 6.25전쟁이라는 동족상잔의 비극이다. 그것은 특정 대상에 대한 공포의 현재화, 사건의 생생함과 정서적 강렬함, 현실왜곡과 최면성 몰입 등을 유발한다.

'외상 후 스트레스 장애'를 앓는 사람들은 한편으로 잊거나 말해지길 거부하면서도 다른 한편으로 드러내거나 말해지길 원한다. 따라서 그것은 프로이드가 말하는 '트라우마'의 차원에서 접근될 수 있다. 트라우마는 "심각한 기계적 충격, 철도 사고, 그리고 생명이 위협받을 수 있는 기타 사고를 겪은 후에 발생"[26]하는 것으로, 과도한 위험과 공포, 스트레스가 유발하는 심각한 심리적 충격을 의미한다. 그러나 이런 심리적 충격은 프로이트가 말했듯이 "본능을 충족시킬 수 없는 사태", 즉 '좌절'과 "이 좌절을 초래하는 규제"인 '금지'에 따른 "박탈"이 유발하는 것이다.[27] 따라서 대중들의 심리적 중핵을 파악하기 위해서는 개인병리학의 차원이 아니라 집단심리학의 차원에서, 특정한 집단이 가지고 있는 리비도의 흐름과 그 리비도의 흐름을 억압하거나 박탈하는 것들에 대해 분석할 필요가 있다.

에리히 프롬은 "일정한 사회에서 사는 대부분의 사람들의 에너지가 같은 방향으로 향해지면, 그들의 동기가 같은 것으로 될 뿐만 아니라 같은 이념과 이상을 받아들이게 된다"[28]고 말한 바 있다. 따라서 특정한

---

26) 지그문트 프로이트, 박찬부, 「쾌락원칙을 넘어서」, 『쾌락원칙을 넘어서』, 열린 책들, 1998, 16쪽.
27) 지그문트 프로이트, 김석희, 「집단심리학과 자아분석」, 『문명 속의 불안』, 열린 책들, 1998, 180쪽.
28) 에리히 프롬, 김진욱, 『마르크스 프로이트 평전-환상으로부터의 탈출』, 집문당, 1994, 91쪽.

시대의 정신을 만드는 원초적인 질료, 토양은 집단적인 리비도이며 이 리비도의 흐름이 사회적 성격이다. 마찬가지로 민족적 단위에서의 리비도적 흐름이 있으며 이것을 '민족적 리비도(national libido)'라고 규정할 수 있다. 이런 점에서 통일인문학이 제시하는 두 번째 중요한 분석대상은 남북 주민들 사이의 적대성과 증오를 부추기는 '정신적 상처' 즉, 트라우마를 낳는 '민족적 리비도'의 억압과 박탈, 그리고 그것의 전이와 전치(displacement)의 구조에 관한 것들이라고 할 수 있다.

5. 통일인문학의 통합 패러다임: 민족적 합력의 창출로서 통일

유대인의 홀로코스트와 관련하여 '역사적 트라우마(historical trauma)'라는 새로운 개념을 제안하고 있는 라카프라[29]는 민족사에 "트라우마적 사건이나 정체성의 기원이 되는 일련의 사건"이 있다고 말하면서 이런 사건이 낳은 트라우마를 '근원적 트라우마(founding trauma)'라고 명명하고 이런 트라우마는 물신 숭배적 네러티브를 만들어낸다고 말한 바 있다.[30] 코리언의 근현대사에서 이와 같은 근원적 트라우마를 제공한 사건은 '일제의 강제 합병과 한(조선)반도의 강점'이라고 할 수 있다. 한(조선)민족은 적어도 고려시대 이후, 천년이 넘는 세월 동안 한(조

---

29) 라카프라는 "한국사에 대해서는 잘 모르지만 트라우마의 정치적 이용문제는 물론 극단적인 사건과 트라우마의 관계는 한국, 일본, 중국, 북한 간의 역사적 관계 연구에도 적용될 수 있을 것"(도미니크 라카프라, 육영수 편역, 『치유의 역사학으로: 라카프라의 정신분석학적 역사학』, 푸른역사, 2008, 424쪽)이라고 말한 바 있다. 이 때 라카프라가 역사적 트라우마의 특징으로 잡고 있는 것은 그것을 경험하지 않은 세대에게서도 나타나고 있는 집단적 감염의 체계로서 '전이(transfer)'이다. 하지만 그는 이런 전이를 집단리비도와 관련하여 다루고 있지는 않다. 바로 이런 점에서 역사적 트라우마의 집단적 감염체계는 특정한 시대의 특정한 집단의 에너지, 집단 리비도가 좌절과 연결시키고 있는 것은 라카프라의 논의를 넘어서는 것이라고 할 수 있다.

30) 위의 책, 287~289쪽.

선)반도에서 하나의 국가를 이루고 살아왔던 "역사적 국가(historical states)"[31]라는 전통을 가지고 있었다. 하지만 일제하 식민지하에서의 국가는 국토, 또는 고향으로 상징화되는 한(조선)반도라는 어머니를 유린하는 식민지국가=반민족적 국가였다. 여기서 '억압된 것의 회귀'는 '역사적 국가'를 향한 '민족적 리비도'였다. 일제치하에서의 '국가'라는 상징은 '민족'이라는 상상계로의 퇴화에 의해 지지되었다. 민족주의-민족해방투쟁은 바로 이와 같이 배제되고 억압된 민족적 리비도의 좌절이 낳은, 한(조선)민족의 욕망과 의지, 열정을 표현했다.

'8.15해방'은 일제라는 어머니를 유린하는 아버지가 물러남으로써 또 다시 어머니의 욕망, 상징계로 통합되어 있는 국가를 향한 우리의 욕망을 다시 부활시키는 계기가 되었다. 그것은 식민지국가와 제국주의적인 폭력 속에서 억압되고 금지되었던 욕망, 폭력적인 거세 공포와 위협 속에서 근본적으로 제거되었던 민족국가를 향한 리비도의 귀환이었다. 따라서 '억압된 것의 회귀'는 그 어떤 것보다 강력했다. 분단이 6.25전쟁으로 귀결되었던 것은 이런 강렬함의 반영이다. 이런 점에서 '민족적 리비도'가 만들어내는 변증법, 에로스(eros, 삶충동)와 타나토스(thanatos, 죽음충동)의 변증법을 볼 필요가 있다.

프로이트가 보았듯이 좌절되고 금지된 경험과 기억들은 우리의 삶 자체를 위협하는 것이기 때문에 응축(condensation)과 전치(displace-ment), 은유(metaphor)와 환유(metonymy)를 통해서 무의식의 밑바닥 깊숙한 곳에 감춘다. 그러나 그것은 다른 한편으로 억압된 것이 자기의 욕망을 보다 강력하게 드러내는 방식이기도 하다. 여기서 에로스는 타나토스로 전화한다. "도착은 에로스와 타나토스가 결국 동일한 것"이며 "본능이 타나토스에 굴종하게 된다는 점"[32]에서 분단의 트라우마는 반복강박증의 형태를 가지고 있다. 여기서 무의식의 작동을 지배하는

---

31) 에릭 홉스 봄, 강명세, 『1780년 이후의 민족과 민족주의』, 창작과 비평사, 2008, 94쪽.
32) 허버트 마르쿠제, 오태환, 『프로이트심리학 비판』, 선영사, 1991, 120쪽.

것은 타나토스이다. 왜냐 하면 '통일된 민족국가 건설'이라는 민족적 리비도는 동일화의 욕망이며 이 동일화를 만들어내는 두 개의 얼굴이 에로스와 타나토스이기 때문이다.

하나가 되고자 하는 에로스가 더 이상 불가능한 현실이 될 때, 그만큼 강력해지는 것은 타나토스이며 동일성에 대한 강렬도가 높을수록 타나토스도 그만큼 강렬해졌다. 이것이 왜 '38선'→'휴전선'으로 이어지는 계열이 지속적으로 '기괴하고 낯선', 우리의 일상을 침범하는 '괴물'이 되어 우리에게 섬뜩하게 다가서는 무의식적인 억압의 대상인지를 이해할 수 있도록 한다. 게다가 이것은 오늘날 한(조선)반도의 분단이 가진 특수성을 드러낸다. 사람들은 일반적으로 독일과 한(조선)반도의 분단은 둘 다 국제적인 냉전체제의 산물임에도 불구하고 왜 한(조선)반도만이 통일되지 못하고 있는가라고 묻는다. 그러나 이 질문에 답하기 위해서는 독일의 분단은 '내전'이 없었다든가, 아니면 동독의 민주화라는 것에만 주목할 수 없는 요소에 대해 물음을 던져야 한다.

그렇다면 우리는 한(조선)반도의 분단체제가 '역사적 국가'라는 오랜 전통이 만들어내는 원초적인 사회심리로서 '민족적 리비도의 억압'을 발견할 수 있다. 흔히 서구에서 지적하는 코리언들의 강렬한 '동일성' 또한, 바로 이런 '민족적 리비도'에 근거하고 있다. 따라서 한(조선)반도의 분단은 '내전'이라는 혹독한 대가를 통해서라도 극복되어야 할 대상이었으며 '통일'은 강력한 욕망으로 주어져 있었다. 여기서 이질화는 더욱 강력한 동일성의 욕망을 불러일으키면서 '내 안의 타자'에 대한 공격성을 확대시킨다. 한(조선)반도의 분단이 지닌 특수성은 바로 이로부터 나온다. 즉, 그것은 '내 밖의 타자'가 아니다. 그것은 '내 안의 타자'이며 동일화를 작동시키는 '사랑의 대상'이다. 따라서 '사랑'이라는 욕망의 박탈은 역으로 더 강한 증오를 불러일으키듯이 한(조선)반도의 분단체제는 '사랑하기 때문에 미워하며', '사랑할수록 더욱더 미움을 생산하는 특수 관계'로 파악되어야 한다.

그러므로 남도 북도 분단 트라우마를 벗어나 치유로 나아가기 위해서는 첫째, 정통성 경쟁을 벗어나 남≠한(조선)반도, 북≠한(조선)반도라는 어긋남을 가지고 있으며 남은 북이라는 결핍을, 북은 남이라는 결핍을 가진 "결손국가(a broken nation states)"33)라는 점에서 남도 북도 자기 결핍을 받아들이면서 출발할 필요가 있다. 남과 북은 1991년 〈남북기본합의서〉에서 "쌍방 사이의 관계가 나라와 나라 사이의 관계가 아닌 통일을 지향하는 과정에서 잠정적으로 형성되는 특수 관계라는 것을 인정하고 평화통일을 성취하기 위한 공동의 노력을 경주할 것을 다짐"한 바 있다. 또한, 정치군사적인 대립과 같이 분단의 트라우마를 환기시키는 요소들을 제거하는 작업이 병행되어야 한다. '분단의 트라우마'는 '실재적 불안'과 '기억의 환기'를 통한 '신경증적 불안'으로 전화라는 메커니즘을 통해서 작동한다. 따라서 분단의 트라우마를 치유하는 과정은 사회구조적 차원에서 남과 북의 평화와 유대, 소통의 틀을 만들어내는 과정 없이 제대로 작동할 수 없다.

둘째, 이런 정치구조적 차원에서 소통과 평화체제의 구축은 스피노자가 이야기하는 정서적인 마주침 속에서 직면하게 될 분열된 자아의 균열적 정서를 포괄하면서 상호 소통의 공감적 토양을 만들어가는 과정 없이는 이루어질 수 없다. 왜냐 하면 마주침은 '타자'에 대한 더욱 강력한

---

33) 임현진·정영철, 『21세기 통일한국을 위한 모색: 분단과 통일의 변증법』, 서울대학교출판부, 2005, 1쪽. 결손국가는 "동일한 민족으로서의 상상적 정치공동체이기는 하지만 서로 주권을 달리하는 두 개의 국가로 나누어져 있다"(위의 책, 17쪽)는 뜻으로 사용되었다. 이들은 한(조선)반도가 "세계에서 그 유래를 찾아보기 어려울 정도로 오랜 전통을 갖는 단일민족으로서 '에스니적' 역사문화 공동체 의식"(위의 책, 22쪽)을 가지고 있다고 본다는 점에서 이 논문의 입장과 동일하다. 다만, 근대 이전에 형성된 것을 '에스니(echnie)'으로 볼 것인가, '네이션(nation)'으로 볼 것인가하는 쟁점은 남아 있다. 사실, 이 문제에 있어서 중요한 점은 에스니와 네이션만 아니라 '스테이츠(states)'라는 개념을 구분하는 것이다. 서구에서 네이션스테이츠가 출현한 것은 근대이다. 하지만 한(조선)반도에서 에스니는 스테이츠를 만들어왔다. 따라서 이 논문은 홉스봄이 이야기하는 '역사적 국가'라는 개념을 수용하고 있다.

'복수'의 감정으로 생산할 수도 있기 때문이다. "복수 환상은 외상기억에 대한 거울상"으로, "가해자와 피해자는 역할이 전도"되어 있다.[34] 이런 점에서 보다 주목해야 할 것은 '남과 북'이 서로 공감할 수 있는 토대를 마련하는 것이다. 권터 그라스는 한(조선)민족은 일본의 지배라는 공통의 수난의 역사를 공유하고 있다고 말한다. 이것은 남과 북만이 아니라 일제 식민지 치하에서 이산되었던 코리안 디아스포라의 삶을 연결하는 끈이기도 하다. 따라서 분단의 트라우마에 대한 치유(healing)는 무엇보다도 먼저 분단의 트라우마에 대한 코리안 디아스포라를 포함하는 남/북 공통의 고난을 공유하는 정서적 유대의 창출로부터 시작되어야 한다.

셋째, '트라우마'는 시간감각을 변형시킨다. "시간감각의 변형은 미래를 삭제하는 것에서 시작하지만 점진적으로 과거를 삭제하는 것으로 진행"[35]된다. 남과 북도 자신의 역사 속에서 각각 상대의 역사를 지운다. 여기서 한(조선)반도의 역사는 반쪽국가와 마찬가지로 반쪽의 역사로 전락한다. 따라서 분단의 역사를 한(조선)반도 전체의 역사로 바꾸어가면서 남북의 역사 모두를 한(조선)반도의 역사로 통합시켜갈 필요가 있다. 그리고 그렇게 되면 그것은 '남 때문에', '북 때문에'가 아니라 재외동포를 포함하여 한(조선)반도의 비극적 역사에도 불구하고 그 짐을 짊어져야 했던 공통의 상처로 전화될 것이며 이때야 비로소 '분단서사'는 재외동포를 포함하는 '한(조선)민족 공통의 서사'로 전화되는 것이 가능해질 것이다.

이런 점에서 '공통의 상처'를 통한 연대는 분단국가에 전이되어 있는 민족적 리비도를 자신의 욕망으로, 자신의 짐으로 떠맡는 것이라고 할 수 있다. 사실, 코리언의 역사적 트라우마는 '식민 트라우마'를 근원적 트라우마로 하여 '이산'과 '분단'의 트라우마로 구성되어 있다. 민족=국가를 만들어가는 통일은 일본 제국주의 이후로 좌절되어 왔던 '민족≠국

---

34) 주디스 허먼, 최현정, 『트라우마』, 플래닛, 2009, 314쪽.
35) 위의 책, 158쪽.

가'의 어긋남을 극복하는 것이다. 따라서 통일은 코리언이 서구 제국주의 침략과 더불어 진행되어 왔던 동아시아의 비극적 역사를 극복하는 과정이자 우리 민족의 역사적 트라우마를 치유하고 민족적 리비도가 다시 흐르도록 만드는 것이라고 할 수 있다. 바로 이런 점에서 통일은 분단과 이산으로 흩어진 민족 전체의 리비도를 다시 연결시키면서 새로운 민족의 미래를 개척해가는 것이라고 할 수 있다.

넷째, 바로 그렇기 때문에 민족적 합력의 창출로서 통일은 코리언의 역사적 트라우마를 치유하는 것과 더불어 '분단된 사회적 신체'를 '통일의 사회적 신체'로 바꾸는 작업이기도 하다. 아비투스는 "공리주의적 전통과 경제학자들의 고립되고 이기주의적이며 계산적인 주체"가 만들어내는 것이 아니라 "억누를 수 없는 지속적인 연대와 충실의 장소"에서 작동한다.[36] 이것은 아비투스가 "객관적 미래에 대한 실천적 준거를 전제하는 성향들의 전체를 통일시키는 구조"[37]이기 때문이다. 따라서 통일코리아의 공통규칙은, 새로운 통일국가 속에서 함께 살아가는 민족으로서의 '연대와 우애의 아비투스'를 형성해가는 것이라고 할 수 있다. 남과 북의 관계는 다른 국가들의 관계와 다르다. 그것은 민족애라는 특별한 욕망을 동반한 관계이다. 따라서 남과 북의 관계는 다른 국가 간의 관계와 다르다. 그것은 가족애와 같은 특별한 욕망에 근거한 연대와 우애의 관계 형성 없이 제대로 작동할 수 없는 관계이다. 남북이 '통일을 지향하는 특수 관계'인 것은 바로 이 때문이다.

---

36) 피에르 부르디외, 김웅권, 『파스칼적 명상』, 동문선, 2001, 210쪽.
37) 피에르 부르디외, 최종철, 『자본주의의 아비투스-알제리의 모순』, 동문선, 1995, 127쪽.

✿ 참고문헌

강만길, 「『분단시대의 역사인식』 이후의 나의 연구관심사」, 『사회평론 길』 91-6호,
    사회평론, 1991.

강만길, 『분단시대의 역사인식』, 창작과 비평사, 1978.

김성민·박영균, 「인문학적 통일담론에 대한 비판적 성찰: 강만길·백낙청·송
    두율의 통일담론에 대한 비판적 검토」, 『범한철학』 59집, 범한철학회, 2010.

김성민·박영균, 「분단의 트라우마에 관한 시론적 성찰」, 『시대와 철학』 21-2,
    한국철학사상연구회, 2010.

박영균, 「통일의 인문적 비전: 소통으로서 통일론」, 『시대와 철학』, 한국철학사상
    연구회, 2013.

박영균, 「분단의 아비투스에 관한 철학적 성찰」, 『시대와 철학』, 한국철학사상연
    구회, 2010.

박영균, 「통일론에 대한 스피노자적 성찰」, 『분단극복을 위한 인문학적 성찰』,
    선인, 2009.

백낙청, 『어디가 중도며 어째서 변혁인가』, 창비, 2009.

백낙청, 『한반도식 통일, 현재진행형』, 창비, 2006.

백낙청, 『분단체제 변혁의 공부길』, 창비, 1994.

백낙청, 『민족문학의 새 단계: 민족문학과 세계문학III』, 창비, 1990.

송두율, 『미완의 귀향과 그 이후』, 후마니타스, 2007.

송두율, 『경계인의 사색』, 한겨레신문사, 2002.

송두율, 『민족은 사라지지 않는다』, 한겨레신문사, 2000.

송두율, 『통일의 논리를 찾아서』, 한겨레신문사, 1995.

송두율, 『역사는 끝났는가』, 당대, 1995.

송두율, 『전환기의 세계와 민족지성』, 한길사. 1991.

이종석, 역사문제연구소 엮음, 「남북한 독재체제의 성립과 분단구조」, 『분단 50년
    과 통일시대의 과제』, 역사비평사, 1995.

임현진·정영철, 『21세기 통일한국을 위한 모색: 분단과 통일의 변증법』, 서울대
    학교출판부, 2005.

장준하, 「민족주의자의 길」, 법정 편저, 『아, 장준하: 그 심지에 다시 불길을』,
    동광출판사, 1982.

함석헌, 「민족통일의 길」, 『민족통일의 길: 함석헌전집 17』, 한길사, 1984.

가라타니 고진, (송태욱), 『탐구1』, 새물결, 1998.

피에르 부르디외, (김웅권), 『실천이성』, 동문선, 2005.

피에르 부르디외, (김웅권), 『파스칼적 명상』, 동문선, 2001.

피에르 부르디외, (최종철), 『자본주의의 아비투스-알제리의 모순』, 동문선, 1995.

지그문트 프로이트, (박찬부), 「쾌락원칙을 넘어서」, 『쾌락원칙을 넘어서』, 열린
    책들, 1998.

지그문트 프로이트, (김석희), 「집단심리학과 자아분석」, 『문명 속의 불안』, 열린
    책들, 1998.

에리히 프롬, (김진욱), 『마르크스 프로이트 평전-환상으로부터의 탈출』, 집문당,
    1994.

주디스 허먼, (최현정), 『트라우마』, 플래닛, 2009.

에릭 홉스 봄, (강명세), 『1780년 이후의 민족과 민족주의』, 창작과 비평사, 2008.

도미니크 라카프라, (육영수), 『치유의 역사학으로: 라카프라의 정신분석학적 역
    사학』, 푸른역사, 2008.

허버트 마르쿠제, (오태환), 『프로이트심리학 비판』, 선영사, 1991.